微课堂学电脑

淘宝开店·装修·管理与推广

文杰书院　编著

清华大学出版社

北　京

内 容 简 介

本书是"微课堂学电脑"系列丛书的一个分册,以通俗易懂的语言、精挑细选的实用技巧、翔实生动的操作案例,全面介绍了淘宝开店·装修·管理与推广的基础知识,主要内容包括轻松做好网上开店的准备、选好货源是迈向成功的第一步、轻松注册并申请淘宝店、店铺的设置与发布商品、与买家沟通完成宝贝交易、拍摄出让人称赞的商品照片、照片的处理与美化、装修具有特色的精美店铺、商品的包装和发货、完善客服提升网店品质、淘宝店促销与推广、手机淘宝店、运营与管理网店和网店的安全交易等方面的知识、技巧及应用案例。

本书适合计划在网上开店创业的初学者,包括在校学生、全职及兼职人员、自由职业者、小企业管理者、企业白领等,同时,也适合已经有了网店,但想进一步掌握网店经营的高级技巧,要获得更大的市场和更多的利润,把网店生意做大做强的店主选用。

图书在版编目(CIP)数据

淘宝开店·装修·管理与推广/文杰书院编著. —北京:清华大学出版社,2017(2020.8重印)
(微课堂学电脑)
ISBN 978-7-302-46963-6

Ⅰ.①淘… Ⅱ.①文… Ⅲ.①电子商务—商业经营—中国 Ⅳ.①F724.6

中国版本图书馆 CIP 数据核字(2017)第 080099 号

责任编辑:魏 莹
封面设计:杨玉兰
责任校对:李玉茹
责任印制:宋 林
出版发行:清华大学出版社
　　　　　网　　址:http://www.tup.com.cn, http://www.wqbook.com
　　　　　地　　址:北京清华大学学研大厦 A 座　　　邮　编:100084
　　　　　社 总 机:010-62770175　　　　　　　　　邮　购:010-62786544
　　　　　投稿与读者服务:010-62776969, c-service@tup.tsinghua.edu.cn
　　　　　质量反馈:010-62772015, zhiliang@tup.tsinghua.edu.cn
印 装 者:北京九州迅驰传媒文化有限公司
经　　销:全国新华书店
开　　本:185mm×260mm　　印　张:20.5　　字　数:498 千字
版　　次:2017 年 7 月第 1 版　　　　　印　次:2020 年 8 月第 5 次印刷
定　　价:56.00 元

产品编号:067792-02

致读者

　　"微课堂学电脑"系列丛书立足于"全新的阅读与学习体验",整合电脑和手机同步视频课程推送功能,提供了全程学习与工作技术指导服务,汲取了同类图书作品的成功经验,帮助读者从图书开始学习基础知识,进而通过微信公众号和互联网站进一步深入学习与提高。

　　我们力争打造一个线上和线下互动交流的立体化学习模式,为您量身定做一套完美的学习方案,为您奉上一道丰盛的学习盛宴!创造一个全方位多媒体互动的全景学习模式,是我们一直以来的心愿,也是我们不懈追求的动力,愿我们为您奉献的图书和视频课程可以成为您步入神奇电脑世界的钥匙,并祝您在最短时间内能够学有所成、学以致用。

▶▶ 这是一本与众不同的书

　　"微课堂学电脑"系列丛书汇聚作者 20 年技术之精华,是读者学习电脑知识的新起点,是您迈向成功的第一步!本系列丛书涵盖电脑应用各个领域,为各类初、中级读者提供全面的学习与交流平台,适合学习计算机操作的初、中级读者,也可作为大中专院校、各类电脑培训班的教材。热切希望通过我们的努力能满足读者的需求,不断提高我们的服务水平,进而达到与读者共同学习、共同提高的目的。

- ➤ **全新的阅读模式**:看起来不累,学起来不烦琐,用起来更简单。
- ➤ **进阶式学习体验**:基础知识+专题课堂+实践经验与技巧+有问必答。
- ➤ **多样化学习方式**:看书学、上网学、用手机自学。
- ➤ **全方位技术指导**:PC 网站+手机网站+微信公众号+QQ 群交流。
- ➤ **多元化知识拓展**:免费赠送配套视频教学课程、素材文件、PPT 课件。
- ➤ **一站式 VIP 服务**:在官方网站免费学习各类技术文章和更多的视频课程。

▶▶ 全新的阅读与学习体验

　　我们秉承"打造最优秀的图书、制作最优秀的电脑学习软件、提供最完善的学习与工作指导"的原则,在本系列图书编写过程中,聘请电脑操作与教学经验丰富的老师和来自工作一线的技术骨干倾力合作编著,为您系统化地学习和掌握相关知识与技术奠定扎实的基础。

致读者

1. 循序渐进的高效学习模式

本套图书特别注重读者学习习惯和实践工作应用，针对图书的内容与知识点，设计了更加贴近读者学习的教学模式，采用"**基础知识学习+专题课堂+实践经验与技巧+有问必答**"的教学模式，帮助读者从初步了解到掌握到实践应用，循序渐进地成为电脑应用高手与行业精英。

2. 简洁明了的教学体例

为便于读者学习和阅读本书，我们聘请专业的图书排版与设计师，根据读者的阅读习惯，精心设计了赏心悦目的版式，全书图案精美、布局美观。在编写图书的过程中，注重内容起点低、操作上手快、讲解言简意赅，读者不需要复杂的思考，即可快速掌握所学的知识与内容。同时针对知识点及各个知识板块的衔接，科学地划分章节，知识点分布由浅入深，符合读者循序渐进与逐步提高的学习习惯，从而使学习达到事半功倍的效果。

(1) **本章要点**：以言简意赅的语言，清晰地表述了本章即将介绍的知识点，读者可以有目的地学习与掌握相关知识。

(2) **基础知识**：主要讲解本章的基础知识、应用案例和具体知识点。读者可以在大量的实践案例练习中，不断提高操作技能和经验。

(3) **专题课堂**：对于软件功能和实际操作应用比较复杂的知识，或者难于理解的内容，进行更为详尽的讲解，帮助读者拓展、提高与掌握更多的技巧。

(4) **实践经验与技巧**：主要介绍的内容为与本章内容相关的实践操作经验及技巧，读者通过学习，可以不断提高自己的实践操作能力和水平。

(5) **有问必答**：主要介绍与本章内容相关的一些知识点，并对具体操作过程中可能遇到的常见问题给予必要的解答。

▷▷ 图书产品和读者对象

"微课堂学电脑"系列丛书涵盖电脑应用各个领域，为各类初、中级读者提供了全面的学习与交流平台，帮助读者轻松实现对电脑技能的了解、掌握和提高。本系列图书本次共计出版 14 个分册，具体书目如下：

> ➢ 《Adobe Audition CS6 音频编辑入门与应用》
> ➢ 《计算机组装·维护与故障排除》
> ➢ 《After Effects CC 入门与应用》
> ➢ 《Premiere CC 视频编辑入门与应用》

- ➤ 《Flash CC 中文版动画设计与制作》
- ➤ 《Excel 2013 电子表格处理》
- ➤ 《Excel 2013 公式·函数与数据分析》
- ➤ 《Dreamweaver CC 中文版网页设计与制作》
- ➤ 《AutoCAD 2016 中文版入门与应用》
- ➤ 《电脑入门与应用(Windows 7+Office 2013 版)》
- ➤ 《Photoshop CC 中文版图像处理》
- ➤ 《Word·Excel·PowerPoint 2013 三合一高效办公应用》
- ➤ 《淘宝开店·装修·管理与推广》
- ➤ 《计算机常用工具软件入门与应用》

➤➤ 完善的售后服务与技术支持

为了帮助您顺利学习、高效就业，如果您在学习与工作中遇到疑难问题，欢迎来信与我们及时交流与沟通，我们将全程免费答疑。希望我们的工作能够让您更加满意，希望我们的指导能够为您带来更大的收获，希望我们可以成为志同道合的朋友！

1．关注微信公众号——获取免费视频教学课程

读者关注微信公众号"文杰书院"，不但可以学习最新的知识和技巧，同时还能获得免费网上专业课程学习的机会，可以下载书中所有配套的视频资源。

获得免费视频课程的具体方法为：扫描右侧二维码关注"文杰书院"公众号，同时在本书前言末页找到本书唯一识别码，例如 2016017，然后将此识别码输入到官方微信公众号下面的留言栏并点击【发送】按钮，读者可以根据自动回复提示地址下载本书的配套教学视频课程资源。

2．访问作者网站——购书读者免费专享服务

我们为读者准备了与本书相关的配套视频课程、学习素材、PPT 课件资源和在线学习资源，敬请访问作者官方网站"文杰书院"免费获取，网址：http://www.itbook.net.cn。

扫描右侧二维码访问作者网站，除可以获得本书配套视频资源以外，还能获得更多的网上免费视频教学课程，以及免费提供的各类技术文章，让读者能汲取来自行业精英的经验分享，获得全程一站式贵宾服务。

3. 互动交流方式——实时在线技术支持服务

为方便学习，如果您在使用本书时遇到问题，可以通过以下方式与我们取得联系。

QQ 号码： 18523650

读者服务 QQ 群号： 185118229 和 128780298

电子邮箱： itmingjian@163.com

文杰书院网站： www.itbook.net.cn

最后，感谢您对本系列图书的支持，我们将再接再厉，努力为读者奉献更加优秀的图书。衷心地祝愿您能早日成为电脑高手！

编　者

前言

随着电子商务的不断发展，近年来在网上开店的创业者越来越多，尤其是一些年轻人更是视其为就业的另一条出路。为了更好地帮助卖家在网上开店，提高商品的销售量，进而赚取更多的利润，我们编写了《淘宝开店·装修·管理与推广》。

本书在编写过程中根据网店新手卖家的学习习惯，采用由浅入深、由易到难的方式讲解，读者还可以通过随书赠送的多媒体视频教学学习，主要内容包括以下6个方面。

1. 店铺开张

本书第1~2章，介绍了开店准备与选好货源的基础知识，包括认识网上开店、网上开店的方式、网上开店平台、开店的流程和选择货源等几方面的内容。

2. 网上店铺的基础知识

本书第3~5章，介绍了网上店铺的相关知识，详细讲解了注册并申请淘宝店、店铺的设置与发布商品和与买家沟通完成宝贝交易等方面的知识与操作方法。

3. 照片的拍摄与处理

本书第6~7章，介绍了照片的拍摄与处理方面的知识，包括如何拍摄出让人称赞的商品照片和照片的处理与美化的相关知识及操作方法。

4. 装修有特色的店铺

本书第8章，介绍了装修有特色的店铺的相关知识，包括淘宝图片空间的使用、设计具有视觉冲击力的店标、制作漂亮的宝贝分类按钮、宝贝描述模板和布局管理等内容。

5. 网店的运营与推广

本书第9~13章，介绍了网店运营与推广的知识，详细介绍了商品的包装和发货、完善客服提升网店品质、淘宝店促销与推广、手机淘宝店和运营与管理网店的相关知识。

6. 网店的交易安全

本书第14章，介绍了网店的安全交易知识，详细介绍了营造良好的购物环境、电脑安全防护和会员账号与交易安全方面的知识与操作方法。

本书由文杰书院组织编写，参与本书编写的有李军、罗子超、袁帅、文雪、肖微微、李强、高桂华、蔺丹、张艳玲、李统财、安国英、贾亚军、蔺影、李伟、冯臣、宋艳辉等。

为方便学习，读者可以访问网站 http://www.itbook.net.cn 获得更多学习资源，如果您在使用本书时遇到问题，可以加入 QQ 群 128780298 或 185118229，也可以发邮件至 itmingjian@163.com 与我们交流和沟通。

为了方便读者快速获取本书的配套视频教学课程、学习素材、PPT教学课件和在线学习资源，读者可以在文杰书院网站中搜索本书书名，或者扫描右侧的二维码，在打开的本书技术服务支持网页中，选择相关的配套学习资源。

我们提供了本书配套学习素材和视频课程，请关注微信公众号"文杰书院"免费获取。读者还可以订阅 QQ 部落"文杰书院"进一步学习与提高。

我们真切希望读者在阅读本书之后，可以开阔视野，增长实践操作技能，并从中学习和总结操作的经验和规律，达到灵活运用的水平。鉴于编者水平有限，书中疏漏和考虑不周之处在所难免，热忱欢迎读者予以批评、指正，以便我们编写更好的图书。

编　者

2016013

目录

目录

目录

目录

第 1 章

轻松做好网上开店的准备

- ❖ 认识网上开店
- ❖ 网上开店的方式
- ❖ 网上开店平台
- ❖ 开网店的必要准备
- ❖ 专题课堂——开店的流程

本章要点

本章主要内容

本章主要介绍认识网上开店、网上开店的方式和网上开店平台方面的知识，同时讲解开网店的必要准备以及开店流程方面的知识。通过本章的学习，读者可以掌握做好网上开店准备方面的知识，为深入学习淘宝开店·装修·管理与推广知识奠定基础。

Section 1.1 认识网上开店

导读 　网上开店是在互联网时代的背景下，诞生的一种新型营销方式，区别于传统商业模式。由于网上开店经营方式灵活、投入不大，可以为经营者提供不错的利润空间，现下已成为许多人的创业途径。本节将详细介绍网上开店的基本知识。

1.1.1 什么是网上开店

微课堂 00分15秒

　　网上开店已经被广大网民用户所接受，其具体的经营形式就是商户在互联网上注册一个虚拟网上商店(简称网店)，然后将待售商品的信息发布到网上进行售卖。

　　商户在自己注册的网店上将代售商品信息，如商品价值、功能、质量等，以图片和文字的形式发布到互联网上，吸引广大买家浏览并以网上或网下的支付方式向商户付款。而商户在用户付款后通过邮寄、快递等方式将商品实体发送给购买者。天猫超市首页如图1-1所示。

图1-1

1.1.2 网上开店的前景

微课堂 00分25秒

　　随着宽带进入更多家庭，电脑等外部设备性能提高、价格降低等因素，个人上网的条件越来越好，我国上网用户人数增长势头强劲。现如今中国已成为仅次于美国，全球互联网人口排名第二的国家，这一庞大的上网人群必将产生一个规模可观的网上购物用户群，这也是众多国际和国内互联网从业者看好中国这一市场的原因。下面将详细介绍网上开店前景方面的知识。

1 市场环境 　>>>

据分析，中国早期的个人网上交易平台大多借鉴国外成熟的服务模式，但是，其发展成果却远没有达到国外的水平。中国网民中有93%的人访问过购物及个人交易网站，却只有33.8%的人在网上购买过商品或服务。经过多年的启蒙引导和培育，中国个人网上购物将进入快速成长期，发展个人网上交易的条件已经成熟，越来越多的中国人改变了传统的购物方式，开始尝试通过网络的方式选择自己需要的商品。据初步统计，有超过68%的网民在初次网络购物后，还会进行第二次网络购物。

2 经营模式 　>>>

只要是会上网，就可以在网上申请免费店铺，想要在网上开店的卖家，只需要登录个人电子商务站点或频道，注册成为用户，登录后填写建店信息，建店就可以完成。在网络交易日趋成熟的今天，出现了很多职业卖家。职业卖家多为SOHO一族，订货也多通过网络渠道和厂家联系，有很多厂家直接送货给卖家。也有的卖家直接到传统批发零售渠道"淘宝"，选择在网上好卖的商品，如个人饰品、服装、化妆品等，将商品发到网上店铺后，有买方购买时，卖家会与物流公司或快递公司联系，商议发货事宜。

3 产品特点 　>>>

时尚、充满个性化的日用消费品和IT数码、通信商品以及受欢迎的网上图书、音像制品、化妆品、户外运动器材、时尚精品和箱包比较好卖，类似家电等商品就需要有物流的店面支持和配送。网上销售要"有心""有力"，因为网上购物比较便捷，营销的空间扩大了，但专业的电子商务技术平台必不可少。

业内人士分析，目前国内的C2C网站中也存在一些这样的用户，他们并没有什么明确的消费目标，每天花大量的时间在C2C网站上游荡只是为了看看有什么新奇的商品，有什么商品特别便宜，对于他们而言，这是一种很特别的休闲方式。当然，他们看到心痒的商品时，往往就会像平常逛街一样忍不住买了下来。

4 发展优势 　>>>

做网上零售的个人商户，随着交易量增加和个人信誉度的增强就会向B2C(企业对个人电子商务)转换。在积累了一定的网上销售经验之后，他们会到工商行政管理局注册自己的公司，建立自己的网站，并和其他网站建立链接，销售业绩良好的个人用户很大一部分成了一个典型的"小"企业，有利于打造比较好的品牌。

☢ 知识拓展：网购模式

一般网络购物有两种模式：B2C模式和C2C模式。B2C模式是指商品和信息从企业直接到消费者；C2C模式是指商品和信息从消费者直接到消费者，也被称为"网上开店"。其他新兴的网购模式还包括B2B、C2B、M2C和I2C。

1.1.3　网上开店与实体店的比较

随着实体店做买卖成本越来越高，网上开店的营销方式被越来越多的人所接受。下面介绍网上开店与实体店的区别。

1　投资成本极低

网上开店与实体开店相比综合成本较低。许多大型购物网站提供租金极低的网店，有的甚至免费提供，只是收取少量商品上架费与交易费；网店可以根据顾客的订单进货，不会因为积货占用大量资金；网店经营主要是通过网络进行，完全不需要水费、电费、管理费等方面的支出。

2　经营方式灵活

网店的经营是借助互联网进行的，经营者可以全职经营，也可以兼职经营，网店不需要专人时时看守，营业时间也比较灵活，只要及时回复买家的咨询，就不影响网店经营。

网上开店不需要经过各种复杂的注册登记手续，网店在商品销售之前甚至可以不需要存货或者只需要少量存货，因此可以随时转换经营其他商品，进退自如，没有包袱。

3　不受时间、地点等限制

网上开店，只要服务器不出问题，可以一天24小时、一年365天不停地运作，无论刮风下雨，白天晚上，无须专人值班看店，都可照常营业，消费者可以在任何时间登录网站进行购物。

网上开店基本不受经营地点的限制，网店的流量来自网络，因此即使网店的经营者在一个小胡同里也不会影响网店的经营；而实体店需要好的地理位置。

网店的商品数量也不会像实体店那样，生意大小常常被店面面积限制，只要经营者愿意，网店可以摆放成千上万种商品。

4　拥有强大的消费群体

网店开在互联网上，只要是上网的人群都有可能成为商品的浏览者与购买者，这个范围可以是全国的网民，甚至是全球的网民。只要网店的商品有特色、宣传力度强、价格合理、经营合法，网店每天将会有不错的访问流量，这就大大增加了销售机会，可以取得良好的销售收入。

5　打理方便

不需要请店员看店，也不需要跑老远上货、摆放货架，一切都是在网上进行的，看到销售货品下架后，只需要点击一下鼠标就可以重新上货；实体店则需要专人看管、打理。

1.1.4　为什么要在网上开店

网上开店固然有一些优势存在，但还有很多决定经营者为什么要在网上开店的因素，主要包括以下几点。

> 不用担心收到假钱。网店所有的交易款都是通过第三方支付中介进行的，而且流通的都是不可仿制的电子货币，这就不存在收假钱的可能性。

> 不用担心店铺被偷。网店存在虚拟的网络世界里，尽管现实中的小偷防不胜防，但面对虚无的网店他们却毫无用武之地，也只能忘"网"兴叹。

> 网店可以根据顾客的订单进货，实现真正的零库存运作。这样就不会有货物积压的事情发生了。有了订单再从厂家拿货，这样就可以以较快的速度把生意做大。

> 网店形式多样化。无论卖什么都可以找到合适的形式，如果有比较多的资金可以选择通用的网店程序进行搭建，也可以选择比较好的网店服务提供商进行注册，然后交易。

> 交易迅速。买卖双方达成意向之后可以立刻付款交易，通过物流或快递的形式把货物送到买家的手中。

1.1.5　开网店的风险

网上开店虽然有许多优势，但是作为一种需要投入资金与精力的经济行为，网上开店也存在着一定的风险。目前，中国的网上购物与网上销售市场还处于起步阶段，如果经营的产品不对路、价位不合理、没有良好的销售信用、解决不好支付与送货的环节等问题，网上开店很可能出现销售打不开市场，无法从网上开店中获利，反而要赔上时间、精力与资金。

大家一哄而上开网店，但是并不是每一个开店的人都可以赚到钱，许多开店者往往是亏损的，所以在开店前一定要对经营的风险有足够的认识。网民分布地域广泛，在网上经营一家小店什么样的客户都可能遇到，以及各种可能的问题，比如网上支付出现问题、产品的分类管理、客户的故意刁难等，都会给网店经营者带来一定的风险。

Section

1.2　网上开店的方式

如果考虑在网上开店，可以根据个人的实际情况，选择一种适合自己的经营方式。目前，网上开店主要有三种方式：自助式开店、建设独立的网站和自己建网站与自助式开店相结合。本节将详细介绍网上开店方式相关方面的知识。

1.2.1 自助式开店

　　自助式网上开店，是在专业的大型网站上注册会员，开设个人网店的方式。这种方式的网上开店相当于网下去一些大的商场里租用一个店铺或柜台，借助大商场的影响与人气做生意，是一种独立的网上商店。

　　自助式网店通常价格较低，网店内容模块化，网站的应用功能较全，但是网店的风格达不到个性化的标准，网店的内容只能在既定的模式内选取，但操作简单，方便网络技术水平不高的经营者操作，目前大部分网上开店都是采用这种方式。我国知名的自助式开店平台有淘宝网、易趣网、拍拍网等。淘宝自助式开店的店铺页面如图1-2所示。

图1-2

知识拓展：网上店铺经营方式

　　网上开店主要有三种经营方式，第一种是经营者将经营的网店作为自己的副业的兼职经营方式，第二种是现在收入都不低的全职网店经营方式，最后一种是生产厂家为了在互联网宣传商品将网店与实体店相结合的经营方式。

1.2.2 建设独立的网站

　　建设独立的网站是指经营者根据自己经营的商品情况，自行或委托他人设计一个网站，不挂靠在大型购物网站上，完全依靠经营者通过网上或网下的宣传，吸引浏览者进入自己的网站，完成最终的销售。

　　独立的网站建设方式有两种：一种是完全根据商品销售的需要进行个性化设计，需要进行注册域名、租用空间、网页设计、程序开发等一系列具体的工作，优点是个性化较好、界面美观大方，缺点是费用较高；另一种独立网站建设是向一些网络公司购买自助式网站模块，操作简单，费用较低，但是缺乏个性化，界面局限性较大。

　　国内知名建设独立网站的网店包括聚美优品、麦包包和唯品会等。唯品会官方首页如

图 1-3 所示。

图 1-3

1.2.3 自己建网站与自助式开店相结合

微课堂 00分18秒

经营者还可以通过自己建网站与自助式开店相结合的方式来销售产品，这种方式可以将两者的优势集合，同时可以扩大经营，利用两者的资源聚集更多的顾客，提升网店的知名度，挖掘更多的潜在顾客，但缺点是投入成本会相对较高。

Section 1.3 网上开店平台

在互联网上开店需要一个好的平台，目前，主流的 C2C 电子商务平台有淘宝网、天猫、当当和微店等。本节将详细介绍常见的网上开店平台相关方面的知识。

1.3.1 淘宝网

微课堂 00分20秒

淘宝网创立于 2003 年 5 月，是亚太地区较大的网络零售商圈，由阿里巴巴集团创立。淘宝网是中国深受欢迎的网购零售平台，拥有近 5 亿的注册用户数，每天有超过 6000 万的固定访客，同时每天的在线商品数已经超过了 8 亿件，平均每分钟售出 4.8 万件商品。

随着淘宝网规模的扩大和用户数量的增加，淘宝也从单一的 C2C 网络集市变成了包括 C2C、团购、分销、拍卖等多种电子商务模式在内的综合性零售商圈，目前已经成为世界范围的电子商务交易平台之一。淘宝的官方网站地址为 http:// www.taobao.com/，淘宝网首页如图 1-4 所示。

图 1-4

1.3.2 天猫

天猫，原名淘宝商城，英文为 TMALL，亦称天猫商城，是一个综合性购物网站。2012年1月11日上午，淘宝商城正式宣布更名为"天猫"。2012年3月29日天猫发布全新的 Logo 形象。截至2012年10月30日，已有87家独立 B2C 网站入驻天猫。其中包括中国图书零售第一的 B2C 网站——当当网，当当网带入全部自营类目，包括80万种图书品类和30多万种百货品类入驻天猫，售价将实现同步。

2012年11月11日，天猫借光棍节大赚一笔，宣称13小时卖出100亿元，创世界纪录。2014年2月19日，阿里巴巴集团宣布天猫国际正式上线，为国内消费者直供海外原装进口商品。2014年11月11日，天猫"双11"再刷全球最大购物日纪录，单日交易额571亿元。

天猫是淘宝网全新打造的 B2C(Business-to-Consumer，商业零售)网站。其整合数千家品牌商、生产商，为商家和消费者之间提供一站式解决方案，提供100%品质保证的商品，7天无理由退货的售后服务，以及购物积分返现等优质服务，网址为 https://www.tmall.com/，首页"双11"活动页面如图1-5所示。

图 1-5

1.3.3　当当

微课堂
00 分 22 秒

当当是知名的综合性网上购物商城,由国内著名的出版机构科文公司、美国老虎基金、美国 IDG 集团、卢森堡剑桥集团、亚洲创业投资基金(原名软银中国创业基金)共同投资成立。从 1999 年 11 月正式开通至今,当当已从早期的网上卖书拓展到各个品类的百货,包括图书音像、美妆用品、家居、母婴用品、服装和 3C 数码等几十个大类,数百万种商品。物流方面,当当在全国 600 个城市实现"111 全天达",在 1200 多个市县实现了次日达,货到付款(COD)方面覆盖全国 2700 个市县。

当当于美国时间 2010 年 12 月 8 日在纽约证券交易所正式挂牌上市,成为中国第一家完全基于线上业务、在美国上市的 B2C 网上商城。

当当网址为 www.dangdang.com/,当当网站首页如图 1-6 所示。

图 1-6

1.3.4　微店

微课堂
00 分 19 秒

微店是微信兴起后的产物,是基于微信规则和机制的电子商务,于 2013 年开始崛起。2014 年 1 月,电商导购 APP 口袋购物推出"微店",随后腾讯微信公众平台于 2014 年 5 月推出"微信小店"。2014 年 10 月,京东拍拍微店也宣布完成升级测试,并与京东商城系统实现全面打通,开始大规模招商。与此同时,淘宝微店也大举进入。淘宝可以让卖家们的淘宝店架设到微信公众平台上。

迄今为止,微店整体分为以下三大阵营。

➢ 第一阵营:平台类型的,如微信小店、京东拍拍微店、淘宝微店、口袋购物微店。

➢ 第二阵营:主打服务,如微盟、京拍档以及各大电商平台自己推出的微店(主要服务于开放平台,一方面立足自身的购物 APP 主打中心化移动电商,另一方面借助微店形成去中心化移动电商的布局)。

➢ 第三阵营:主要是一些个人推出的,提供一种建微店的工具,属于小打小闹。

知识拓展：微店模式

在新兴的各类微店中主要分为两种模式：一种微店为 B2C 模式，如京东微店，直接通过商家对接消费者；另一种微店类似于 C2C 模式，大多面向个体。其中 C2C 类微店模式中的玩家居多。

Section 1.4 开网店的必要准备

 在开网店之前，应做好充足的准备工作，包括开网店的心理准备、硬件设备、软件的选择、相关证件等事宜，这样才能在创业的后期有蓬勃的发展。本节将介绍开网店的必要准备方面的知识。

1.4.1 做好开店的心理准备

网店虽然是一种创业门槛较低的行业，但架设网店的人员必须有自发学习的能力、坚韧不拔的毅力、充沛的体力，还要有吃苦耐劳的拼搏精神，因此并不适合所有的人开设。

开网店的初期，店主应明白这是自己的事业，遇到困难时，不要畏缩，敢于挑战；同时在事业低谷期的时候，要保持平和的心态，冷静分析当前遇到的问题，要勤于市场调研，分析市场需求，同时做事要有条不紊，灵活经营。

在与买家沟通交易的过程中，要具有诚实诚信的心态，不可信口开河，过分鼓吹自己的商品，甚至兜售虚假产品，这样只会降低自己在客户心中的信任值。只有真诚对待每一位顾客，经营者才能拥有长期合作的顾客群，提升自己的知名度，吸引更多的客户来自己的网店进行购买和宣传推广。

1.4.2 必要硬件缺一不可

做好开设网店的心理准备后，还需要准备一些开设网店的硬件设备，如电脑、网络、联系电话、数码相机、打印机和传真机等。下面详细介绍开网店必要的硬件方面的知识。

1 电脑与快速的网络环境 >>>

拥有一台电脑是进行网上开店最基本的条件，是必不可少的硬件设备之一。拥有电脑，卖家可以快速地发布商品，及时与买家沟通交流，完成订单。

而拥有了电脑之后，快速稳定的网络也是非常重要的。只有快速稳定的网络才能为经营者提供更安全的经营环境，与买家进行方便、快捷的沟通，提高商品交易速度，所以选择好的网络运营商是必不可少的，如图 1-7 所示。

图 1-7

2　数码相机

拥有一台数码相机也是开网店的基本配备之一，众所周知，网店所销售的商品都是由图片和文字来进行叙述产品性能的。有了数码相机，用户可以多角度拍摄产品，使买家更好、更直观地欣赏和了解产品样式，如图 1-8 所示。

图 1-8

3　联系电话

电话是买家与卖家交流的重要工具，当受到电脑限制不能与买家及时沟通时，电话沟通是非常有必要的。电话沟通时，卖家应亲切、友善地解答买家提出的问题，将买家的购买意向转为最终的购买订单，从而增加自己的营业收入。

4　打印机和传真机

当网店进入实际运营阶段后，需要打印和扫描的文件会相应增加。商户可以通过传真机接收一些量大的订单，同时可以选用打印机来打印发货单，这样可以更快捷、更专业地为顾客服务。

1.4.3　善用软件事半功倍

微课堂
00分18秒

网店开设除了需要必要的硬件设备之外，还需要相应的软件支持，而善用软件将会使网上开店达到事半功倍的效果。下面介绍网上开店需要使用的软件方面的知识。

1　即时聊天软件

为了能与买家更好地交流，网店经营者必须熟练掌握并使用网上即时聊天工具，如阿里旺旺、旺信、微信和腾讯 QQ 等，如图 1-9 所示。

图 1-9

2　图像处理软件

将商品拍摄成照片以后，可以使用 Photoshop、美图秀秀等软件对图像进行加工，使拍摄成照片的产品更加精美，达到吸引顾客眼球的效果，这也是网店经营成功的重要因素。但应该注意的是，产品图像在加工的过程中，不能过度修饰，使其失去真实的样式，这样会引起顾客的误会，从而降低买家对自己网店的信用度，影响自己网店的销售业绩，得不偿失，如图 1-10 所示。

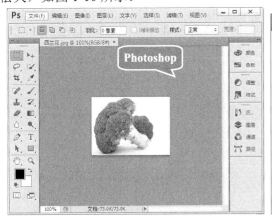

图 1-10

3　数据处理软件

在开设网店的过程中，不论是店铺的日常管理，还是商品描述内容，抑或是库存数据管理等，都离不开办公处理软件。而在数据处理软件中，Word 和 Excel 是最常用的两款。

1.4.4　准备好自己的相关证件

在网上开店除需要准备好必要的硬件与软件外，还需要准备好自己的相关证件，以供开店时认证使用，一般相关证件分为个人证件和企业证件。下面以在淘宝网上开店为例，介绍网上开店需要准备的相关证件方面的知识。

1　个人开店

淘宝个人卖家申请网上开店，需要用到以下几个相关证件进行开店认证。

➤ 卖家身份证正、反面照片各一张。(JPG 格式)
➤ 卖家手势照和手持身份证照片各一张。(JPG 格式)
➤ 卖家个人银行卡一张。
➤ 与卖家银行卡绑定手机号的手机一部。

2　企业开店

淘宝企业卖家申请网上开店，需要用到以下几个相关证件进行开店认证。

➤ 单位营业执照照片或彩色扫描件。
➤ 组织机构代码证照片或彩色扫描件。
➤ 对公银行账户(基本账户、一般账户均可)。

淘宝开店·装修·管理与推广

➢ 法定代表人的身份证彩色扫描件或照片。

若为代理人(即法人以外的公司代表)申请认证，须额外提供以下两项材料，即代理人的身份证彩色扫描件或照片和企业委托书，企业委托书上必须盖有公司公章或财务专用章(合同专用章、业务专用章无效)。

🔆 **知识拓展：熟知淘宝开店规则**

在淘宝网开设网店，卖家应严格遵守淘宝规则。违规行为根据严重程度分为严重违规行为与一般违规行为两类，两者将分别扣分、分别累计、分别执行，特别严重的违规行为将被淘宝网进行封店处理，因此卖家在开店前应熟知淘宝开店规则。

1.4.5　申请开通自己的网上银行

准备好网上开店的银行卡后，还要申请开通自己的网上银行。持有个人身份证到开卡银行的柜台即可开通自己的网上银行。开通网上银行后可以方便卖家与买家之间进行更快捷、更高效的商品交易操作。

Section 1.5　专题课堂——开店的流程

导读　在网上开店，不仅要熟悉各类规则，同时也要了解网上开店的流程，只有掌握了开店的流程，网店开业才会步入轨道、平稳运营。下面将详细介绍网上开店的流程方面的知识。

1.5.1　选择平台和申请店铺

00分14秒

网上开店离不开相应的开店平台，有了平台则需要申请店铺来经营商品，因此在开网店之前，精心选择网店平台和申请店铺是一个非常重要的环节。下面将介绍选择平台和申请店铺方面的知识。

1　选择平台　　>>>

在网上开店创业的朋友，选择什么样的平台，与自己的投资成本有关，同时也对产品的销售结果产生一定的影响。经营者可以对当前所处的创业状态，对网上开店平台进行性价比的分析与比较，找出适合自己的网上开店平台。

➢ 淘宝网：是免费的网上开店平台，具有两大优点：一是它的可靠性，二是它的易用性，譬如旺旺、支付宝等都是相当体贴广大店主的，比较适合新手开店。

➢ 富贵网：网址为 http://www.rich8.com/，网上商城成立于 2002 年，是一个集经济贸易、网上商店为一体的最集中的大型网上商城，可为厂家、公司、商店和个人提供网上交易平台。富贵网拥有相当数量的访问率和较大的固定注册用户群，目前已有注册商家 10 万多家、注册会员已超过 300 万户。

➢ 当当网：网址为 http：//www.dangdang.com/，当当网从 2007 年年初开始，对在其平台上注册网店的商户每个月收取 500～5000 元不等的固定租金。如果店主没有十足的把握，在这里开店要慎重。

2 申请店铺 >>>

以在淘宝网开店为例，卖家首先要按淘宝网会员注册步骤进行注册操作。注册为淘宝会员后，申请支付宝并通过认证，最后在淘宝网里发布宝贝(即卖家要在淘宝网上销售的商品)，这样就可以在淘宝网上免费开网店了。

申请网上店铺后，卖家要为自己的店铺起一个引人注目的名字，同时要详细填写自己店铺所提供商品的分类，以便让卖家的潜在用户可以快速、准确地找到卖家。

1.5.2 上架商品

店铺申请后，就可以上架商品了。下面以淘宝网为例，介绍上架商品方面的知识。

淘宝网宝贝上、下架时间是影响搜索商品排名的综合因素之一，上架实际是指发布宝贝的时间，会影响到宝贝下架的时间。由于淘宝上所有的商品都有一个为期 7 天的周期，所以下架时间与上架时间相关。在淘宝网站中当一个商品临近下架时间段，有一个优先展现机会，但优先展现并不一定能够在首页或前 3 页展现。现在依据剩余时间决定排名的先后也是对所有卖家公平的一个原则。因此，商品在即将下架的一天到数小时，特别是最后几十分钟内，将获得最有利的宣传位置。

1.5.3 发布产品

以淘宝开店为例，申请店铺后，卖家将需要出售的商品，编辑好名称、性质、外观、数量、交易方式、交易时限等信息，并搭配商品图片，发布到网页中，吸引广大买家浏览、购买。商品名称一定要详细介绍，因为当别人搜索该类商品时，只有名称会显示在网页链接上。应该注意的是，产品邮寄的费用，应详细说明由买卖双方谁来承担。

1.5.4 网店营销推广

在开店的过程中，卖家应积极地进行营销推广，这样可以提升卖家网上店铺的人气。推广网店的方式多种多样，要网上、网下多种渠道共同推广，如可以在各种网站上购买广告位，和其他的网上店铺交换链接等，也可以利用博客、微博、微信平台进行传播推广。

常见的网店营销推广方式包括站内搜索、淘宝客推广、论坛推广、促销活动推广、群发推广和淘宝直通车推广。

1.5.5　设置产品价格

00分17秒

产品价格是影响买家购买的重要因素之一，因此设置产品的价格需要有一定的技巧。下面介绍设置产品价格技巧方面的知识。

> ➤ 价值定价。是针对某一顾客群体所设计的他们认为应该值多少钱的价格，像市场上的一切高价畅销产品，都是基于这个原理定价的，如奔驰、宝马轿车，名牌服装，它们的成本可能不到价格的十分之一。

> ➤ 差异化定价。就是针对这个与众不同的价值主张，客户愿意花多少钱来获取。同样的做法还有酒店会提出标准房、行政套房、总统套房等不同的价值主张，食品的无公害、有机食品等，都是基于不同的价值主张。

> ➤ 目标客户定价。就是在网上商店中出售价格不同的各类商品让顾客选择，对于高端客户而言，他们更重视品质，对价格并不敏感。

> ➤ 小数点定价。即产品价格后面带一个小数点，如9、6、8等数字，一方面让人觉得卖家定价很精准，另一方面好的数字带来吉祥意义，让人更愿意掏钱。

> ➤ 分割线定价。如逢百的整数，比如原来是205元的产品，可以定价为198元；原来是170元的，可以定价为168元。因为170元的感觉是接近200元，而168元的感觉是在150元左右。

> ➤ 高开低走定价。就是先定一个较高点的价格，根据市场的变化，逐步按折扣调整定价。比如产品售价是398元，直接定价398元，和796元五折优惠到398元是不一样的。同时，直接定低价，一旦提价时，客户会很不理解。

1.5.6　网店销售与交易

00分21秒

在网上店铺销售的过程中，卖家最好多为买家提供服务，及时与买家进行沟通，深入了解买家的需求，协助买家选购最合适的产品，从而促进订单成交，同时提高网店的经营水平。网上店铺交易完成后，网站会根据规则约定的方式进行交易。买卖双方可以选择见面交易，也可以通过汇款、快递的方式进行产品运输。为避免买家质疑卖家的信誉，发货速度应及时、稳定。同时，是否提供其他售后服务，要视双方的事先约定而确定。

1.5.7　网上店铺评价或投诉

00分21秒

由于在开店初期经验少，往往会遇到给店铺差评，甚至遭到不明举报的情况，这时卖家要冷静分析，处理好这些问题。下面将以淘宝网上店铺为例，介绍网上店铺遭到差评或投诉的解决方法。

第 1 章　轻松做好网上开店的准备

1　网上店铺中差评　>>>

才进入淘宝开店的新手们，都对买家网购中给予的评价很看重，所以在遇到中差评时，会愁眉苦脸，不知如何是好。下面介绍遇到差评的三种情况和解决方法。

➤ 店铺中差评：遇到这种评价，要诚恳、耐心地和买家解释、沟通，了解买家因为什么原因给差评，是质量不好、宝贝描述不符还是款式不满意，或者是我们客服人员态度太差，或者送货太慢等，然后根据具体情况，给出解决方案。

➤ 同行的恶意差评：这时卖家的解释显得尤为重要，这种差评并不可怕，只要卖家把自己该做的事做好，做好产品，做好服务，那出现差评的时候卖家可以无愧于心，然后再充分运用解释这个方法，把这个差评带来的影响最小化，甚至转化为帮助卖家营销的利器。

➤ 买家恶意差评勒索：首先，应该有绝不能妥协的意识，然后想办法收集证据，比如在旺旺聊天时套买家的话，然后交由淘宝网客服处理。切记不可一味退让！

2　网上店铺被投诉　>>>

网上店铺在收到投诉的时候，一定不要慌。首先分析一下投诉的原因及内容，具体情况具体对待。如果收到同类卖家的投诉，比如"侵犯版权、知识产权、著作权"等投诉，此时应确认投诉是否属实，如果属实应该立刻下架该商品，以免被淘宝网做重罚处理。如果是同行业卖家恶意投诉的话，就要发起申诉，痛斥卖家的恶劣行径，同时联系淘宝网客服说明情况，客服在认定恶意投诉的事实后，会对投诉做无效处理，卖家也不会受到处罚。

如果收到的是买家的投诉，如买家对商品质量、服务态度、快递公司等不满，就应该及时联系买家进行妥善处理；如果经过沟通后确定不是店铺或商品本身的问题，且买家仍然没有撤诉，这时候要向淘宝网客服申诉，说明情况，等待淘宝网的判定。

 专家解读：卖家如何查看店铺信用评价

进入淘宝网上店铺，在卖家店铺首页，点击"皇冠"图标或点击"店铺动态评分"，即可查看到该卖家的详细信用评价和店铺评分信息。淘宝网店铺评分的有效评分期是指交易成功后的 15 天。

Section
1.6　实践经验与技巧

导读

在本节的学习过程中，将侧重介绍和讲解与本章知识点有关的实践经验及技巧，主要内容包括什么人适合网上开店、网上开店失败的主要原因和网上什么商品最热卖等方面的知识。

1.6.1 什么人适合网上开店

要想在淘宝网开店，卖家就需要明确自己是否适合在网上开店，如果不合适开店，却盲目地开设网店，只会赔本经营，最后竹篮打水一场空，得不偿失。下面详细介绍一下什么样的人适合网上开店。

1 企业管理者

对于小型企业，网上开店是一种必然的选择。要想把自己的产品送进商场的大门几乎比登天还难，可如今网络店铺给他们提供了一个广阔的天地，网络店铺不受地理位置、经营规模、项目等因素的制约，在网上能充分展现自身优势，实现与大品牌平等的展示机会，而且还可以将生意做到全球。

2 大学生

大学生的最大特点就是上网时间比较充分，并且他们接受新事物的能力比较强，能够熟练地操作网络上的应用，因此很多大学生都在淘宝网上开了网店，这种方式可以让他们获得经营、管理和沟通上的很多经验和感悟。

3 初次创业者

在网上开店资金要求低、风险小、经营十分灵活，如果经营得好不但可以赢得第一桶金，而且有可能利用网络创出一番天地。即使无法通过网上开店获得理想的利润，也可以从中获取宝贵的经验，为将来的发展奠定基础。

4 拥有货源的人

网上开店的一个必要因素就是货源，对于拥有货源的人来说，到网上开店算是资源充分利用了。

5 拥有实体店面的人

当然不是所有拥有实体店的经营者都适合在网上开店，这要取决于他们的经营范围，如销售日常生活用品、蔬菜的实体店就不适合在网上开店，而销售化妆品、手机、书籍等的实体店就非常适合在网上开店。

6 整天活动在网上的网虫

作为网店店主，每天需要抽出时间来照顾自己的商店；而如果你还是一个网虫，那么这就成为一种资源，有时间又勤奋，就一定有收获。因为网虫经常活动在网上，可以学到更多先进的技术，把自己的网上商店打理得更好。

第1章　轻松做好网上开店的准备

7　一般企业的白领 >>>

网上开店不需要烦琐的手续，拥有固定工作时间的企业白领，可以利用业余时间兼职开网店，赚取一些零花钱。企业白领一般都有比较清闲的时间，而且办公室都有网络可以使用，因此企业白领很适合在网上开店。

1.6.2　网上开店失败的主要原因

不是所有人都能将网店经营成功的，有很多人在网店开一段时间后就经营不下去了。下面介绍一些网上开店失败的主要原因。

1　未对自身进行谨慎评估就下海 >>>

网上开店虽然门槛低，但也不代表什么都不会就能来网上淘到金。许多中年转职者，因为受到报纸、杂志刊登的大量成功案例的鼓舞就贸然跳入"网海"，结果多半败在"没有做生意经验"及"完全不了解网络"上。想在网上开店最好能具备一定的生意头脑，有良好的沟通表达能力，并且能适应或掌握快速变动的网络节奏。

2　开店定位不明确 >>>

我们常听闻朋友说想开间"小服饰店""小咖啡店"，从没听有朋友说想开间"百货公司"。一般网店新手尽量从一个自己最专、最精通的品类切入会比较好。

3　购买流程烦琐 >>>

亲自下单测试一个网店的购买流程是否顺畅，大致可看出这家网店的"钱景"。所有成功购物网站的共同特色之一就是"购物流程简单"。

4　经营者一厢情愿销售自己喜欢的商品 >>>

网络世界比你想象得还要丰富，所以快速找出网友的格调比坚持自己的格调更重要，不要进太多只符合自己品位的商品，做生意还是要符合大众的审美眼光。

5　对网店前景的预测过于乐观 >>>

网店多如牛毛，庞大的买家群体其实未必会有兴趣走进你的店铺，没有特色鲜明的商品、诱人的实物照片及独特的推广技巧，将很难吸引买家的目光。

6　广告投资收益比过低 >>>

多数网店业绩不好的原因是经营问题而不是流量问题，别急着浪费广告费，先解决经营问题，再提升网店的流量才会更加有效。

淘宝开店·装修·管理与推广

7 有业绩，没利润

一般这种卖家都是有业绩，没利润，年度财务结算时把营业税及个人薪资的机会成本都加进去，赔钱是很常见的。

8 缺乏独特的竞争优势

如果你真的想要认真地在网络上发展自己的事业，那你最好有些优势背景。比如，有药师执照的人销售保健品或健康食品就更有说服力；如果你本身是贸易商，也有实体店面协销，那你做网店成功的机会就大些；如果你没有特殊背景，那你最好要有成本较低的进货渠道。

9 不够用心

网上开店已进入激烈竞争的阶段，每天都有新竞争者加入及失败者退出，用心经营都不一定能胜出，不够用心注定被淘汰，所有网店成功者几乎都把网店当成毕生事业来经营。

10 经营团队存在问题

重要经营伙伴自立门户、网站缺乏技术自主能力、业务经营者与技术人员对立内耗等，都是网店经营过程中常见的问题，一般也是网店走向衰败的开始。

1.6.3 网上什么商品最热卖

准备在网上开店之前，要考虑所售商品的行业优势，从国内网络购物市场来看，以下几类的商品销量相对较大。

1 数码电子类

随着电子产品的迅猛发展，如今在网上购买数码相机、摄像机、电脑以及相关配件的人也越来越多。此外，新款手机、附带配件以及充值卡等商品销量也不错，如图1-11所示。

图 1-11

2　服饰类

　　网店的服装因品种多、价格便宜而受到众多女性买家的欢迎，时下各种国内品牌服饰、韩版流行服饰和日版潮流服饰在各大网络店铺平台都很畅销，正因为消费市场大、邮寄方便等优势，服装类网店非常多，竞争很激烈，如图1-12所示。

图 1-12

3　运动类

　　随着运动健身热潮的兴起，与之相关的产品也受到了欢迎，各式运动器材和运动教学电子音像制品在网上都很畅销。有关专家指出，这类健身器材更适合在网上销售，如图1-13所示。

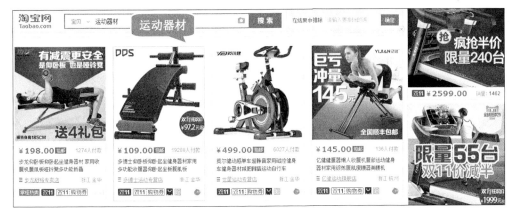

图 1-13

4　珠宝首饰类

　　珠宝首饰是女人永远心仪的商品，也是送礼的不错选择。除传统的黄金首饰外，翡翠、玉石、铂金、钯金、钻石、宝石等首饰，也越来越受到消费者的喜爱。因此，无论是国外

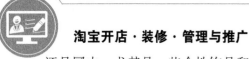

淘宝开店·装修·管理与推广

还是国内，尤其是一些个性饰品和潮流饰品，一直是网上的热销商品，如图1-14所示。

图1-14

5 家居日用类

电子商务已经成为主流销售方式，越来越多的人开始在网上购物。而且购物范围也越来越广，家居日用品也成了主流，如厨房用品、床品布艺、家具等商品的销售量增长幅度明显超过了其他类商品，如图1-15所示。

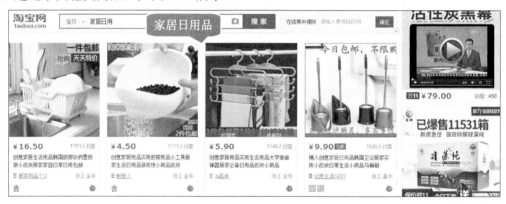

图1-15

6 虚拟商品类

目前，游戏点卡、电子宠物以及充值卡等虚拟产品的销售也比较乐观。经营该类网店的优点是，不需要投入很多资金进货；缺点则是这些虚拟商品本身需要花费很多时间在网上培养和积累，如图1-16所示。

7 化妆品类

爱美是人的天性，现代人的生活、工作压力特别大，很容易使人憔悴，化妆品可以让女人更美丽，并且以前只有女人才用的化妆品，现在男人也开始使用，市场需求更大，如

图 1-17 所示。

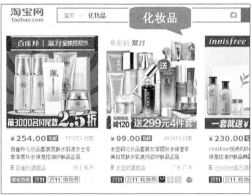

图 1-16　　　　　　　　　　　　　图 1-17

1.6.4　网上开店怎样才能火

微课堂
00 分 21 秒

在互联网快速发展的今天，为年轻人带来了无限的商机，网上开店、网上创业已经成为很热门的话题，也为一些小本创业者提供了低成本投资的绝佳机会。下面将揭秘网上开店怎样才能火。

1　明确的产品定位与价格策略

在网上销售一些在实体店不容易买到的东西是最好的，在网上开店省去了很多租金之类的费用，所以价格优势是网店最主要的优势，找到好的货源后，对产品进行合理定价，并运用优惠和促销等措施留住顾客。

2　商品的详细说明

网店定位、产品价格做好之后，就可以上传商品到自己的网店了，精美的展示图片和详细的商品说明不仅能吸引人们的眼球，而且还能让人有一种这家店很大、很全的感性认识。

3　网店推广

网店无论做得多么完美，商品再怎么物美价廉，如果不将它推广开来，提高它的知名度，那么这个网上商店只能说是做给自己看的，它存在的意义也就大大逊色了。

4　不要怕退换货

许多卖家都会遇到这个问题，大家大可不必为这一问题而头疼，因为网店和实体店一样，都会遇到退换货的情况，可以采取一些措施避免，如卖家可以与快递或邮政合作方达成协议，对商品进行报价协议，以确保物流运输中不出差错。

5 降低快递费用

快递费用虽然一般都会直接加在商品中，但如果能有一个比较有优势的物流价格，也能够对商品起到促销作用。节省快递费用可以通过压低快递价格，或是降低快递的材料成本来实现。如今，大部分快递公司都不会直接和卖家定物流费用，通常都是业务员与个人去谈，这时可以先通过对比几家之后再确定一家信誉度好、价格适中的公司，与具体的业务员建立长期的合作关系，从而降低价格。

➡ 一点即通：多用拍卖提高人气

一元拍卖或低价拍卖，可以吸引不少买家。拍卖物品的出价次数和浏览量高不仅仅意味着对此件宝贝关注的人多，而是整个店铺的关注率都上升了，这对一个店铺来说是非常重要的，访问量增加了，购买概率才会增加。

Section 1.7 有问必答

1. 什么是电子商务？

电子商务(Electronic Commerce，EC)是指通过使用互联网等电子工具在全球范围内进行的商务贸易活动。

2. 什么是网上银行？

网上银行又称网络银行、在线银行，是指银行利用 Internet 技术，通过 Internet 向客户提供开户、查询、对账、行内转账、跨行转账、信贷、网上证券、投资理财等传统服务项目，使客户可以足不出户就能够安全便捷地管理存款、支票、信用卡及个人投资等。

3. 支付宝提供什么服务？

支付宝主要提供支付及理财服务，包括网购担保交易、网络支付、转账、信用卡还款、手机充值、水电煤缴费、个人理财等多个领域。

4. 京东商城是个什么样的网站？

京东是中国最大的综合网络零售商，是中国电子商务领域最受消费者欢迎和最具有影响力的电子商务网站之一。

5. 什么是网络零售？

网络零售也称网络购物，是指交易双方以互联网为媒介进行的商品交易活动，包括 B2C 和 C2C 两种形式。

第2章

选好货源是迈向成功的
第一步

本章
要点

❖ 网上开店卖什么最火
❖ 去哪里寻找货源
❖ 足不出户找好货源
❖ 专题课堂——淘宝供销平台

本章主
要内容

本章主要介绍网上开店卖什么最火方面的知识，同时讲解找货源方面的知识，在专题课堂环节，则介绍淘宝供销平台方面的内容。通过本章的学习，读者可以掌握如何选好货源方面的知识，为深入学习淘宝开店·装修·管理与推广知识奠定基础。

网上开店，定位产品是关键。明确自己的网店卖什么商品，是吸引买家的基础。适合网络销售的商品，往往会使网店经营迅速走入正轨，达到快速盈利的目的。本节将详细介绍网上开店卖什么最火方面的知识。

2.1.1 哪些商品适合网上销售

微课堂

00分15秒

一般来说，在实体店中销售的商品并不是所有的都适合网上销售，比如保质期较短的食品、蔬菜等。下面将介绍几种适合网上销售的商品。

1 书籍 >>>

书籍类的商品之所以适合在网上销售，最主要的原因是它的基本要素能够清晰地发布在网页上。买家可方便了解到书本的情况，如书的封面、作者、版次、出版社、目录、页数和简介等。而书本实际情况也与描述情况基本相似，这就符合了顾客的期望值，并且书籍类产品没那么容易损坏。

2 数码产品 >>>

大部分上网用户是相机、手机、电脑等数码产品的发烧友，而网上购物可以使他们方便地根据网上列出的产品信息进行比较，从而购买最优质的数码产品。

3 特色礼品 >>>

在逢年过节、结婚、生日等特殊日子，人们都会想到送一些礼品给亲朋好友，例如一些工艺品、土特产、小玩具等。这些礼品都极具特色，并且带有不同的意义。虽然大小城市都有类似的礼品店，但因为受到经营者的审美和经营地点、面积等因素的影响，顾客很难购买到心仪的产品，而网络恰好能解决这个问题，网络上可以拥有上百万的不同种类产品，来供用户个性化选择。

4 时尚服饰、包包和鞋子类 >>>

爱美时尚的年轻人、追求美丽的中老年人都可以足不出户在网上购买自己喜欢的服饰和鞋子等，像牛仔裤、鞋子等相对标准化一些，但市场也不会小，同时包包类的商品也是不错的选择。

5 虚拟商品

这一类当然是名副其实的网上商品，如腾讯 Q 币、网游的充值服务，话费的充值服务等，都是比较适合成本不多的卖家在开设的网店上销售的商品。

2.1.2 网上热卖的商品的特点

通过对网上热卖商品的市场调研，网上热卖的商品一般具有以下特点。

➢ 体积小。主要是方便运输，减少成本。

➢ 附加值高。价值低于运费的单件商品是不适合网络销售的。

➢ 具有独特性或时尚性。网店销售不错的商品往往都是具有特色或者十分时尚的物品。

➢ 价格实惠。如果网下可以以相同的价格买到，就不会有人在网上买了。

➢ 网下没有，只有网上才能买到。比如外贸订单产品或者直接从国外带回来的产品。

➢ 通过网站了解就可以激起消费者的购买欲望。如果必须要亲自见到这件商品才可以达到购买所需要的信任度，那么它就不适合在网上销售。

➢ 手工产品。受限于生产能力，量不大，通过网络销售，成本可以降到最低，而且可以接触到最广泛的客户群。

➢ 针对某一特殊人群细分的商品。某一特殊人群在整个消费者群体中比例是很小的，而对于整个网络世界的网民来说其数量不少。

知识拓展：网店不能销售的商品

尽管网店在经营产品种类方面广泛，但有些商品是不能销售的，包括法律法规规定禁止销售的商品（如武器弹药、管制刀具等）、假冒伪劣商品、非法获得的物品、医疗器械、股票证券、抵押器以及网店平台规定禁止销售的商品等。

Section 2.2 去哪里寻找货源

作为网上开店的新手，如果想要盈利，找到成本低廉的货源是赚取利润的重要因素之一。所以找到物美价廉的货源很关键。本节将介绍去哪里寻找货源方面的知识。

2.2.1 批发市场

微课堂 00分21秒

不管是实体店铺还是网店的商品，大多数的卖家都是从批发市场进货的。虽然厂家是一手货，价格中的利润也比较大，但这些厂家一般是不与小成本客户合作的。而且批发市场中的产品多种多样，能够小成本批发，比较适合新开的网店。

在批发市场进货需要注意以下事项。

> ➢ 初次进货切忌贪多，以防压货。
> ➢ 要多看多问，不要轻易"下手"。
> ➢ 付款前要仔细检查货品的外观、数量等。
> ➢ 在调、换货的问题上要与批发商谈好，以免日后纠纷。
> ➢ 钱、货要当面清点，避免遭受损失。
> ➢ 对自己中意的店铺留下联系方式，便于下次进货。
> ➢ 遇到好的批发商，一定要让老板相信你是做生意的，是长久合作的，从而给你最低的价格。

2.2.2   从厂家直接进货

正规的厂家货源充足，信用度高，如果长期合作的话，一般都能争取到产品调换。但是一般而言，厂家的起批量较高，不适合小成本批发客户。如果卖家有足够的资金储备，有分销渠道，并且不会有压货的危险，那么适合这种厂家直接进货的方式。

其优点在于，价格有优势；缺点在于，资金、库存压力大，产品单一，适合有一定的经济实力，并有自己的分销渠道的人群。

2.2.3   大批发商

大批发商一般直接由厂家供货，货源比较稳定。不足之处则是因为他们已经做到一定规模，订单较多，服务有时难免跟不上。而且他们一般都有固定的回头客，不怕没有客户，你很难和他们谈条件，除非你进货的次数多了，成为他们的一个大客户，才可能有特别的折扣或优惠。

还有一些比较糟糕的是，大批发商的发货速度和换货态度往往差强人意。订单多发货慢一点倒也可以理解，只要能提前订货就可以解决。真正棘手的问题在于换货。收到的货物有时难免有些瑕疵，比如饰品类的，所以事先要做好充分的沟通与协商。

2.2.4   品牌代理

卖家也可以联系正规的专卖店，寻求与他们合作。但是相对来说，直接联系品牌经销商，需要更大的资金与进货量。越是大品牌，它的价格折扣就越高，真正赚的钱，只是在完成销售额后拿的返利。但如果你的店铺已经发展到一定程度，想走正规化路线，这将是个不错的选择。

其优点在于，货源稳定，渠道正规，商品不易断货；缺点在于，产品更新慢，价格相对较高，利润低。品牌代理适合做品牌旗舰店的人群。

2.2.5　外贸尾单货

00 分 17 秒

外贸尾单货，是指正式外贸订单多余的货品(大部分是服装类产品)，一般也直接称其为外贸产品。

真正能从生产厂商进到外贸尾货的网店店主并不多，大部分还是到批发市场里去淘货，由于外贸尾货商品很好卖，所以批发市场里真尾货和假尾货齐上阵，都说自己是尾货，实际上是真假难辨。下面将详细介绍辨别真假尾货的方法。

> ➢ 看质量。真正的外贸尾货质量和正品一样，这需要有相当经验才能辨别，或者手上有真货可作比较。
> ➢ 看做工。外贸尾货的做工一般都比较精细，无论肩膀、袖口，还是腰身接缝处的条纹走向和对接，都严丝合缝，没有任何偏差。
> ➢ 看包装。真正的外贸尾货外包装不一定精美，那些包装精美、所有配件都全的商品反而值得怀疑。
> ➢ 看商标。真正的外贸尾货商标都是最后才贴上去的，有的甚至没有，这并不代表商品不好，或者质量有问题，而恰恰说明了真货的严谨性。
> ➢ 看水洗标。真正的外贸尾货服装上都有英文的水洗标，且应该是在衣服的夹缝中，如果没有水洗标或者在夹缝外面缝水洗标的通常都是假货。
> ➢ 看尺码。真正的外贸尾货尺码不一定齐全，尤其是牛仔裤和鞋子。
> ➢ 看瑕疵。有些外贸尾货是有瑕疵的，通常瑕疵不明显，不容易看出来。

2.2.6　库存积压的品牌商品

00 分 20 秒

不少品牌商品虽然在某一地域属于积压品，但在其他区域完全可能成为畅销品，由于网上店铺的顾客来自全国甚至世界各地，因此，卖家如果能经常以最低价格淘到厂家或商家积压的品牌服饰、鞋等商品，拿到网上销售，一定能获得丰厚的利润。

虽然品牌商品在网上是备受关注的分类之一，很多买家都通过搜索的方式直接寻找自己心仪的品牌商品，但是在寻找积压库存品牌商品的过程中，也要调研和分析市场，否则收购回他人的库存后，如果销售不出去，会立即变成自己的库存，进而使网店赔钱。

2.2.7　海外代购

00 分 20 秒

如果卖家在海外有亲戚朋友，就可以由他们帮忙，进到一些国内市场上看不到的商品或价格较高的产品；如果你工作、生活在边境，就可以办一张通行证，自己亲自去国外进货，这样进货的商品就很有特色或有价格优势。

如果自己家里有亲戚朋友在海外从事某种特色商品的制造或销售，卖家就可以直接拿到网上卖，网上一般很少有这样的产品，这样你的利润会很大。

由于比起普通网络购物，海外代购多出一道"代购"手续，不可控因素更多，消费者

即使发票在手，也有可能是"真发票，假货品"，因此找寻海外代购的卖家要注意以下几点。

➢ 化妆品代购。有些"心地坏坏"的家伙，在网上回收正版化妆品的瓶子，灌入假的产品，重新包装，当作正品卖出去，千万要小心。

➢ 尽量要求卖家从国外直接邮寄到你的手上并附购物小票，不要从买家处中转。目的一，确保该物品的确是从国外购买；目的二，防止调包。

➢ 有些商品看上去很便宜，但一定要问清楚是不是最终价，有些卖家以低价吸引你购买商品，之后告诉你，运费 30 元，关税 50 元，代购费 50 元，算下来可能比专柜的价格还要高。

➢ 从国外寄回来的物品如果在货运途中丢失，请及时联系快递公司。无论是什么物品丢失，都会按照申报价值和邮件保险进行赔偿。

2.2.8 网络代销商品

微课堂
00 分 18 秒

网络代销是指某些提供网上批发服务的网站或者能提供批发货源的销售商，与想做网店代销的卖家达成协议，为其提供商品图片等数据，而不是实物，并以代销价格提供给网店代销人销售。

一般来说，网店代销人将批发网站所提供的商品图片等数据放在自己的网店上进行销售，销售出商品后通知批发网站为其代发货。销售商品只从批发网站发出到网店代销人的买家处，网店代销人在该过程中看不见所售商品。网店代销的售后服务也由网络代销的批发网站行使与支持。比较适合代销的商品如下。

➢ 返修少的商品。这样代销网店不必承担自己买家的商品寄回货源商处再也收不到的风险或货源商不兑现售后的风险。

➢ 售价低、竞争小的商品。积压少量货款，降低资金风险，获得更多利润，提高回报率。

➢ 功能简单的商品。这能避免代销店因看不到实物，无法为买家解决问题的尴尬。

➢ 有实体专卖店的品牌商品。这样的商品，对买家来说网上可参照性强，更容易看到网购的实惠。

网络代销的利与弊：网店代销可以免费为网店提供货源，方便了一些想开店但没有资金的初级卖家，这是它的最大好处；但越来越多的代销网店只注重销量，不注重渠道的管理，所以导致代销容易造成代销客户之间恶意竞争，影响正规卖家的销售和利润，同时容易对产品品牌造成影响。

2.2.9 B2B 电子商务批发网站

微课堂
00 分 19 秒

B2B 电子商务批发是最近几年兴起的进货方式，可以在全国范围内找寻货源。为了适应更灵活多变的网上交易，做到更轻松、快速地补货，越来越多的淘宝卖家开始瞄向 B2B 电子商务批发网站平台来进货。淘宝卖家经营的商品多以款多量小为主，如果进太多的货，不一定都能销售出去，反而积压了库存、占用了资金。

B2B 电子商务批发网站一般会按照买家询价的产品进行分类目的聚合，帮助有采购需求的买家把信息推广给有对应产品的供应商，提升报价率和成交率，进而实现降低进货成本的目的，帮助用户快捷、方便地进货。

需要注意的是，网购有风险，淘宝卖家在 B2B 电子商务批发网站平台上选择供应商时，还需要注意挑选有官方资质认证的诚信会员，选择通过支付宝等第三方托付平台进行交易才更能保障货款的安全。

知识拓展：民族特色商品货源

民族工艺品的价值很高，带有鲜明的地方特色和民族风格，具有丰富的文化底蕴。这些产品作为一个地区、一个民族文化的表现受到越来越多人们的喜爱，诸如民族服装、首饰、雕刻、编织物、骨制物等。

Section 2.3 足不出户找好货源

导读 阿里巴巴国际交易市场为全球领先的小企业电子商务平台，旨在帮助全球小企业拓展海外市场，为全球 240 多个国家和地区数以百万计的买家和供应商提供服务，让商家足不出户也能找到好货源。本节将介绍阿里巴巴网站方面的知识。

2.3.1 注册阿里巴巴

微课堂
00 分 50 秒

阿里巴巴是最大的电子商务平台之一，为中小企业提供商品或者服务的交易平台，如果用户想在阿里巴巴上批发货物，首先要注册阿里巴巴账号。下面以个人注册账户为例，介绍注册阿里巴巴账号的操作方法。

操作步骤 >> **Step by Step**

第1步 启动 Interent Explorer 浏览器，在地址栏中输入阿里巴巴的网站地址，例如 http://www.1688.com/，按下键盘上的 Enter 键，如图 2-1 所示。

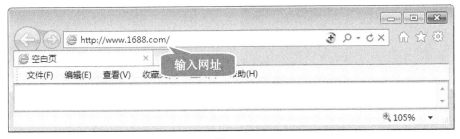

图 2-1

淘宝开店·装修·管理与推广

第2步 打开阿里巴巴网站首页，单击【免费注册】链接，如图2-2所示。

图 2-2

第3步 打开注册账户的网页，默认为"企业账号注册"，单击页面右上角的【切换成个人账号注册】链接，如图2-3所示。

图 2-3

第4步 打开【个人账户注册】网页，*1.* 在该网页中输入准备注册的电话号码，*2.* 在【验证】区域中，单击并拖动滑块，*3.* 选中【同意《1688 服务条款》和《支付宝服务协议》】复选框，*4.* 单击【下一步】按钮 ，如图 2-4 所示。

第5步 打开【验证手机】网页，*1.* 在该网页中提示"校验码已发送到你的手机，15 分钟内输入有效，请勿泄露"信息，将手机收到的校验码输入到【验证码】文本框中，*2.* 单击【确认】按钮 ，注册成功。通过以上步骤即可完成注册阿里巴巴账号的操作，如图 2-5 所示。

图 2-4

图 2-5

⊙ 知识拓展：淘宝账号登录阿里巴巴

阿里巴巴方面介绍，用户在阿里巴巴中国站或淘宝网已经注册过会员账号，可以使用任意一个账号同时在阿里巴巴和淘宝网处于登录状态。不过，账号互通目前仅局限在网站上，登录阿里旺旺与淘宝旺旺仍然需要分别输入相关账号和密码。

2.3.2　在阿里巴巴批发进货

微课堂
01 分 00 秒

注册阿里巴巴账号后，就可以登录阿里巴巴网站。这时可以在阿里巴巴网站上搜索需要的商品，并且查看商品信息及商家信息，在线与商家进行洽谈，找到合适的供货商。下面介绍在阿里巴巴批发进货的操作方法。

操作步骤　>>　Step by Step

第 1 步　在阿里巴巴网站首页，**1.** 在【搜索】文本框中，输入产品种类的名称，如"衣服"，**2.** 单击【搜索】按钮 搜索 ，如图 2-6 所示。

图 2-6

第 2 步　网页跳转至搜索的产品页面，找到要查看的产品，单击需要详细查看的产品链接，如图 2-7 所示。

图 2-7

淘宝开店·装修·管理与推广

第3步 弹出产品的详细介绍页面，可以看到产品的详细信息，如图 2-8 所示。

图 2-8

第4步 在产品详细介绍的页面中，单击【和我联系】按钮 ，如图 2-9 所示。

图 2-9

第5步 在弹出的阿里旺旺窗口中，可以与商家沟通、交流进货方面的事项，如进货价格、发货时间等，如图 2-10 所示。

图 2-10

第6步 与商家洽谈完毕后，*1.* 如果对商品的价格满意，返回到产品详细介绍的页面中，选择准备订购的数量和产品型号，*2.* 单击【立即订购】按钮 ，如图 2-11 所示。

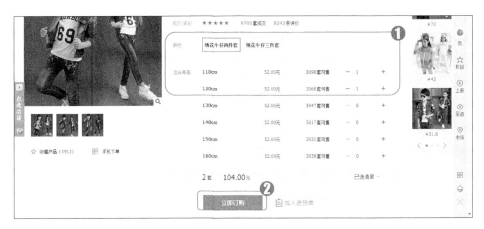

图 2-12

第 7 步　打开确认订单页面，**1.** 可以在【给卖家留言】文本框中，输入订单更改的内容或特殊要求，**2.** 单击【提交订单】按钮 提交订单 ，如图 2-12 所示。

图 2-12

第 8 步　弹出支付宝付款页面，**1.** 输入支付宝支付密码，**2.** 单击【确认付款】按钮 确认付款 ，完成付款后，即可完成在阿里巴巴批发进货的操作，如图 2-13 所示。

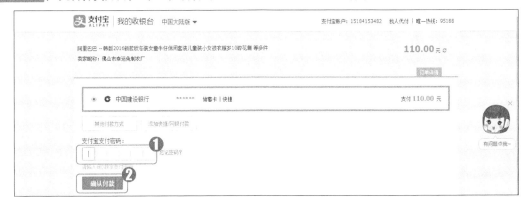

图 2-13

Section 2.4 专题课堂——淘宝供销平台

导读　淘宝供销平台是淘宝网专门为商家提供代销、批发的平台服务，帮助商家快速地找到分销商或成为供货商的平台。本节将介绍淘宝供销平台方面的知识。

2.4.1　分销商加入供销平台的好处

微课堂
00分20秒

淘宝分销平台主要以代销为主，淘宝供销平台让许多没有货源又想在淘宝上开店的朋友能轻松找到代销货源开网店。这样不仅有高额的提成，又可以免去收货、发货的麻烦，只需要将订单发给供应商即可。

淘宝供销平台出现之后，进货渠道更明朗化、公开化，给淘宝分销平台分销商的折扣、奖励以及处罚等规则都逐渐明确，在商品的价格上更是严格控制，分销商掌握了大量的客户群，能够给客户以指导。下面介绍分销商加入供销平台的好处。

> ➢ 分销商可以从分销平台的多个供应商中选择自己需要的货源，供应商一件代发，分销商无须承担库存风险，可以用最少的资金投入赚取利润。
> ➢ 成为分销商后，商品的上架、下架、缺货和补货等都由供应商统一安排，进货变得非常容易。
> ➢ 许多商品的供应商都是通过淘宝网认证过的商家，都具备很强的实力，商品质量也有保证，对价格也有很好的控制。
> ➢ 一般供应商都有专业的团队来处理宝贝图片的拍摄、后期修改和商品描述等，分销商只需要将宝贝图片下载到自己的仓库中，并选择对应的宝贝上架即可销售。
> ➢ 分销宝贝的发货设置是供应商设置成自动状态的，所以分销商上架宝贝的发货管理都是由供应商直接控制和管理的。
> ➢ 分销商不用囤积货源，开店无须担心资金压力及风险。
> ➢ 分销商只需要做好服务、店铺的特色化和推广就可以了。

 专家解读：供应商加入供销平台的好处

加入供销平台的供应商，可以建立自己的供销渠道，快速开展招商批发代销业务，实现铺货、订单数据同步，实现自动化下单、打印发货、调整库存等，同时兼顾供销和直销业务，让批发、零售业务更加轻松。

2.4.2　在分销平台搜索货源

微课堂
00分34秒

加入淘宝供销平台后，即可在分销平台搜索货源。下面介绍在分销平台搜索货源的操作方法。

操作步骤 >> Step by Step

第 1 步 在 360 浏览器的地址栏中输入淘宝供销平台的网址 http://gongxiao.tmall.com，按下键盘上的 Enter 键，如图 2-14 所示。

图 2-14

第 2 步 打开淘宝供销平台网站首页，*1.* 在【搜索】文本框左侧的下拉列表框中，选择要搜索的类型，如供销产品，*2.* 在【搜索】文本框中，输入准备搜索的产品信息，*3.* 单击【搜索】按钮 搜索 ，如图 2-15 所示。

图 2-15

第 3 步 弹出符合搜索条件的供销产品目录信息，卖家可以选择适合自己的产品与供应商洽谈，这样即可完成在分销平台搜索货源的操作，如图 2-16 所示。

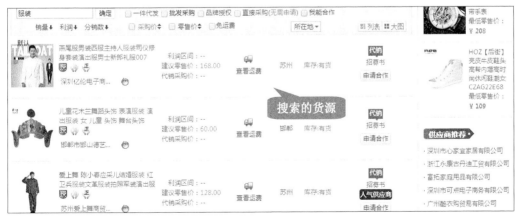

图 2-16

淘宝开店·装修·管理与推广

2.4.3　怎样选择好的供应商

供应商的选择是影响产品销售的重要因素之一，在供销平台中有很多供应商，如何选择适合自己的供应商是必须要考虑的问题。下面介绍怎样选择好的供应商的方法。

1　行业类目

>>>

申请代销的产品最好是熟悉的或者比较新奇、独特的或者有创意的商品，选好代销商品，定位好目标客户群，并加大力度有效地进行针对性宣传，相信不久就能看到店铺流量的提升和销售业绩的飙升。选择供应商时，要选择自己熟知的行业，供应商是促进自身成长及提高订单的必备条件。

2　产品线长度

>>>

由于不同供应商的发货地、运费、配送时间有所不同，所以销售者在供应商选择方面会有数量上的局限，挑选最匹配的产品线是我们选择供应商的一个重要因素。在分销平台上，大家会看到很多不同产品的供应商，有专注某一个产品方向的供应商，也有产品整合较为全面的供应商，可以根据自己的发展需要，挑选与店内所售产品最匹配的代销产品，挑选最符合店内产品搭配的代销产品，甚至可以让供应商的商品来覆盖销售者的整个网店。

3　利润空间

>>>

注意分析业内产品价格走势，结合供应商的代销价和渠道政策，在同品牌或同类商品中进行比较，确保"有利可图"。行业不同导致价格空间不同，请务必用专业的眼光看待供应商所提供的代销价格，达到双方共赢的状态。

4　产品质量

>>>

保障消费者权益、保证产品质量，是分销商和供应商合作的前提，所以请分销商务必就产品质量问题与供应商深入交流，避免后续时常出现订单纠纷等问题。

5　售后服务

>>>

售后服务是供应商的重要服务项，是确保消费者在收货后遭遇产品质量问题或运输问题后的良好解决办法。当然，由于代销的特殊性质，更应注意售后服务的质量。

6　运费优势

>>>

若供应商的快递费用高于市场平均价格，那么对于销售者来说，这种高于市场的快递服务体验是非常不适合的，所以要确保供应商提供等于或者低于市场平均水平的快递标准，为销售的畅通铺平道路。

另外，注意店铺地区与供应商地区相匹配，即使不匹配，也可以根据供应商地域销售的分配需求，商量一定程度的快递费用支持，尽量与当地店铺的快递标准相匹配。

7　配送时间 >>>

供应商发货配送都有一定的时间，分销商下了订单不会立即配送商品，所以了解供应商大致的订单处理流程及配送时间，可以结合自身经营习惯合理搭配产品配送，及时补货。

8　渠道激励 >>>

渠道激励是供应商对分销商最为直接的激励方式，这是除了商品毛利之外的销售收入或资源支持。渠道激励包括物质奖励和精神奖励两方面。其中物质奖励主要体现为价格优惠、渠道费用支持、年终返利、渠道促销等，这是渠道激励的基础手段和根本内容。精神奖励的作用重在满足分销商成长的需要和精神的需求。这样分销商在配合供应商进行销售的同时，供应商自身也得到了长足发展。

9　装潢资源 >>>

部分品牌供应商会要求分销商使用统一的网上店铺装饰风格，这样在对供应商品牌或产品宣传的同时，也对自身的销售起到了很大程度的帮助。

10　产品描述 >>>

网络市场之所以能成功销售，还在于对商品描述得好与坏。这就要求供应商在提供产品的同时，还需要搭配完整、详细的产品描述以及产品图片等，并且对于供应商提供的产品描述要仔细查看，防止产品描述言过其实，避免销售后造成不必要的困扰。

Section 2.5　实践经验与技巧

在本节的学习过程中，将侧重介绍和讲解与本章知识点有关的实践经验及技巧，主要内容包括网上进货防骗常识、怎样做好代销、怎样进货才能有大利润等方面的知识。

2.5.1　网上进货防骗常识

微课堂

00分18秒

在网上进货的过程中，防止被骗也是很重要的，如果不小心选择了不存在的供货商，很可能会造成严重的经济损失。下面介绍网上进货防骗常识方面的知识。

1　检查经营资质　>>>

进货前要查看进货的渠道是否是正规注册的公司在经营，是否公布公司资质证书、公司注册号。买家可以在多个省、市的工商局网上查询进货公司的资质，或者事先电话查询。如果没有公布公司注册的资料，不要贸然进货。

如果是个人在经营，用户进货前应注意，个人经营是否有约束机制，因为工商部门对个人商业行为的约束力并不高。

2　不要贪图便宜　>>>

网上批发进货千万不能贪便宜，对超低价的商品，一定要谨慎。在网上辨认产品质量的难度比较大，因为不能真正用手去摸、用眼去看。这里给大家介绍一种辨认产品的方法。商品质量好的网站一般都会有大图展示，便于买家看清细节，之所以这样做，是因为店主知道自己服装的质量是靠得住的；而质量不好的商品，一般只用很小的图片。

3　检查是否有不良记录　>>>

一个正规经营的公司，在互联网上应该能搜索出很多相关信息，包括公司介绍、新闻、注册等信息，也包括被查处、被投诉的信息。如果是淘宝易趣的店铺，则有信用评价，可以仔细查看已经成交的顾客的评价。

4　注意价格陷阱　>>>

合理的利润是公司生存的基础，所以如果供应商报价过低，低于同行业的平均水平，用户应注意是否是陷阱。

5　检查最近是否有成交、发货记录　>>>

任何公司只要正常运营，都有快递发货单号，要求该网站提供最近几位顾客的快递号，或者 EMS，根据此号码，可在网上查询是否有成功发送的记录。

6　注意产品真伪　>>>

识别进货的公司是否自己调换重要配件、以假乱真、以次充好，混淆行货、水货的伎俩进行获利，以避免上当。

7　注意运输安全和售后服务　>>>

关注运输途中货物丢失有无赔偿、售后服务保修有无承诺等。特别注意个别品牌能否获得全国联保认证。

→ 一点即通：如何进外贸尾单货

外贸尾单货的优点是性价比高，其价格通常十分低廉，一般为市场价格的 2～3 折，品质做工绝对有保证。在进货时要仔细查看外贸尾单货的价格、质量、商标、尺码和有无瑕疵，但一般要求进货者具有一定的经济实力。

2.5.2 怎样做好代销

代销就是拿供货商的商品图片数据包在店铺上铺货，当有买家在店铺拍下商品时，卖家再去供货商处拍下，由供货商直接发货给买家的一种销售方式。下面将详细揭秘怎样做好代销方面的知识。

➢ 货物的品质。代销商品卖家自身看不到真实的货物，只能看到宝贝的图片，所以卖家朋友一定要充分了解供货商货物的品质，最好是实地考察，做到心中有数。

➢ 数据包。拿到供应商的数据包后不能盲目地上传宝贝，一定要先检查数据包里有没有与店铺冲突的部分，如价格、颜色、标题等。

➢ 发货退货。代销商在买家拍下宝贝后再由供应商发货，供应商每天要发的宝贝太多，为避免供应商出现忘发或者错发等现象，代销商要将所有需要发货的宝贝信息整理成一个 Excel 表格，提供给供应商。

➢ 出售宝贝更新。代销很容易出现的情况就是，代销商卖出产品后，而供应商没有货了，所以作为代销商一定要时刻检查供应商那边还有没有货。如果没有货就立即下架；如果供货商出新款了，要立刻给店铺上新。

2.5.3 全国最大的 50 个批发市场

不管是开实体店还是网店，成本越小就意味着收益越大，所以选择批发市场至关重要。下面为您揭秘全国最大的 50 个批发市场的名单，并按成交额排列如下。

1. 浙江义乌中国小商品城
2. 浙江绍兴中国轻纺城
3. 辽宁沈阳五爱小商品批发市场
4. 辽宁城西柳服装批发市场
5. 山东临沂市临沂批发城
6. 湖北武汉市汉正街小商品市场
7. 四川成都荷花池批发市场
8. 河北石家庄南三条小商品批发市场
9. 山东磁川服装市场
10. 江苏吴洒中国东方丝绸市场
11. 河北石家庄新华贸易中心市场
12. 浙江萧山商业城
13. 江苏常熟招商场
14. 浙江台州路桥小商品批发市场
15. 山东即墨市服装批发市场
16. 重庆朝天门综合交易市场
17. 浙江宁波慈溪周巷副食品批发市场
18. 辽宁沈阳中国家具城
19. 山东烟台市开发区彩云城
20. 黑龙江哈尔滨地下商业城
21. 浙江诸暨市大唐轻纺市场
22. 浙江杭州环北小商品市场
23. 吉林长春光复路市场
24. 浙江杭州丝绸市场

25. 山东淄博周村纺织大世界
26. 浙江湖州丝绸城
27. 浙江杭州四季青服装市场
28. 江苏江阴食品城
29. 浙江湖州织里轻纺绣市场
30. 浙江嘉兴洪合羊毛衫市场
31. 浙江杭州轻纺市场
32. 江苏江阴纺织市场
33. 河北石家庄桥西青年街市场
34. 浙江温州永嘉桥头纽扣市场
35. 江苏太仓轻纺市场
36. 浙江嘉兴桐乡濮院羊毛市场
37. 河南洛阳关林商贸城
38. 黑龙江哈尔滨透笼街市场
39. 甘肃兰州东部批发市场
40. 湖南常德桥南工业品市场
41. 辽宁沈阳中国鞋城
42. 甘肃兰州光辉批发市场
43. 河南开封大相国寺市场
44. 广东普宁流沙布料市场
45. 广东兴宁东岳宫市场
46. 广州白马服装批发市场
47. 辽宁沈阳东行市场
48. 浙江嘉善商城
49. 黑龙江哈尔滨南小食品批发市场
50. 河北白沟小商品批发市场

2.5.4 怎样进货才能有大利润

微课堂
00分17秒

生意，就是买卖商品并从中赚取差价的过程，而进货的数量、质量、种类该如何确定，进货资金和流动资金的比例该如何分配，以及如何确定补货时间及补货的数量等，作为经营者都应该了解。下面介绍怎样进货才能有大利润方面的知识。

1 批发和零售的利润模式

批发和零售的最大区别是：批发商卖单个商品的利润低，只有通过大量的出货才能赚钱；而零售商卖单个商品的利润高，但出货量要比批发商少。所以，大多数经营者在开店初期，通常是批发商的零售客户，这就需要经营者深入了解客户人群的需求，突出主推产品的特色和个性等以其独特的卖点来吸引更多的浏览量。当浏览量达到一定的程度时势必会产生成交量，当成交量为"5件/天"左右时，批发商会主动邀请您成为他的批发客户，这时，您在进货过程中给予批发商足够的诚意和信心，就可以用数量来为自己争取拿到好的批发价格。

2 进货的数量

进货数量包括多个方面，例如进货金额、进货货源种类、单个商品种类及数量等。进货商品的种类第一次应该尽可能多，因为你需要给顾客各种产品的选择。当对顾客有了一定了解的时候，你就可以锁定某一种类的产品了，因为资金是有限的，只有把资金集中投入到有限的种类中，你才有可能将单个产品进货量增大，进而要求批发商给予更低的批发价格。

当你锁定某些种类的产品时，单个商品种类的数量可以细分为陈列数量、库存数量和周转数量。从有多年经营经验的经营者得出的结论看，起码每个单品要有5个才能够维持一个比较良性的商品周转。

3　如何获得批发商的支持　　　>>>

批发商对经营者的支持表现在一旦有新货会尽快通知经营者，而且可能下次进货的时候他会主动把价格调整下来。而获得批发商对经营者的支持有两个因素。

➤ 第一个是卖家的首次进货金额，如果用户首次进货金额太少，批发商就会认为用户没有实力，或者是对他的产品信心不足。

➤ 第二个是补货的频率，如果用户经常到批发商那里去补货，即使数量不多，但批发商还是认为用户的货物周转快，能够为他带来长期的效益。

批发商如果认为某些经营者是重要客户，一般都会向经营者透露近期哪类商品热销，了解这些行情会让经营者对市场和客户的判断更准确。

2.5.5　如何成为一个成功的分销商

在淘宝网中有很多分销商，怎样才能让自己在众多分销商中脱颖而出呢？下面将详细揭秘如何成为一个成功分销商的秘诀。

1　前期准备工作　　　>>>

想成为一个成功的分销商要做好分销的前期工作，首先必须更换自己的标题图片，才能让自己的店铺在无数同行中脱颖而出；其次，就是修改宝贝标题关键字，多引用同类同行优质关键词替换供货商原先的标题，让产品在搜索中更有优势。

2　打造爆款　　　>>>

供货商提供的产品里，对每一个宝贝的待遇是一样的，无法体现出特色。一个优质的网店，成交量一半以上往往出自两到三款爆款宝贝，这几款爆款宝贝将为全店带来 70% 以上的流量。所以建议选出两款宝贝，在店铺的首页、各个宝贝描述页中进行推广，可以针对这两款宝贝，采取进样品、自行拍摄图片、补充描述图片内容的方式，把自己和其他分销商区分开，吸引眼球，赢得顾客信任。

3　促销宣传　　　>>>

如何利用促销宣传，让顾客体会到优惠并主动联系呢？分销商可以充分利用淘宝提供的各种促销活动。

如开通信用卡支付、支持货到付款服务、开通爱心宝贝，这些会增加宝贝的可信度，获得顾客好感；开通满就送、支持 VIP 制度、支持抵用券等功能会让顾客体会到优惠，同时参加店铺内部的推广活动，如满百包邮、定时打折等。做到这几点，你会发现你的宝贝已经在同行中鹤立鸡群。近几年，淘宝兴起的"双 11"活动，也是各大分销商和淘宝店铺

淘宝开店·装修·管理与推广

经营者提高销售量的有效平台。

4 售后服务

产品的源头不在分销商手上，所以售后服务是分销商最艰难的一项工作。因此分销商要做好对买家的售后服务。卖家要耐心聆听买家所说的话，并且在问题实在没有办法解决时，也可以引导买家帮你想对策，还要在了解买家不满的原因后及时安抚，并主动提出解决方案。

Section 2.6 有问必答

1. 阿里巴巴覆盖哪些业务？

阿里巴巴和关联公司的业务包括淘宝网、天猫、聚划算、全球速卖通、阿里巴巴国际交易市场、1688(1688现为阿里集团的旗舰业务，是中国领先的小企业国内贸易电子商务平台)、阿里妈妈、阿里云、蚂蚁金服、菜鸟网络等。

2. 进货有哪些技巧？

卖家一定要掌握最新的产品资料和情况，并且在进货时要议价，不要轻易按给出的价格下单。要货比三家，算好自己的现金流并严格控制预算，当场谈好进货条件，这样可以避免日后的很多麻烦。

3. 什么是分销商？

分销商是指通过分销平台中分销商签约入口页面与《分销平台用户协议》相关的各方签署协议，且拥有网络店铺或电子商务网站，利用分销平台，寻找供应商并由此获得货源的销售者。

4. 从刚刚起步的批发商进货有哪些好处？

首先起批量较小，价格一般不会高于甚至有些商品还会低于大批发商。其次可以按照进货的经验和他们谈条件，比如价格和换货等问题。并且他们的售后服务一般要比大批发商好些。

5. 新手童装网店怎样进货？

童装一直是网络热销的品类之一，也是许多网店新手可以选择经营的种类，在进货时要确定童装的经营类型，对童装的款式进行选择，仔细分析童装进货的渠道以及童装的进货数量等。

第3章

轻松注册并申请淘宝店

本章
要点

❖ 注册淘宝会员
❖ 开通网上店铺
❖ 专题课堂——巧用支付宝

本章主
要内容

　　本章主要介绍注册淘宝会员和开通网上店铺方面的知识，同时讲解如何用好支付宝方面的知识与技巧。通过本章的学习，读者可以掌握注册并申请淘宝店方面的知识，为深入学习淘宝开店·装修·管理与推广知识奠定基础。

注册淘宝会员

导读　在淘宝网上开设网店，首先需要注册一个淘宝账号，成为淘宝的会员，使用淘宝账号登录到淘宝网站中。随着会员等级的提升，卖家和买家都会有更大的使用特权，方便得到更多的实惠。本节将重点介绍注册淘宝会员方面的知识。

3.1.1　申请淘宝账号

微课堂
00分41秒

申请淘宝账号的过程很简单，淘宝账号分为企业申请和个人申请两种方式。下面以个人申请为例，介绍申请淘宝账号的操作方法。

操作步骤 >> Step by Step

第1步 登录淘宝网首页 www.taobao.com，在网站首页的左上角，单击【免费注册】链接，如图 3-1 所示。

图 3-1

第2步 弹出【注册协议】页面，阅读淘宝注册协议，单击【同意协议】按钮 同意协议，如图 3-2 所示。

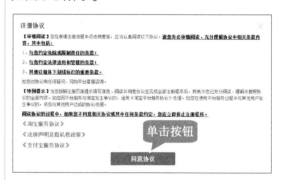

图 3-2

第3步 进入【设置用户名】界面，*1.* 在【手机号】文本框中，输入手机号码，*2.* 向右拖动滑块，进行验证，*3.* 单击【下一步】按钮 下一步 ，如图 3-3 所示。

图 3-3

第4步 进入【验证手机】界面，**1.** 在【验证码】文本框中，输入手机收到的验证码，**2.** 单击【确认】按钮 **确认**，如图 3-4 所示。

第5步 进入【填写账号信息】界面，**1.** 设置登录名，**2.** 在【设置登录密码】区域，设置登录密码，**3.** 设置会员名称，**4.** 单击【提交】按钮 **提交**，即可完成申请淘宝账号的操作，如图 3-5 所示。

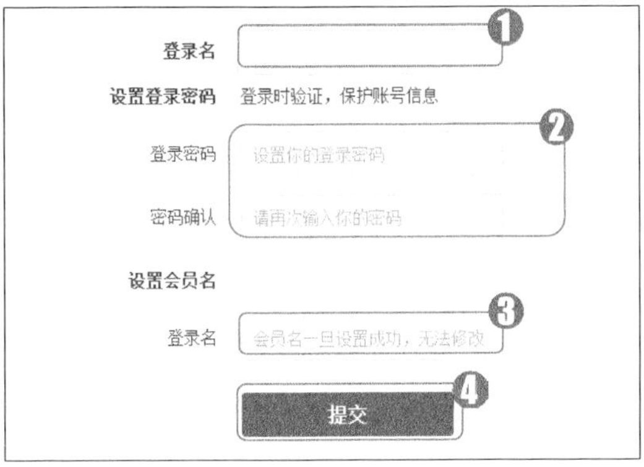

图 3-4

图 3-5

⚛ **知识拓展：淘宝账号注册方式**

一般情况下，企业用户使用邮箱注册淘宝账号。而个人用户注册分为两种情况：一种情况是使用未被注册过的手机号进行申请；另一种情况是已使用手机号注册过账号，使用邮箱继续注册。

3.1.2 　登录与编辑账号信息

微课堂
00 分 38 秒

淘宝账号申请完成后，即可登录到淘宝，对账号信息等进行补充和完善。下面介绍登录与编辑账号信息的操作方法。

操作步骤　>>　**Step by Step**

第1步 打开淘宝网首页，在页面的右侧，单击【登录】按钮 **登录**，如图 3-6 所示。

第2步 进入【密码登录】界面，**1.** 输入淘宝账号，**2.** 输入登录密码，**3.** 单击【登录】按钮 **登录**，如图 3-7 所示。

图 3-6

图 3-7

淘宝开店 · 装修 · 管理与推广

第3步 登录到淘宝页面，在淘宝网首页顶部位置，单击【我的淘宝】链接，如图 3-8 所示。

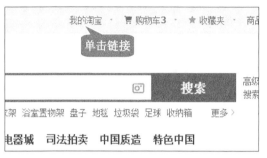

图 3-8

第5步 进入【账号管理】界面，*1.* 在左侧的导航栏中，单击【个人资料】链接，*2.* 在界面右侧，完成个人资料的编辑，*3.* 单击【保存】按钮 保存 ，即可完成登录与编辑账号信息的操作，如图 3-10 所示。

■ **指点迷津**

在【个人资料】区域，单击【编辑头像】图标，进入设置用户头像界面，可以使用本地上传或拍照上传的方式，上传头像，然后单击【保存】按钮即可。

第4步 进入【我的淘宝】页面，在导航栏处，选择【账户设置】选项卡，如图 3-9 所示。

图 3-9

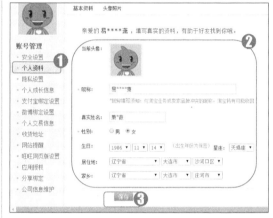

图 3-10

⊙ **知识拓展：其他登录淘宝的方式**

打开淘宝网首页，在页面的左上角，单击【亲，请登录】链接，也可以进入登录界面，在【会员名】和【密码】文本框中，输入会员名和密码，单击【登录】按钮  ，即可登录到淘宝网页中。

3.1.3　注册并激活支付宝账户

一般来说，在注册淘宝账号后，支付宝账户也注册了，但尚未激活，如果想使用支付宝账户需要先激活。下面介绍注册并激活支付宝账户的操作方法。

操作步骤　>>　**Step by Step**

第1步 打开淘宝首页并登录后，在淘宝网首页顶部位置，单击【我的淘宝】链接，如图 3-11 所示。

第2步 进入【我的淘宝】页面，在导航栏处，单击【我的支付宝】链接，如图 3-12 所示。

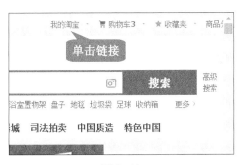

图 3-11

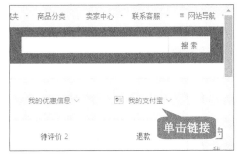

图 3-12

第 3 步　进入支付宝页面，**1.** 将鼠标指针移动至【未认证】链接上，**2.** 在弹出的提示中单击【立即认证】链接，如图 3-13 所示。

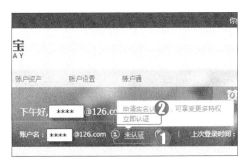

图 3-13

第 4 步　进入设置身份信息的界面，**1.** 在【设置登录密码】区域，设置登录密码，**2.** 设置支付密码，如图 3-14 所示。

图 3-14

第 5 步　在【设置身份信息】区域，**1.** 设置真实姓名、性别、身份证号码、身份证有效期等信息，**2.** 单击【确定】按钮 确 定 ，如图 3-15 所示。

图 3-15

第 6 步　返回【设置身份信息】界面，**1.** 输入银行卡号，**2.** 在【手机号码】文本框中输入手机号码，**3.** 单击【获取校验码】按钮 获取校验码 ，如图 3-16 所示。

图 3-16

第7步 弹出【校验码】文本框，**1.** 输入手机收到的校验码，**2.** 单击【同意协议并确定】按钮 同意协议并确定 ，如图 3-17 所示。

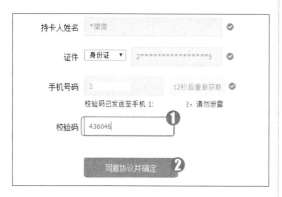

图 3-17

第8步 进入注册成功界面，单击【进入我的支付宝】链接，这样即可完成注册并激活支付宝账户的操作，如图 3-18 所示。

图 3-18

🔘 **知识拓展：支付宝业务范围**

支付宝主要提供支付和理财服务，业务范围包括网购担保交易、网络支付、转账、信用卡还款、手机充值、水电煤缴费、个人理财等多个领域。

Section 3.2 开通网上店铺

导读

网上开店的方式多种多样，不同的开店方式所需要的成本也不相同，本节将以淘宝为例，介绍开通网上店铺方面的知识与操作方法。

3.2.1 淘宝身份信息认证

微课堂
00分31秒

所谓的身份验证，就是为了淘宝商家以身份实名制进行交易。如果要在淘宝上开店，首先要成为淘宝卖家。下面介绍淘宝身份信息认证的操作方法。

操作步骤 >> Step by Step

第1步 登录淘宝网首页，在淘宝网首页顶部位置，单击【卖家中心】链接，如图 3-19 所示。

第2步 进入【免费开店】页面，**1.** 在左侧导航栏处，单击【我要开店】链接，**2.** 单击【创建个人店铺】按钮 创建个人店铺 ，如图 3-20 所示。

图 3-19

图 3-20

第 3 步　进入【阅读开店须知】界面，仔细阅读相关规定，单击【我已了解，继续开店】按钮 我已了解，继续开店 ，如图 3-21 所示。

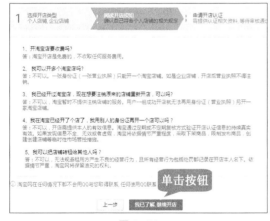

图 3-21

第 4 步　进入【申请开店认证】界面，单击【淘宝开店认证】右侧的【立即认证】链接，如图 3-22 所示。

图 3-22

第 5 步　进入【尚未进行认证】界面，单击【立即认证】按钮 立即认证 ，如图 3-23 所示。

图 3-23

第 6 步　进入【认证】界面，根据提示信息，*1.* 使用手机扫描下载钱盾并安装，*2.* 扫描二维码开始认证，如图 3-24 所示。

图 3-24

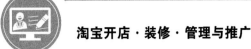

淘宝开店·装修·管理与推广

第7步 在手机钱盾客户端中，根据提示进行身份认证，开始智能扫脸验证，如图 3-25 所示。

图 3-25

第8步 进入【身份认证】界面，单击【开启认证】按钮 开启认证 ，如图 3-26 所示。

图 3-26

第9步 进入【人脸验证】界面，单击【开始验证】按钮 开始验证 ，如图 3-27 所示。

图 3-27

第10步 进入【拍摄照片】界面，单击【立即拍摄】按钮 立即拍摄 ，如图 3-28 所示。

图 3-28

第11步 使用手机拍摄身份证照片，然后单击【下一步】按钮 下一步 ，如图 3-29 所示。

第12步 进入【认证审核中】界面，等待淘宝进行审核，审核通过即可开通网上店铺。通过以上步骤即可完成淘宝身份信息认证的操作，如图 3-30 所示。

图 3-29

图 3-30

3.2.2 支付宝实名认证

微课堂
00分47秒

支付宝实名认证是由支付宝(中国)网络技术有限公司提供的一项身份识别服务。支付宝实名认证同时核实会员身份信息和银行账户信息。通过支付宝实名认证后相当于拥有了一张互联网身份证，可以在淘宝网等众多电子商务网站开店、出售商品，以及增加支付宝账户拥有者的信用度。下面介绍支付宝实名认证的操作方法。

操作步骤 >> Step by Step

第1步 登录淘宝网首页，在淘宝网首页顶部位置，单击【卖家中心】链接，如图 3-31 所示。

图 3-31

第2步 进入【免费开店】页面，1. 在左侧导航栏处，单击【我要开店】链接，2. 单击【创建个人店铺】按钮 ，如图 3-32 所示。

图 3-32

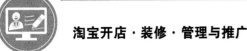

淘宝开店·装修·管理与推广

第3步 进入【阅读开店须知】界面，仔细阅读相关规定，单击【我已了解，继续开店】按钮 我已了解,继续开店 ，如图 3-33 所示。

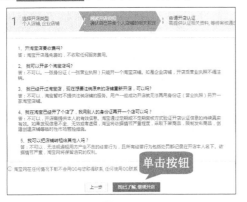

图 3-33

第5步 进入上传本人身份证件界面，**1.** 选中证件类型，如【二代身份证】，**2.** 在【证件图片】区域，单击【点此上传】链接，上传身份证正面照片，如图 3-35 所示。

图 3-35

第7步 返回上传本人身份证件界面，在【证件图片】区域，单击【点此上传】链接，上传身份证反面照片，如图 3-37 所示。

图 3-37

第4步 进入【申请开店认证】界面，在认证区域，单击【支付宝实名认证】右侧的【立即认证】链接，如图 3-34 所示。

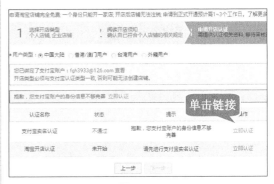

图 3-34

第6步 弹出【打开】对话框，**1.** 选择身份证正面照片文件，**2.** 单击【打开】按钮 打开(O) ，如图 3-36 所示。

图 3-36

第8步 弹出【打开】对话框，**1.** 选择身份证反面照片文件，**2.** 单击【打开】按钮 打开(O) ，如图 3-38 所示。

图 3-38

第9步 返回上传本人身份证件界面，**1.** 在【证件有效期】区域，输入身份证有效期，**2.** 单击【确定提交】按钮 确定提交 ，这样即可完成支付宝实名认证的操作，如图 3-39 所示。

■ 指点迷津

　　支付宝验证方式会随着互联网的发展而有所不同，用户只要根据提示进行操作即可。

图 3-39

3.2.3　填写店铺基本信息

微课堂
00分45秒

　　创建店铺成功后，可以为店铺设置基本信息了。店铺的基本信息设置包括设置店铺的名称、店铺类别、主要经营项目、店标设计和店铺简介等内容。下面介绍填写店铺基本信息的操作方法。

操作步骤 >> Step by Step

第1步 进入【卖家中心】页面后，**1.** 选择【首页】选项卡，**2.** 单击展开【店铺管理】区域，**3.** 单击【店铺基本设置】链接，如图 3-40 所示。

图 3-40

第2步 打开【店铺基本设置】网页，在【基础信息】区域中，**1.** 在【店铺名称】文本框中，输入店铺名称，**2.** 在【店铺标志】区域中，单击【上传图标】按钮，即可上传店铺图标，**3.** 在【店铺简介】区域，输入店铺的简介，**4.** 在【联系地址】文本框中，输入店铺地址，如图 3-41 所示。

淘宝开店·装修·管理与推广

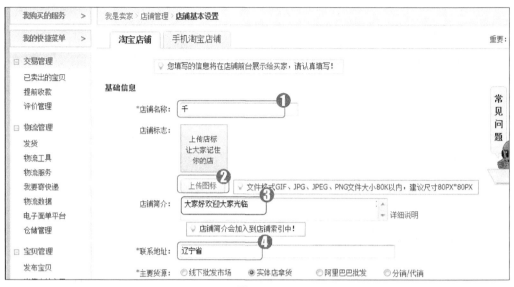

图 3—41

第 3 步 向下拖动网页，**1.** 在【主要货源】区域中，选择网店的货源形式，**2.** 在【店铺介绍】区域中，输入店铺介绍信息，**3.** 单击【保存】按钮 保存 ，这样即可完成填写店铺基本信息的操作，如图 3-42 所示。

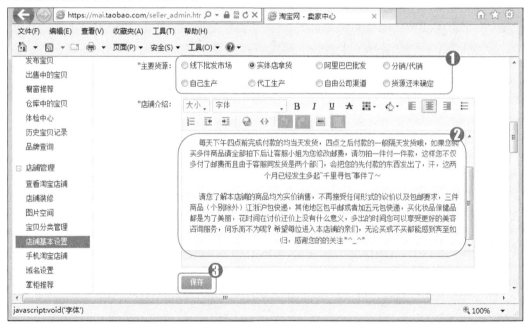

图 3—42

知识拓展：密码保护功能

因为普通密码比较容易被盗，所以淘宝在设置密码的基础上添加了密码保护功能。当用户忘记密码或者密码被盗用时，用户可以安全、快捷、有效地找回密码。

3.2.4　为店铺添加 Logo

微课堂
00分16秒

淘宝店铺 Logo 即为店标，是一个可以代表着店铺的风格、主打商品和产品特性的标志，也起到宣传店铺的作用。店铺 Logo 通常尺寸为 100px×100px 左右，基本上淘宝店铺标志大小设置为 80px×80px，图片支持 gif、jpg 和 png 格式，大小限制在 80KB 以内。

最常见的店标分类是根据图片的不同显示效果来划分的，即静态店标和动态店标两种。静态店标是指店标的图片是静态表现的，而动态店标则是一种动作的表现形式，是一幅动态的图片。现在动态店标的格式一般为 GIF 格式，这种格式能再现动画的效果。

通常在店铺基本信息设置中，即可直接为店铺添加 Logo，如果要修改淘宝店铺的标志，可以进入【卖家中心】页面，单击【店铺管理】右侧的折叠按钮，在展开的菜单中单击【店铺基本设置】链接，在【店铺标志】区域修改店标图片，如图 3-43 所示。

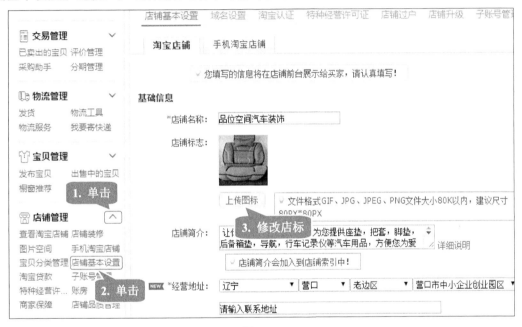

图 3-43

知识拓展：店铺 Logo 制作注意事项

第一要注意整体构思，切合主题，主题可以突显店铺的主营业务，也可以强调店名的内涵。第二是围绕主题选择素材，可以通过动物、人物来展现。第三是色调的问题，不同的色调给人的感觉和代表的含义都是不同的，而且要与整个版面匹配。

3.2.5　为店铺添加详细介绍

微课堂
00分25秒

店铺介绍很重要，所以卖家要在店铺介绍上面多下功夫，否则买家即使浏览了你的店铺也不会印象深刻。下面介绍为店铺添加详细介绍的操作方法。

操作步骤 >> Step by Step

第1步 进入【卖家中心】页面后，**1.** 单击【店铺管理】右侧的折叠按钮 ∨，**2.** 在展开的折叠菜单中，单击【店铺基本设置】链接，如图 3-44 所示。

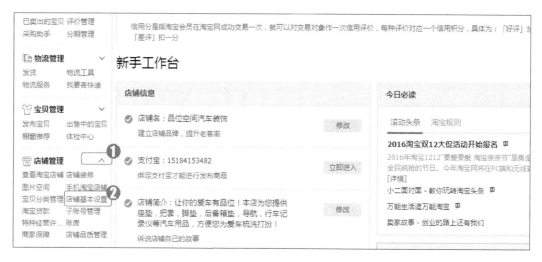

图 3-44

第2步 打开【店铺基本设置】网页，在【基础信息】区域中，**1.** 在【店铺介绍】文本框中，输入店铺详细介绍，**2.** 设置店铺介绍的文本字符格式，**3.** 单击【保存】按钮 保存 ，这样即可完成为店铺添加详细介绍的操作，如图 3-45 所示。

图 3-45

⊕ **知识拓展：如何写好店铺介绍**

在编写淘宝店铺介绍的内容时，要以网店的目标消费者为基础，按照买家的"口味"进行风格设计，编写的内容要有新意，设计要新奇、有趣，将产品的特点、店铺优惠政策等卖点进行展示，让买家产生购买的欲望。

Section 3.3 专题课堂——巧用支付宝

支付宝是全球领先的第三方支付平台，成立于2004年12月，致力于为用户提供简单、安全、快速的支付解决方案，主要提供支付及理财服务。本节将介绍如何用好支付宝方面的知识。

3.3.1 银行卡、网上银行和支付宝的关系

在网上开店需要用到银行卡、网上银行和支付宝。银行卡用来存放收到的款项，网上银行可以快速地进行转账、查询等操作，支付宝则是负责解决支付方面的问题。下面介绍银行卡、网上银行和支付宝的关系方面的知识。

1 银行卡与网上银行的关系

淘宝店铺开通的网上银行与注册账户时使用的银行卡是相通的。网上银行的资金存取原理，与现实生活中银行卡里的现金存取原理是完全一样的，所不同的只是操作存取款业务的方式不同。下面介绍网上银行与银行卡在实际操作中的特点。

➢ 银行卡存取款时，只需要一个简单的银行卡密码；网上银行则需要更复杂的登录密码，并且还需要U盾或电子银行口令卡等支付工具。

➢ 银行卡存钱和取钱都需要到银行存、取款机前，亲手输入银行卡密码；网上银行存钱和取钱则在任何一台联网的计算机前，用鼠标和键盘操作即可完成。

➢ 银行卡存的是现金，取的也是现金；网上银行存的是现金数字，取的也是现金数字，但这个数字一定要在银行卡中有对应现金。

➢ 从网上银行和银行卡的操作特点中，我们可以清楚地看出网上银行的电子钱，就等于银行卡中的实际现金，网上银行的账户就等于银行卡的账户。

2 网上银行与支付宝账户的关系

在支付宝账户中的电子钱和在网上银行的电子钱不是对应的关系，而是可以方便流通的关系。在淘宝网进行交易时，必须带上电子钱包。这个电子钱包里必须要有足够支付拍下宝贝的货款。支付宝账户里的电子钱，是从网上银行里存进去的，这一过程叫作充值。支付宝账户里的电子钱，也可以方便地转回网上银行，这一过程叫作提现。

3 银行卡、网上银行和支付宝的关系

一般来说，银行卡、网上银行和支付宝这三者之间的关系，可以归纳为以下几点。

➢ 可以为银行卡开通网银，实现网上支付。

淘宝开店·装修·管理与推广

➤ 可以将银行卡直接绑定支付宝，来实现网上支付。

➤ 在将银行卡开通网银之后，可以通过网银与支付宝方式进行网上支付交易。

➤ 支付宝是单一的支付方式，而银行卡可以直接绑定其他付款方式，例如微信支付。

3.3.2　办理网上银行

微课堂　00分30秒

使用网上银行可以方便快捷地实现付款、转账、支付宝充值等功能。下面以开通工商银行网上银行为例，介绍办理网上银行的操作方法。

操作步骤 >> Step by Step

第1步　打开工商银行个人网上银行网站 http://www.icbc.com.cn/icbc/，单击【个人网上银行】下方的【注册】链接，如图3-46所示。

第2步　进入【注册】界面，**1.** 输入申请银行卡人的姓名，**2.** 输入证件号码，**3.** 设置在银行预留的手机号码，**4.** 输入验证码，**5.** 单击【下一步】按钮 下一步 ，按照提示完成以后的注册，这样即可完成办理网上银行的操作，如图3-47所示。

图 3-46

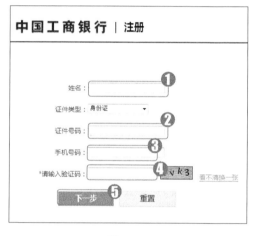

图 3-47

3.3.3　登录支付宝与充值

微课堂　00分56秒

支付宝充值就是把银行卡中的资金转到支付宝账户中的过程。下面介绍登录支付宝并为支付宝充值的操作方法。

操作步骤 >> Step by Step

第1步　登录到淘宝网站，在淘宝网首页，在【网站导航】下拉菜单中，单击【支付宝】链接，如图3-48所示。

第2步　进入支付宝首页页面，单击【登录】按钮 登录 ，如图3-49所示。

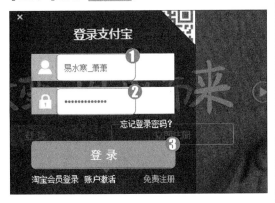

图 3-48

图 3-49

第3步　进入【登录支付宝】界面，**1.** 输入支付宝账号，**2.** 输入支付宝密码，**3.** 单击【登录】按钮 登录 ，如图 3-50 所示。

第4步　首次进入【手机打开支付宝扫描二维码验证身份】界面，需要使用手机扫描二维码，进行认证，如图 3-51 所示。

图 3-50

图 3-51

第5步　手机验证完成后，在电脑客户端刷新页面，单击【下一步】按钮 下一步 ，即可登录到支付宝，如图 3-52 所示。

第6步　进入支付宝首页页面，单击【充值】按钮 充值 ，如图 3-53 所示。

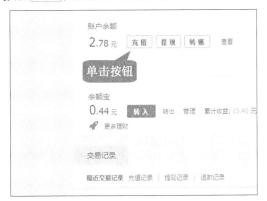

图 3-52

图 3-53

第7步 进入支付宝【充值】界面，**1.** 选择【储蓄卡】选项卡，**2.** 选中准备充值的银行卡单选按钮，**3.** 单击【下一步】按钮 下一步 ，如图 3-54 所示。

图 3-54

第8步 进入【充值到余额】界面，**1.** 在【充值金额】文本框中，输入充值的数额，**2.** 在【支付宝支付密码】文本框中，输入支付密码，**3.** 单击【确认充值】按钮 确认充值 ，即可完成登录支付宝与充值的操作，如图 3-55 所示。

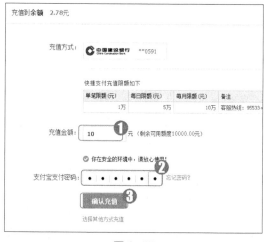

图 3-55

☕ **专家解读：修改支付宝登录密码**

在注册支付宝时，需要设置支付宝密码，也就是登录密码，如果要修改该密码，可以在登录支付宝账户后，进入【账号管理】界面，单击【安全设置】链接，单击【登录密码】后面的【重置】按钮 重置 进行密码修改。

3.3.4 查询支付宝账户余额

微课堂
00分20秒 ▶

买家在网上购物可以使用支付宝进行付款，当余额不足时则无法使用支付宝进行支付，通过支付宝中的账户余额功能可以随时了解账户资金变动情况，所以在登录支付宝后，可以在首页页面的左上角，查询到支付宝的账户余额，如图 3-56 所示。

图 3-56

3.3.5　使用支付宝转账

微课堂
00分47秒

在淘宝开店的卖家，会经常使用支付宝来转账，通过支付宝，卖家可以将支付宝中的余额转到指定的支付宝账户或者银行卡中。下面以转账到支付宝账户为例，介绍使用支付宝转账的操作方法。

操作步骤　>>　Step by Step

第1步　登录到支付宝首页，在页面的左上角单击【转账】按钮 转账，如图 3-57 所示。

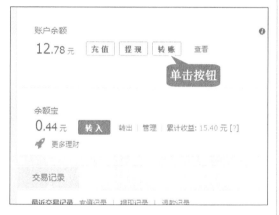

图 3-57

第3步　进入【确认您的转账信息】界面，**1.** 选择付款方式，**2.** 在【验证】区域，拖动滑块进行验证，**3.** 单击【确认信息并付款】按钮 确认信息并付款，如图 3-59 所示。

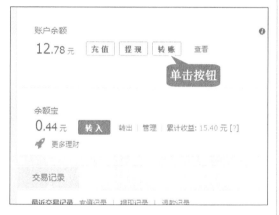

图 3-59

第2步　进入【应用中心】界面，**1.** 选择【转账到支付宝】选项卡，**2.** 输入收款人的支付宝账号，**3.** 在【付款金额】文本框中，输入金额，**4.** 单击【下一步】按钮 下一步，如图 3-58 所示。

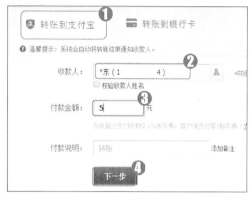

图 3-58

第4步　进入【我的收银台】界面，**1.** 选择付款方式，**2.** 输入支付宝支付密码，**3.** 单击【确认付款】按钮 确认付款，这样即可完成使用支付宝转账的操作，如图 3-60 所示。

图 3-60

淘宝开店·装修·管理与推广

Section 3.4 实践经验与技巧

在本节的学习过程中，将侧重介绍和讲解与本章知识点有关的实践经验及技巧，主要内容包括免费设置独家店铺地址、设置和修改支付宝支付密码和安全控件安装等方面的知识。

3.4.1 免费设置独家店铺地址

微课堂
00分22秒

为了便于买家访问网店和宣传推广网店，新手卖家可以为自己的店铺申请一个二级域名，作为独家的店铺地址。下面介绍免费设置独家店铺地址的操作方法。

操作步骤 >> Step by Step

第1步 进入【卖家中心】页面后，*1.* 单击【店铺管理】右侧的折叠按钮 ∨，*2.* 在展开的折叠菜单中，单击【店铺基本设置】链接，图 3-61 所示。

图 3-61

第2步 打开【店铺基本设置】网页，单击【域名设置】链接，进入更改域名的页面，根据步骤提示完成设置，这样即可完成免费设置独家店铺地址的操作，图 3-62 所示。

图 3-62

→ 一点即通：无法设置域名的原因

如果提示无法设置域名，一般分为以下两种情况。一种情况是只有付费专业版/智能版旺铺的用户才能免费设置域名，一钻以下免费升级为专业版的用户，无法设置域名。另一种情况是目前淘宝店铺的二级域名只能修改三次，超过三次将不能修改和设置。

3.4.2 设置和修改支付宝支付密码

为了保护个人账户的安全，用户应该定期更换和修改支付宝支付密码。下面介绍怎样设置和修改支付宝账户支付密码的操作方法。

操作步骤 >> Step by Step

第1步 使用支付宝账号登录到支付宝，在支付宝的首页，选择【账户设置】选项卡，如图 3-63 所示。

图 3-63

第2步 进入【账户设置】界面，**1.** 单击【安全设置】链接，**2.** 单击【支付密码】右侧的【重置】按钮 重置 ，如图 3-64 所示。

图 3-64

淘宝开店・装修・管理与推广

第3步 进入【重置支付密码】界面，选择修改密码的重置方式，如图 3-65 所示。

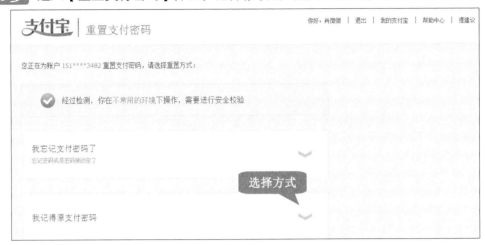

图 3-65

第4步 在展开的页面中，单击【立即重置】按钮，如图 3-66 所示。

图 3-66

第5步 返回【重置支付密码】界面，*1.* 在【支付密码】文本框中，输入原来使用的支付密码，*2.* 单击【下一步】按钮，如图 3-67 所示。

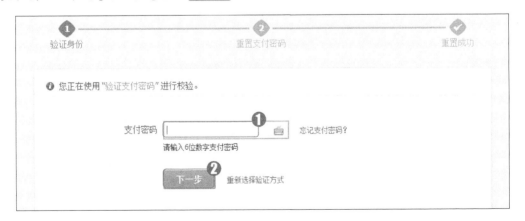

图 3-67

第6步 在弹出的界面中，**1.** 在【新的支付密码】文本框中，输入要设置的支付密码，**2.** 在【确认新的支付密码】文本框中，再次输入支付密码，**3.** 单击【确定】按钮 ，这样即可完成设置和修改支付宝账户支付密码的操作，如图 3-68 所示。

图 3-68

3.4.3 安全控件安装方法

微课堂
00 分 41 秒

安全控件会时时保护您的密码及账号不被窃取，从而有效地保障您的账户资金安全。当您在电脑上进行交易时，安全控件会及时发现风险并提醒您，有效制止仿冒网站的交易欺诈。下面介绍安装支付宝安全控件的操作方法。

操作步骤 >> Step by Step

第1步 打开支付宝【安全中心】页面，网址为 https://110.alipay.com/sc/aliedit/intro.htm，单击【安装安全控件】按钮 安装安全控件 ，如图 3-69 所示。

图 3-69

第2步 弹出【安全控件提示】对话框，单击【立即安装】按钮 立即安装 ，如图 3-70 所示。

图 3-70

淘宝开店·装修·管理与推广

第3步 弹出【新建下载任务】对话框，单击【下载】按钮 下载 ，下载安全控件，如图 3-71 所示。

图 3-71

第5步 弹出【打开文件-安全警告】对话框，单击【运行】按钮 运行(R)，如图 3-73 所示。

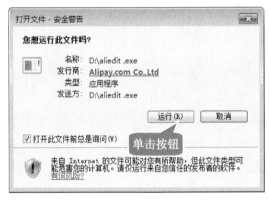

图 3-73

第7步 弹出安全控件安装进度对话框，等待控件安装完成，如图 3-75 所示。

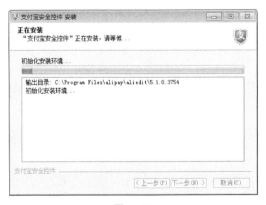

图 3-75

第4步 下载完成，找到下载的控件安装文件，双击安装该文件，如图 3-72 所示。

图 3-72

第6步 弹出【支付宝安全控件 安装】对话框，阅读安装许可使用协议，单击【我接受】按钮 我接受(I)，如图 3-74 所示。

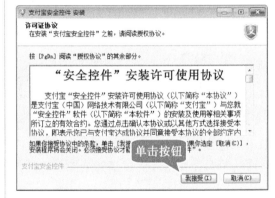

图 3-74

第8步 进入【支付宝安全控件 安装完成】界面，单击【完成】按钮 完成(F)，这样即可完成安装支付宝安全控件的操作，如图 3-76 所示。

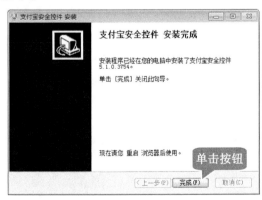

图 3-76

3.4.4　设置与修改密码保护问题

密码保护的目的是为了确保用户的账户安全。在淘宝和支付宝中，都可以设置密码保护。下面以淘宝密码保护为例，介绍如何设置与修改密码保护问题的操作方法。

1　设置密码保护问题　>>>

为了账户的安全性，可以对淘宝账户设置密码保护问题，默认情况下密码保护问题的数量为三个。下面介绍设置密码保护问题的操作方法。

操作步骤　>>　**Step by Step**

第1步　打开淘宝网站，使用账号登录到淘宝，**1.** 单击【我的淘宝】链接，**2.** 在【我的淘宝】页面，选择【账户设置】选项卡，如图 3-77 所示。

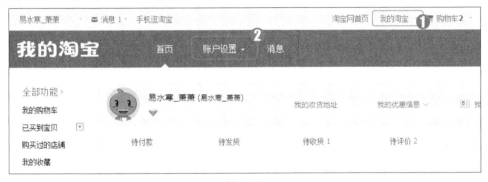

图 3-77

第2步　进入【账号管理】界面，**1.** 单击【安全设置】链接，**2.** 单击【密保问题】右侧的【设置】按钮，如图 3-78 所示。

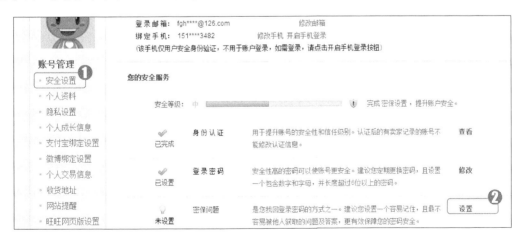

图 3-78

第3步　进入【添加安保问题】界面，单击【立即添加】按钮 立即添加 ，如图 3-79 所示。

淘宝开店·装修·管理与推广

图 3-79

第4步 进入校验界面，**1.** 在【校验码】文本框中，输入手机收到的校验码，**2.** 在【支付密码】文本框中，输入支付密码，**3.** 单击【下一步】按钮 下一步 ，如图 3-80 所示。

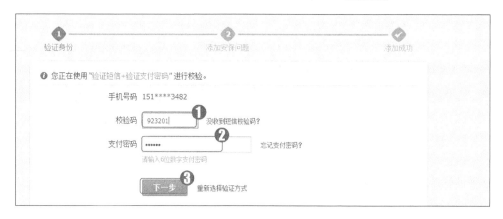

图 3-80

第5步 进入【设置安保问题】界面，**1.** 设置密保问题及答案，**2.** 单击【下一步】按钮 下一步 ，如图 3-81 所示。

图 3-81

第6步 进入【安全保护问题验证】界面，确认密保问题正确，单击【确定】按钮 确定 ，这样即可完成设置密码保护的操作，如图 3-82 所示。

图 3-82

2　修改密码保护问题

　　为了防止账号被盗用，建议用户不定期地修改密码保护问题。修改密码保护问题的操作很简单。下面介绍修改密码保护问题的操作方法。

操作步骤　>>　**Step by Step**

第1步　登录到淘宝，在【账号管理】界面，*1.* 单击【安全设置】链接，*2.* 单击【密保问题】右侧的【维护】按钮 **维护** ，如图 3-83 所示。

图 3-83

第2步　进入【设置安保问题】界面，*1.* 设置新的密保问题及答案，*2.* 单击【确定】按钮 **确定** ，如图 3-84 所示。

图 3-84

第3步　进入【安全保护问题验证】界面，确认密保问题正确，单击【确定】按钮 ，

微 课 堂 学 电 脑

淘宝开店·装修·管理与推广

这样即可完成修改密码保护的操作，如图 3-85 所示。

图 3-85

➡ 一点即通：修改绑定的手机号

　　淘宝账号与手机号是绑定在一起的，如果更换了手机号码，为避免不必要的麻烦，要更改账号绑定的手机号，在淘宝网上的【账号管理】界面，单击【安全设置】链接，然后单击【绑定手机】右侧的【修改】按钮，根据提示修改手机号即可。

3.4.5　如何找回淘宝密码

微课堂
00分28秒

　　淘宝会员如果长久没有使用账户，可能会忘记登录密码。下面介绍忘记淘宝密码时如何找回的操作方法。

操作步骤 >> Step by Step

第1步 打开淘宝网登录界面，单击【忘记密码】链接，如图 3-86 所示。

图 3-86

第2步 进入【账户中心】界面，**1.** 输入淘宝登录名，**2.** 拖动滑块验证，**3.** 单击【确定】按钮 ，如图 3-87 所示。

图 3-87

第3步 进入【找回密码】界面，**1.** 设置新的登录密码，**2.** 单击【确定】按钮，如图 3-88 所示。

第4步 重置成功，提示"重置成功，请牢记新的登录密码"。这样即可完成找回淘宝密码的操作，如图 3-89 所示。

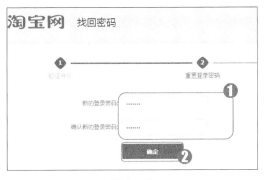

图 3-88

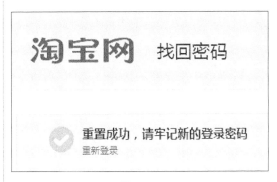

图 3-89

3.4.6 　支付宝提现

当用户支付宝账户的余额越来越多时，可以将部分或全部余额提现至银行卡中。下面介绍使用支付宝提现的操作方法。

操作步骤 >> Step by Step

第 1 步　登录到支付宝首页，在页面的左上角单击【提现】按钮 ，如图 3-90 所示。

第 2 步　进入【提现】界面，**1.**选择银行卡，**2.**在【提现金额】文本框中，输入金额，**3.**单击【下一步】按钮 下一步 ，如图 3-91 所示。

图 3-90

图 3-91

第 3 步　进入【确认提现信息】界面，**1.**输入支付宝的支付密码，**2.**单击【确认提现】按钮 确认提现 ，这样即可完成支付宝提现的操作，如图 3-92 所示。

■ 指点迷津

提现操作完成后，随时关注银行卡到账情况，避免网络或其他原因导致提现不成功。

图 3-92

1. 在安装安全控件时，提示请关闭您正在运行的其他程序，如何解决？

在安装安全控件时，请关闭阿里旺旺、贸易通等软件，如运行下载的安装包，包括用户正在使用的浏览器都要关闭，这样可以尽量避免安装程序提示您重启操作系统。

2. 余额宝是什么？有什么作用？

目前，余额宝是中国规模最大的货币基金之一。其特点是操作简便、低门槛、零手续费、可随取随用。除理财功能外，余额宝还可直接用于购物、转账、缴费、还款等消费支付，是移动互联网时代的现金管理工具。

3. 蚂蚁花呗有什么好处？

蚂蚁花呗是蚂蚁金服推出的一款消费信贷产品，申请开通后，将获得 500～50000 元不等的消费额度。用户在消费时，可以预支蚂蚁花呗的额度，享受"先消费，后付款"的购物体验。

4. 如何使用支付宝向多人付款？

登录到支付宝，在首页单击【转账】按钮，进入【应用中心】界面，选择【转账到支付宝】选项卡，单击【收款人】右侧的【向多人付款】链接，输入收款人支付宝账号、姓名、付款金额后，根据提示进行操作即可。

5. 支付宝数字证书有什么作用？

数字证书具有安全、保密、防篡改的特性，在某台电脑上(可以将证书备份到多台电脑上)对某个支付宝账户申请了数字证书后，即使泄露了支付宝密码，他人也无法盗取、挪用支付宝账户中的金额。

第 **4** 章

店铺的设置与发布商品

本章要点

❖ 店铺的设置与优化
❖ 发布商品准备开张
❖ 使用淘宝助理批量发布商品
❖ 专题课堂——商品展示

本章主要内容

本章主要介绍店铺设置与优化方面的知识，同时讲解发布商品和批量发布商品方面的知识。在本章的专题课堂环节，则介绍商品展示方面的知识。通过本章的学习，读者可以掌握店铺的设置与发布商品方面的知识，为深入学习淘宝开店·装修·管理与推广知识奠定基础。

淘宝开店·装修·管理与推广

Section 4.1 店铺的设置与优化

申请淘宝店铺成功后，就可以对店铺进行设置与优化，包括选择店铺风格、添加商品分类、对店铺进行基本设置和设置店铺公告等。本节将详细讲解店铺的设置与优化方面的知识。

4.1.1 选择店铺风格

微课堂
00分26秒

店铺创建成功后，店主即可对店铺进行装修。店铺装修的风格对顾客直观印象起着至关重要的作用。下面介绍选择店铺装修风格的操作方法。

操作步骤 >> **Step by Step**

第1步 打开淘宝并进入【卖家中心】页面，在【店铺管理】区域，单击【店铺装修】链接，如图 4-1 所示。

第2步 进入【店铺装修】页面，在页面的上方选择【模板管理】选项卡，如图 4-2 所示。

图 4-1

图 4-2

第3步 进入【模板管理】页面，*1.* 选择【可用的模板】选项卡，*2.* 选择要使用的模板，单击【马上使用】按钮 马上使用 ，这样即可完成选择店铺装修风格的操作，如图 4-3 所示。

■ 指点迷津

可以在【店铺装修】页面上方，单击【装修模板】链接，进入到店铺装修市场选择店铺模板。

图 4-3

4.1.2　添加商品分类

微课堂 00分34秒

将发布的宝贝进行合理分类，可以使店铺的商品类目更加清晰，方便店主和顾客快速浏览与查找商品。下面介绍添加商品分类的操作方法。

操作步骤　>>　Step by Step

第1步　打开淘宝并进入【卖家中心】页面，在【店铺管理】区域，单击【宝贝分类管理】链接，如图4-4所示。

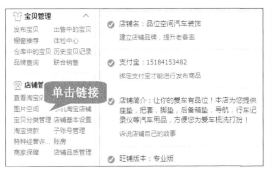

图4-4

第2步　进入【宝贝分类管理】页面，单击【添加手工分类】按钮 ➕添加手工分类 ，如图4-5所示。

图4-5

第3步　在【分类名称】下方出现文本框，**1.** 输入商品分类的名称，**2.** 单击【添加子分类】按钮 添加子分类 ，如图4-6所示。

图4-6

第4步　弹出子分类名称文本框，**1.** 输入子分类的名称，**2.** 单击页面右上方的【保存更改】按钮 保存更改 ，这样即可完成添加商品分类的操作，如图4-7所示。

图4-7

🔘 **知识拓展：商品自动分类**

　　商品分类有两种方式，手工分类和自动分类。自动分类是由系统自动根据卖家的商品类目，设置了几种模式，卖家可以选择其中的一种或几种。自动分类并非打乱原先的分类方式，而是系统自动把产品清晰罗列，方便对分类进行操作、调整。

4.1.3 店铺的基本设置

微课堂
00 分 47 秒

店铺的基本设置包括设置店铺的名称、店铺类别、主要经营项目、店标设计和店铺简介等内容。下面介绍店铺的基本设置的操作方法。

操作步骤 >> Step by Step

第1步 打开淘宝并进入【卖家中心】页面，在【店铺管理】区域，单击【店铺基本设置】链接，如图 4-8 所示。

图 4-8

第2步 进入淘宝店铺的【基础信息】页面，
1. 在【店铺名称】文本框中，输入店铺名称，
2. 在【店铺标志】区域中，单击【上传图标】按钮 上传图标 ，可以上传店铺的店标图片，
3. 在【店铺简介】文本框中，可填写店铺的主营项目信息，如图 4-9 所示。

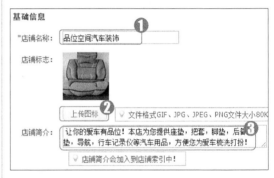

图 4-9

第3步 下拉页面后，**1.** 在【经营地址】区域设置店铺所在地，**2.** 在【主要货源】区域，选择货源产地，**3.** 在【店铺介绍】文本框中输入店铺的简单介绍信息，如图 4-10 所示。

图 4-10

第4步 店铺基础信息设置完成后，单击【保存】按钮 保存 ，这样即可完成店铺基本设置的操作，如图 4-11 所示。

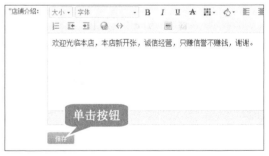

图 4-11

4.1.4 设置店铺公告

微课堂
00 分 57 秒

店铺公告是淘宝店铺的一张名片和宣传语，它可以让进店的顾客更好地了解店铺信

息、产品信息以及店铺活动。店铺做得好的卖家们都知道店铺公告的重要性，都会努力把店铺公告写得尽可能完美。对于新手卖家来说，设置店铺公告是必须掌握的淘宝店装修技巧之一。下面介绍设置店铺公告的操作方法。

操作步骤　>>　**Step by Step**

第1步 打开淘宝并进入【卖家中心】页面，在【店铺管理】区域，单击【店铺装修】链接，如图 4-12 所示。

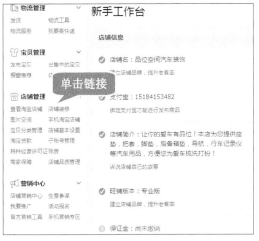

图 4-12

第2步 进入【店铺装修】页面，*1.* 选中【自定义区】模块，*2.* 将其拖曳至店铺页面中，如图 4-13 所示。

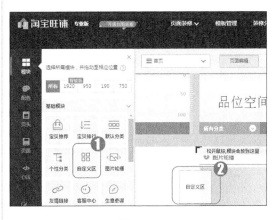

图 4-13

第3步 将鼠标指针移至添加的模块上，在显示的按钮区中，单击【编辑】按钮 ✎编辑，如图 4-14 所示。

图 4-14

第4步 在弹出的【自定义内容区】对话框中，*1.* 修改模块的标题，如店铺公告，*2.* 在文本框中，输入公告内容，*3.* 单击【确定】按钮 确定，如图 4-15 所示。

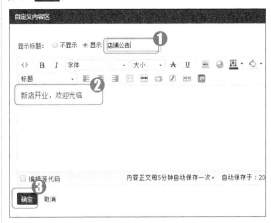

图 4-15

淘宝开店·装修·管理与推广

第5步 返回【店铺装修】页面，单击页面右上角的【发布站点】按钮 ，如图 4-16 所示。

图 4-16

第6步 弹出【发布】对话框，提示"是否确认发布全部电脑端页面？"信息，单击【确认发布】按钮 确认发布 ，如图 4-17 所示。

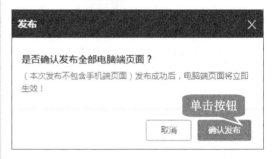

图 4-17

第7步 进入【发布成功】页面，单击【查看店铺】按钮 查看店铺 ，如图 4-18 所示。

图 4-18

第8步 打开店铺首页，可以看到设置的店铺公告效果，这样即可完成设置店铺公告的操作，如图 4-19 所示。

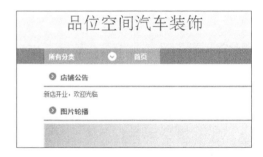

图 4-19

Section 4.2 发布商品准备开张

导读 店铺基本设置与装修完成后，可以开始发布商品准备开张了。前期准备包括准备图文资料、设置商品属性等工作。本节将详细介绍发布商品准备开张方面的知识。

4.2.1 准备图文资料

在淘宝店铺发布宝贝之前，需要准备好商品的相关资料，包括图片和文字内容。下面介绍准备图文资料方面的知识。

第4章　店铺的设置与发布商品

1　图片资料　>>>

商品图片最好保存为 JPG 格式，建议将图片宽度控制在 750 像素以内，因为淘宝店铺的详情页面上正常情况下可以显示 750 像素，全屏显示情况下可以显示 950 像素，并且一般采用左右双栏的显示方式。另外，将商品图片按照分类，各自建立文件夹存放，方便发布宝贝时使用。

2　文字内容　>>>

商品的文字内容包括商品的名称、介绍、价格等，可以将这些内容制成电子文档形式，方便查看和修改，在发布商品时直接复制这些文字内容即可，方便实用。

4.2.2　发布并设置类别

微课堂　00分25秒

商品图文资料准备完成后，可以进行宝贝发布了。下面介绍发布并设置商品类别的操作方法。

操作步骤　>>　Step by Step

第1步　打开淘宝并进入【卖家中心】页面，在【宝贝管理】区域，单击【发布宝贝】链接，如图 4-20 所示。

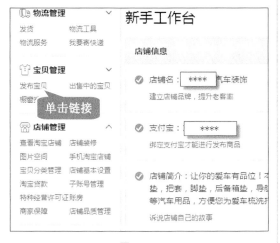

图 4-20

第2步　页面跳转到【一口价】界面，*1.* 选择要发布的商品类别，*2.* 单击下方的【我已阅读以下规则，现在发布宝贝】按钮 我已阅读以下规则，现在发布宝贝 ，这样即可完成发布并设置类别的操作，如图 4-21 所示。

图 4-21

☢ 知识拓展：类目错放降权

在店铺发布宝贝时，会经常遇到宝贝类目错放降权的情况，类目错放的情况直接影响店铺的曝光率，并且类目错放，会导致商品直接下架，需要在上架的时候重新修改宝贝类目，因此要设置好商品的发布类目。

4.2.3 设置商品属性

设置好商品的发布类别后，会进入到要发布的宝贝基本信息页面，在这里需要设置好商品的属性，一定不要填错商品属性，否则会引起宝贝下架，如图 4-22 所示。

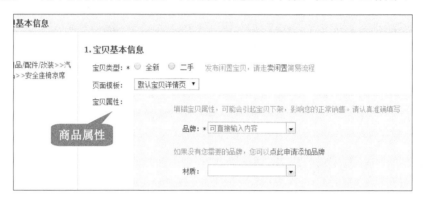

图 4-22

不同的宝贝可以选择的属性也不相同，设置的宝贝属性则显示在商品销售页面，如图 4-23 所示。

图 4-23

4.2.4 填写商品标题

网上店铺的流量，大部分都来自搜索流量，既然是搜索，那么商品标题的匹配度非常重要，因此一个好的商品标题会带来更多的流量。在淘宝店铺中，填写宝贝标题要注意以下几点。

➢ 宝贝标题请限定在 30 个汉字(60 个字符)以内，否则会影响发布。最基本的标题结构建议是：产品名称+卖点。

➤ 标题要尽量简单直接，还要突出卖点。要让买家即使瞄一眼，也能晓得商品的特点，知道它是什么商品。

➤ 对于某些特定商品，要在宝贝标题中尽可能体现其与众不同的特点。

➤ 实时掌握热门的关键词语、流行词语，与宝贝标题结合起来，效果会更好。

在【宝贝基本信息】界面，可以填写宝贝的标题及卖点内容，如图 4-24 所示。

图 4-24

4.2.5　制定商品价格

商品价格好不好，直接影响到商品的销量，所以作为一个新手卖家应该多了解商品定价的技巧和策略。下面介绍制定商品价格方面的知识。

1　尾数定价

许多买家都喜欢吉利的数字，因此可以把宝贝的价格定为接近整数的吉利数字。尾数定价能够让买家产生"少一元低一挡"的心理暗示，会让买家感觉到既便宜实惠又吉利满意，从而起到增加销量的作用。这种方式适合单位价格比较高或买家对价格比较敏感的商品。如 1000 元的商品，定价为 999 元或者 998 元，把商品的价格由上千元变成几百元，100元的商品定价为 99.8 元或者 98.8 元，价格由上百元变成几十元，如图 4-25 所示。

图 4-25

淘宝开店·装修·管理与推广

2　整数定价

　　整数定价会给买家大气的感觉，即把价格带尾数的商品通过增加商品数量使价格凑成整数。这种方式适合商品价格较低或买家更注重质量而对价格不敏感的消费群体。例如双汇火腿肠 25 元，如图 4-26 所示。

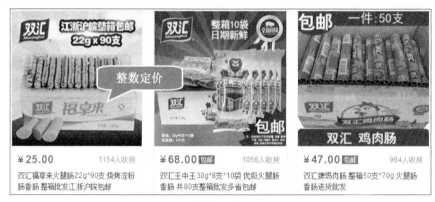

图 4—26

3　【元+角分】价格法

　　大部分淘宝店主在制定商品价格时，只会标注到元，没有考虑过角和分的作用，如果将价格的角和分都标记上了，那么买家按价格排序的时候，你的宝贝就很容易让买家关注到。最重要的一点是，在淘宝系统中，会认为带有元角分的商品价格更真实，能够帮助你店铺中的宝贝在默认排序上加分，如图 4-27 所示。

图 4—27

知识拓展：商品定价大忌

　　在为店铺中的商品制定价格时，有两点需要注意：第一点要注意的是一定不要盲目定价；第二点要注意的是不要频繁地改动价格，商品一旦定价，应尽量避免改动，否则会给店铺带来极大的负面影响。

4.2.6　设置商品规格

微课堂　00分13秒

商品的标题、属性、价格都设置好之后，还需要设置商品的规格，如颜色、尺码、数量等。不同类目的商品，商品规格的设置也不相同，如服装类的规格设置，如图 4-28 所示。

宝贝规格

颜色

选择标准颜色可增加搜索/导购机会，标准颜色还可填写颜色备注信息（偏深、偏亮等）！查看详情

☐ 选择或输入主色　　　　　　　　备注（如偏深偏浅等）　　　　上传图片

尺码

选择标准尺码可增加搜索/导购机会，标准尺码还可填写尺码备注信息（偏大、偏小等）！查看详情

◉ 通用　○ 中国码　○ 欧码　○ 英码　○ 日码　○ 均码

☐ 165/80A　　　☐ 170/84A　　　☐ 175/88A　　　☐ 180/92A

☐ 185/96A　　　☐ 190/100A

☐ 自定义尺码

+ 添加尺码-尺寸对照表 ⊙

商品规格

宝贝销售规格

该类目下：颜色、尺码，请全选或全不选，如果只选一部分则无法保存对应的价格和库存

*一口价及总库存	*价格（元）	*总数量（件）	商家编码	商品条形码
	10	1		

图 4-28

4.2.7　上传主图和详情页

微课堂　00分37秒

在淘宝上开店时，要上传宝贝的主图和详情页。宝贝主图指的是宝贝最前面的那五张小图，详情页指的是宝贝详情里面的说明图，如图 4-29 所示。

商品主图

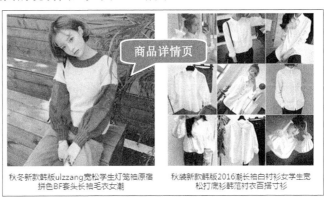

商品详情页

秋冬新款韩版ulzzang宽松学生灯笼袖原宿拼色BF套头长袖毛衣女潮

秋装新款韩版2016潮长袖白衬衫女学生宽松打底衫韩范衬衣百搭寸衫

图 4-29

宝贝的图片为 700 像素×700 像素，图片上的文字必须清晰可见，不能上传无信息的产品图或模糊、倾斜的图片。下面介绍上传主图和制作详情页的操作方法。

淘宝开店·装修·管理与推广

操作步骤 >> **Step by Step**

第1步 在【发布宝贝】页面的【宝贝图片】区域,**1.** 选择【本地上传】选项卡,**2.** 单击【文件上传】按钮 文件上传 ,如图 4-30 所示。

图 4-30

第2步 弹出【打开】对话框,**1.** 选择图片,**2.** 单击【打开】按钮 打开(O) ,这样即可完成上传主图的操作,如图 4-31 所示。

图 4-31

第3步 下拉页面后,**1.** 在【宝贝描述】区域,选择【电脑端】选项卡,**2.** 选中【文本编辑】单选按钮,如图 4-32 所示。

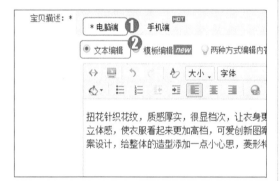

图 4-32

第4步 在【宝贝描述】文本框中,**1.** 输入文字描述,**2.** 单击【保存】按钮 保存 ,这样即可完成制作详情页的操作,如图 4-33 所示。

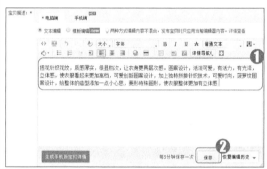

图 4-33

4.2.8 设置物流信息

微课堂
00 分 47 秒

　　网店交易的商品,都是通过物流邮寄到买家手里的,可以使用平邮、快递或 EMS,运费模板就是为一批商品设置同样的运费。下面介绍设置物流信息的操作方法。

操作步骤 >> **Step by Step**

第1步 在【发布宝贝】页面,下拉页面至底部位置,在【提取方式】区域,单击【新建运费模板】按钮 新建运费模板 ,如图 4-34 所示。

第2步 进入【运费模板设置】界面,**1.** 设置模板名称,**2.** 选择宝贝地址,**3.** 设置发货时间,如图 4-35 所示。

图 4-34

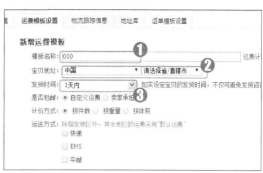

图 4-35

第 3 步 在【是否包邮】区域，选择运费方式，如【卖家承担运费】，如图 4-36 所示。

图 4-36

第 4 步 弹出网页显示对话框，单击【确定】按钮 ，如图 4-37 所示。

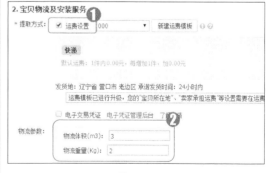

图 4-37

第 5 步 继续设置物流信息，**1.** 选择【计价方式】，如【按件数】，**2.** 选择【运送方式】，如【快递】，**3.** 单击【保存并返回】按钮 ，如图 4-38 所示。

新增运费模板

模板名称：000

宝贝地址：中国　请选择省/直辖市

发货时间：1天内　如实设定宝贝的发货时间，不仅可避免发

是否包邮：自定义运费　卖家承担运费 ❶

计价方式：按件数　按重量　按体积

运送方式：除指定地区外，其余地区的运费采用"默认运费" ❷

　快递

　EMS

　平邮

保存并返回 ❸　取消

图 4-38

第 6 步 返回【发布宝贝】页面，**1.** 在【提取方式】右侧勾选【运费设置】复选框，**2.** 设置物流参数，如图 4-39 所示，通过以上步骤即可完成设置物流信息的操作。

2.宝贝物流及安装服务 ❶

* 提取方式：运费设置 000　新建运费模板

快递

默认运费：1件内0.00元，每增加1件，加0.00元

发货地：辽宁省 营口市 老边区 承诺发货时间：24小时内

运费模板已进行升级，您的"宝贝所在地"、"卖家承担运费"等设置需要在运费

电子交易凭证 电子凭证管理后台 7

物流参数：物流体积(m3)：3 ❷

　　　　　物流重量(Kg)：2

图 4-39

⊛ 知识拓展：设置运费技巧

　　如果销售的大部分商品的体积和重量都很接近，建议使用运费模板功能。当需要修改运费的时候，这些关联商品的运费将一起被修改。如发布商品时不想使用运费模板，可以在发布商品时不选择运费模板。

4.2.9　成功发布商品

在商品的属性、标题、价格、规格、图片和物流信息都设置完成后，也要将售后保障信息和其他信息进行设置，然后才可以发布商品。下面介绍成功发布商品的操作方法。

操作步骤　>>　Step by Step

第1步　在【发布宝贝】页面底部的【售后保障信息】区域，**1.** 设置【发票】与【保修】信息，**2.** 设置【退换货承诺】选项，**3.** 设置【服务保障】信息，如图 4-40 所示。

3. 售后保障信息
- 发票：　○ 无　○ 有　❶
- 保修：　○ 无　○ 有
- 退换货承诺：　☑ 凡使用支付宝服务付款购买本店商品，若存在质量问题或与描述不符，本店将主动提供退换货服务并承担来回邮费　❷
- 服务保障：　☑ 该商品品类须支持"七天退货"服务；承诺更好服务可通过交易合约设置　❸

图 4-40

第2步　在【其他信息】区域，**1.** 设置【库存计数】信息，**2.** 设置【有效期】信息，**3.** 设置【橱窗推荐】信息，**4.** 单击【发布】按钮 发布，即可成功发布商品，如图 4-41 所示。

4. 其他信息
- 库存计数：　○ 拍下减库存 ⓘ　❶
- 　　　　　　○ 付款减库存 ⓘ
- 有效期：　○ 7天　💡 即日起全网一口价宝贝的有效期统一为7天　❷
- 开始时间：　○ 立刻
- 　　　　　　○ 设定　2016年11月20日 ▾　11 ▾ 时　50 ▾ 分 ⓘ
- 　　　　　　○ 放入仓库
- 秒杀商品：　□ 电脑用户　□ 手机用户 ⓘ
- 橱窗推荐：　☑ 是　橱窗是提供给卖家的免费广告位，了解如何获得更多橱窗位　❸

发布　❹

图 4-41

4.2.10　以拍卖方式发布

拍卖是卖家在拍卖网站上缴纳一定保证金，取得拍卖资质后，卖家设置最低起拍价，买家缴纳拍卖保证金后，进行加价竞拍的一种销售模式，最后价格最高者获得购买权利，买家需要在规定的时间内补足差额款项。

消保保证金只需缴纳一次，若店铺中销售的产品覆盖多个类目，那么消保保证金不需要分别缴纳，例如，卖家 A 既销售玩具又销售童装，那么保证金只缴纳 1000 元。

发布需要缴纳保证金的类目宝贝时，如果没有提交消保保证金，只能发布"二手"或"闲置"商品，必须提交消保保证金才可以发布全新商品。

在缴纳消保保证金后，在【卖家中心】页面，单击【宝贝管理】区域中的【发布宝贝】链接，跳转至【发布宝贝】页面，选择【拍卖】选项卡，然后设置拍卖宝贝的详细信息，进行发布即可。

知识拓展：拍卖保证金返还

以下三种情况，系统会自动解冻拍卖保证金：宝贝未竞拍成功（出局），在拍卖结束后，系统会在一小时内解冻保证金；竞拍成功，买家在 72 小时内完成付款后，系统会立即解冻保证金；竞拍成功后，卖家主动关闭交易，系统会立即解冻保证金。

Section 4.3　使用淘宝助理批量发布商品

导读　【淘宝助理】是一款免费的客户端工具软件，其核心功能就是保存和上传一步到位，线上更新即时同步，导入导出一键搞定。本节将介绍使用淘宝助理批量发布商品方面的知识。

4.3.1　登录【淘宝助理】

微课堂　00分36秒

使用【淘宝助理】可以不登录淘宝网就能直接编辑宝贝信息，是上传和管理宝贝的一个店铺管理工具。下面介绍登录【淘宝助理】的操作方法。

操作步骤　>>　Step by Step

第 1 步　打开【淘宝助理】官方网站地址：http://zhuli.taobao.com/，如图 4-42 所示。

图 4-42

第 2 步　在打开的网站首页，单击【淘宝版下载】链接，如图 4-43 所示。

图 4-43

淘宝开店·装修·管理与推广

第3步 弹出【新建下载任务】对话框，单击【下载】按钮 下载 ，如图4-44所示。

第4步 找到下载的安装程序文件，使用鼠标双击应用程序文件，安装【淘宝助理】软件，如图4-45所示。

图4-44

图4-45

第5步 安装完成后启动软件，**1.** 输入【会员名】，**2.** 输入密码，**3.** 单击【登录】按钮 登录 ，如图4-46所示。

第6步 登录到【淘宝助理】软件，如图4-47所示。通过以上步骤即可完成登录【淘宝助理】的操作。

图4-46

图4-47

⬤ **知识拓展：【淘宝助理】的优点**

　　使用【淘宝助理】软件管理店铺时，类似宝贝管理、订单管理等花费卖家很多时间的事情，可以有效地利用【淘宝助理】进行处理，节省时间成本。而且【淘宝助理】最大的优势就是批量编辑功能比较强大，可以批量发货、宝贝批量定时上架等。

4.3.2　创建并上传自家宝贝

微课堂
00分50秒

　　【淘宝助理】最大的特色之一，就是可以让卖家快速创建新宝贝并进行上传。下面介绍使用【淘宝助理】创建并上传宝贝的操作方法。

操作步骤　>>　**Step by Step**

第1步　在【淘宝助理】软件界面中，选择【宝贝管理】选项卡，如图 4-48 所示。

图 4-48

第2步　在弹出的【宝贝管理】界面中，在工具栏中，单击下方的【创建宝贝】按钮➕ 创建宝贝，如图 4-49 所示。

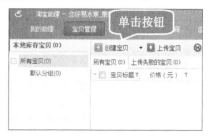

图 4-49

第3步　弹出【创建宝贝】对话框，*1.* 选择【基本信息】选项卡，*2.* 填写宝贝的基本信息，如图 4-50 所示。

图 4-50

第4步　在【创建宝贝】对话框右侧，*1.* 选择【宝贝图片】选项卡，*2.* 添加宝贝的图片，如图 4-51 所示。

图 4-51

第5步　添加宝贝描述，*1.* 选择【宝贝描述】选项卡，*2.* 输入宝贝描述信息，*3.* 单击【保存并上传】按钮 保存并上传 ，如图 4-52 所示。

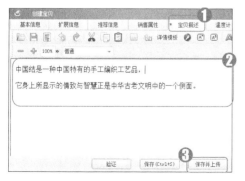

图 4-52

第6步　弹出【上传宝贝】对话框，*1.* 选中【上传前是否进行违规校验】复选框，*2.* 单击【上传】按钮 上传 ，这样即可完成创建并上传宝贝的操作，如图 4-53 所示。

图 4-53

4.3.3　批量编辑宝贝

淘宝助手不仅可以单一上传宝贝，还可以一次性大批量地上传宝贝。下面介绍批量编辑宝贝的操作方法。

操作步骤　>>　Step by Step

第1步　登录【淘宝助理】软件，**1.** 选择【宝贝管理】选项卡，**2.** 选中需要批量编辑的宝贝，**3.** 在工具栏中，单击【批量编辑】按钮 批量编辑 ，**4.** 在弹出的下拉菜单中，选择【宝贝数量】菜单项，如图 4-54 所示。

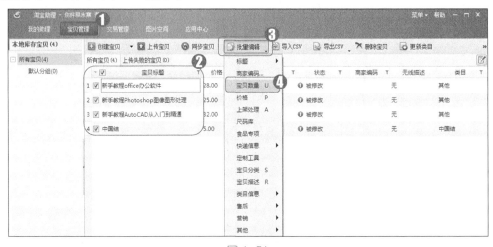

图 4-54

第2步　在弹出的【宝贝数量】对话框中，**1.** 选中准备更改数量的商品，**2.** 在【新的数量】文本框中，输入数量值，**3.** 单击【保存】按钮 保存 ，这样即可完成批量编辑宝贝的操作，如图 4-55 所示。

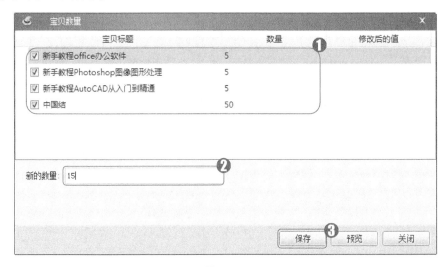

图 4-55

4.3.4　宝贝定时上架

淘宝上传宝贝有一个非常重要的技巧，那就是宝贝上架时间。在【淘宝助理】中，有三种上架时间方式，分别为立刻上架、定时上架和进仓库，如图4-56所示。

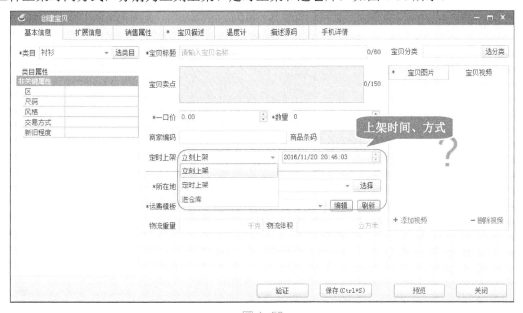

图4-56

> ➤ 【立刻上架】：选择该方式，宝贝会在单击【上传宝贝】按钮后跟随系统时间上传。
> ➤ 【定时上架】：可以自己设定宝贝的上架时间，上传成功后宝贝会先到仓库中，到设定的时间会自动发布到出售中的宝贝。
> ➤ 【进仓库】：将宝贝上传到线上仓库中的宝贝。

Section 4.4　专题课堂——商品展示

在网上店铺销售商品时，可以通过商品功能突出展示店铺中的主打商品，如可以在店铺动态里展示商品，也可以使用橱窗或掌柜推荐。本节将详细介绍商品展示方面的知识。

4.4.1　让店铺动态展示宝贝

在网上店铺中，看到的商品图片都是静态的，如果将静态的图片换成动态的图片进行展示，其宣传效果更好。下面介绍让店铺动态展示宝贝的图片轮播功能方面的知识。

淘宝开店 · 装修 · 管理与推广

操作步骤 >> **Step by Step**

第1步 进入淘宝网的【卖家中心】页面，**1.** 在左侧的导航栏中，单击【店铺管理】右侧的折叠按钮 ⌄，**2.** 单击【店铺装修】链接，如图 4-57 所示。

图 4-57

第2步 进入【店面装修】页面，将鼠标指针移至【图片轮播】模块上，在显示的按钮区中，单击【编辑】按钮 ✎编辑，如图 4-58 所示。

图 4-58

第3步 弹出【图片轮播】对话框，**1.** 选择【内容设置】选项卡，**2.** 选择【从图片空间选择】子选项卡，如图 4-59 所示。

图 4-59

第4步 在图片区域，选择要使用的图片，如图 4-60 所示。

图 4-60

第5步 返回【图片轮播】对话框，可以看到【图片地址】下方显示添加的图片地址，单击【保存】按钮 保存 ，图片轮播设置完成，如图 4-61 所示。通过以上步骤即可完成让店铺动态展示宝贝的操作。

图 4-61

☕ **专家解读：添加多张轮播图片**

图片轮播有时需要添加多张图片，要继续添加轮播图片，可以单击【编辑】按钮，在弹出的【图片轮播】对话框中，单击【添加】按钮，然后单击【图片地址】文本框右侧的 ▦ 按钮，选择图片，最后单击【保存】按钮即可。

4.4.2 使用橱窗推荐位

微课堂
00分22秒

橱窗推荐位是淘宝网为卖家专门推出的一项特殊功能，是淘宝网提供给卖家展示和推荐产品的工具之一。使用橱窗推荐位，可以快速吸引大量潜在客户前来询问和购买，大大提高卖家出售商品的概率。下面介绍使用橱窗推荐位的操作方法。

淘宝开店·装修·管理与推广

操作步骤 >> Step by Step

第1步 进入淘宝网的【卖家中心】页面，*1.* 在左侧的导航栏中，单击【宝贝管理】右侧的折叠按钮⌄，*2.* 在其下方单击【橱窗推荐】链接，如图4-62所示。

图 4-62

第2步 进入【出售中的宝贝】页面，单击【橱窗推荐宝贝】链接，如图4-63所示。在该区域中，可以为宝贝设置橱窗推荐位置。通过以上步骤即可完成使用橱窗推荐位的操作。

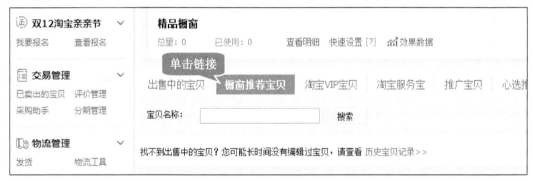

图 4-63

☕ **专家解读：橱窗推荐技巧**

使用橱窗推荐位也是需要技巧的，不能盲目设置，可以把快下架的商品优先放到橱窗推荐位上，一定要用足、用够橱窗推荐位，以免造成资源浪费，要知道橱窗推荐的商品种类越多，被搜索到的可能性就越大。

4.4.3 使用掌柜推荐位

微课堂
00分54秒

掌柜推荐宝贝出现在每个宝贝详情页面底部或者在店铺中间的推荐位上，该推荐同时也会出现在旺旺聊天窗口推荐宝贝中，设置掌柜推荐商品需要在【心选】后台(网站地址：https://xin.taobao.com/activity/list.htm)进行。下面介绍使用掌柜推荐位的操作方法。

操作步骤　>>　**Step by Step**

第1步　进入【心选】后台页面，在【计划管理】区域中，**1.** 选择【电脑版】选项卡，**2.** 单击【新建计划】按钮 新建计划 ，如图 4-64 所示。

图 4-64

第3步　弹出【重新选择展示区域】对话框，**1.** 选择展示区域，**2.** 单击【确定】按钮 确定 ，如图 4-66 所示。

图 4-66

第5步　弹出【编辑商品】对话框，**1.** 在【商品链接】文本框中，输入商品的链接，**2.** 单击【获取信息】按钮 获取信息 ，**3.** 单击【确定】按钮 确定 ，如图 4-68 所示。

图 4-68

第2步　打开【新建电脑版计划】页面，**1.** 在【计划名称】文本框中，输入计划的名称，**2.** 在【展示渠道】区域中，单击【选择主商品】按钮 选择主商品 ，如图 4-65 所示。

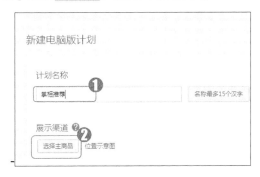

图 4-65

第4步　向下拖动页面，在【掌柜推荐】区域中，单击第一张图片，如图 4-67 所示。

图 4-67

第6步　返回【心选】主页面，在页面右下角单击【发布】按钮 发布 ，这样即可完成使用掌柜推荐位的操作，如图 4-69 所示。

图 4-69

淘宝开店·装修·管理与推广

 在本节的学习过程中，将侧重介绍和讲解与本章知识点有关的实践经验及技巧，主要内容包括合理设置橱窗宝贝的显示方式、批量修改宝贝名称、怎样选择商品最佳的发布时间等方面的知识。

4.5.1 合理设置橱窗宝贝的显示方式

 微课堂 00分33秒

在店铺中，如果橱窗推荐的宝贝数量比较多，为了更好地宣传店铺中的产品，就需要设置显示方式。下面介绍合理设置橱窗宝贝的显示方式的操作方法。

操作步骤 >> **Step by Step**

第1步 进入【卖家中心】页面，在左侧的导航栏中，单击【店铺管理】区域中的【店铺装修】链接，如图4-70所示。

图 4-70

第3步 弹出【宝贝推荐】对话框，**1.** 选择【电脑端显示设置】选项卡，**2.** 在【展示方式】区域选择展示方式，如图4-72所示。

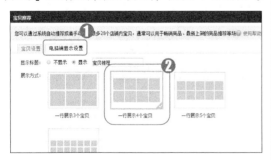

图 4-72

第2步 进入店铺装修页面，将鼠标指针移至【宝贝推荐】模块上，在出现的按钮区域，单击【编辑】按钮 ，如图4-71所示。

图 4-71

第4步 向下拖动页面，单击【保存】按钮 保存 ，如图4-73所示。通过以上步骤即可完成合理设置橱窗宝贝的显示方式的操作。

图 4-73

一点即通：设置宝贝推荐方式

宝贝推荐方式分为【自动推荐】和【手动推荐】两种。可以在【宝贝推荐】对话框中，选择【宝贝设置】选项卡，在【推荐方式】区域，选中【自动推荐】单选按钮或【手动推荐】单选按钮。

4.5.2 批量修改宝贝名称

00分42秒

当网上店铺成功发布宝贝开始运营后，随着宝贝数量的增加，更改宝贝信息的工作量会加重，此时可以使用【淘宝助理】软件来进行批量修改。下面介绍批量修改宝贝名称的操作方法。

操作步骤 >> Step by Step

第1步 登录【淘宝助理】软件，**1.** 选择【宝贝管理】选项卡，**2.** 选中【宝贝标题】复选框，选中要进行批量修改宝贝名称的宝贝，如图4-74所示。

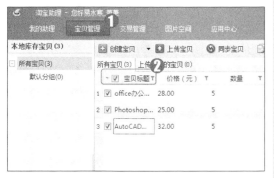

图4-74

第2步 在工具栏中，**1.** 单击【批量编辑】按钮，**2.** 在弹出的下拉菜单中，选择【标题】菜单项，**3.** 在子菜单中选择【宝贝名称】菜单项，如图4-75所示。

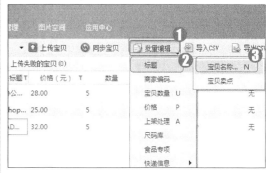

图4-75

第3步 弹出【宝贝名称】对话框，**1.** 选中【前缀】复选框，**2.** 在【前缀】复选框右侧的文本框中，输入要更改的信息，**3.** 单击【保存】按钮，如图4-76所示。

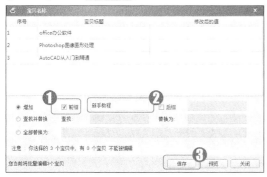

图4-76

第4步 返回【宝贝管理】界面，可以看到宝贝名称修改成功，单击【上传宝贝】按钮，这样即可完成批量修改宝贝名称的操作，如图4-77所示。

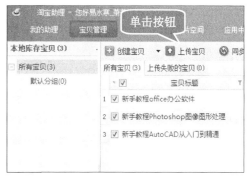

图4-77

4.5.3　店铺推荐宝贝与橱窗推荐宝贝的区别

店铺推荐宝贝与橱窗推荐宝贝同样都是推荐宝贝，但两者也是有区别的。下面介绍店铺推荐宝贝与橱窗推荐宝贝的区别。

➢ 店铺推荐宝贝：出现在每个宝贝介绍页面的底部或者在店铺最中间的推荐位上，当买家浏览宝贝及店铺时第一眼就能看到这些被推荐的宝贝。该推荐也会出现在旺旺对话框的推荐宝贝中，与买家聊天时，对方可以直接在旺旺对话框中看到所推荐的宝贝。

➢ 橱窗推荐宝贝：当买家选择搜索或者单击【我要买】根据类目录来搜索商品时，橱窗推荐宝贝就会出现在页面中。橱窗推荐位是通过搜索的方法让宝贝能有更多的浏览量及点击率。橱窗推荐位的数目是根据商品数目、开店时间、信用度(卖家信用度+买家信用度的一半)及交易额度而定的。

4.5.4　商品标题的结构和组合怎样最好

一个有吸引力的商品标题应该包含商品名称、商品所属店铺名称、同一商品的别称、商品价格和商品必要的说明这几方面内容。因为在搜索时首先会使用到的就是商品名称关键字，在这个基础上再增加其他的关键字，可以使商品在搜索时得到更多的入选机会。

在商品标题中，如果要增加搜索量和点击量，标题中的感官词和优化词是比较重要的组成部分。商品标题中出现的所有的文字描述都要客观真实，不得在商品标题中使用虚假的宣传信息。下面介绍一般商品标题的组合方式。

➢ 品牌、型号+商品名称；
➢ 促销、特性、形容词+商品名称；
➢ 地域特点+品牌+商品名称；
➢ 店铺名称+品牌、型号+商品名称；
➢ 品牌、型号+促销、特性、形容词+商品名称；
➢ 店铺名称+地域特性+产品名称；
➢ 品牌+促销、特性、形容词+商品名称；
➢ 信用级别、好评率+店铺名称+促销、特性、形容词+商品名称。

无论这些组合如何变化，商品名称这一项一定是其中的一个组成部分。选择什么来组合最好，要靠店主去分析市场、商品竞争激烈程度和目标消费群体的搜索习惯来最终确定。当然，商品标题也不是随便什么文字都可以的，必须严格遵守淘宝的规则，不然很容易遭到处罚。

4.5.5　怎样选择商品最佳的发布时间

00分20秒

在网店中并不是随便把商品上架就可以，而是应该掌握买家上网时间的高峰期，尽量让商品在上网高峰期上架，这样能为网店带来更多的流量，为商品赢得更有力的推荐机会。下面将介绍怎样选择商品最佳的发布时间。

1 把握好轮播因素 >>>

淘宝分拆后，淘宝网和天猫都有了各自的战略方向，相应的搜索因素也发生了一些差异和调整。例如时间轮播因素，在天猫的搜索中变成无效，只在淘宝网的"所有宝贝排序"中有效，也就是说，产品到了下架时间不会被系统下架到仓库，而是重新计算有效期。所以卖家要根据买家来访时间将商品进行平均分布与陈列，以保证自己的产品在访客多的时间段内尽量全部展现。

2 研究买家访问时间 >>>

为使发布的商品让更多的买家看到，需要统计买家访问店铺的时间，看看什么时候访问人数最多。这个数据可以通过淘宝网数据魔方中的用户来访时间获取。

一般来说，一天内有几个时间段的访问量较大：10:00～12:00，13:00～17:00，20:00～23:00，总计9小时。如果产品下架时间可以安排在这些时间段，获得流量的概率会加大。经过分析可以得到两个数据指标，即将一周按6天等分，那么1天内访问量较大的时间有9小时。

3 合理安排上架产品 >>>

通过计算每日上架产品数，来合理安排上架产品。根据平均分配方法，首先算出每天分配多少产品上架。根据产品总数和实际一周分配天数进行计算，即：总产品数/天数=每日上架产品数，如果有324个产品，就是324/6=54个，得出一天应该上架54个产品。根据这个计算结果，将每天的宝贝品类上架数进行合理分配，因周六、周日视为1天，所以实际情况是54/2=27个，即周六、周日分别上27个产品。

4 产品上架时间要准确 >>>

计算每小时上架的产品数，同样按照平均分配法，计算每天每小时需要上架的产品数，以及上架的间隔时间。例如，每天上架产品数/每天上架小时数=每小时上架产品数，得出54/9=6个；60分钟/每小时上架产品数=上架间隔时间，得出60/6=10分钟。最终可以算出，每小时上架产品6个，间隔时间为10分钟。

5 分配产品数量 >>>

根据上面的计算，可以设计出每个时间段的宝贝数量。这里需要注意的是，产品只有在即将下架的时候才会获得优先展现的机会，也就是说，如果想让产品在10点有优先展现的机会，产品的实际下架时间需要设定在10:10。如果将产品设定在10点下架，则产品的优先展现时间会是9:50，即实际下架时间要比期望展现时间点延迟相应的时间。根据上架表可以扩展到每天每小时具体上架产品的安排，这样可以让运营人员有一个很明确的执行清单。同时，商家也可以根据自身产品销售策略的不同，在这个范围内调整相应的产品上架顺序。

6　淘宝 Tips

影响淘宝搜索排名的两个重要因素包括宝贝下架时间和宝贝是否使用橱窗位。通过总结可以得出，宝贝最佳上架时间和淘宝网访问量高峰时间段如下。

➢　早上 9:00～11:00。

➢　下午 2:00～4:00。

➢　晚上 8:00～11:00。

Section 4.6　有问必答

1. 店铺所在地怎么更改？

进入【我的淘宝】→【账户设置】→【个人交易信息】页面，在【个人所在地】区域中，修改或设置所在城市的信息，然后单击【确定】按钮即可，修改之后关注 24 小时左右的系统缓存，避免信息没有更改成功。

2. 编辑类目时提示"不能更换到当前类目下"如何解决？

发布宝贝时，不是所有的类目之间都可以互换，当不能更换到需要的类目下时，只能重新选择发布类目。注意，部分类目更改一级类目会使之前累计的销量被清除，请谨慎操作。

3. 在【淘宝助理】批量修改宝贝名称后，店铺中没有变化，如何解决？

在【淘宝助理】中对宝贝进行修改后，要单击【上传宝贝】按钮，将宝贝上传，这样店铺中的宝贝才会即时更新。

4. 在淘宝店铺发布宝贝时，宝贝的属性需要全部填写吗？

目前宝贝的属性，只有带红色"*"的是一定要填写的，其他不填写也可以进行发布。但如果将商品的所有属性都填写完整，有利于商品被买家搜索到。

5. 什么是数据魔方？

数据魔方是淘宝官方出品的一款数据产品，主要提供行业数据分析、店铺数据分析，其中包含了品牌、店铺、产品的排行榜，购买人群的特征分析(年龄、性别、购买时段、地域等)。除此之外，数据魔方还提供了淘词功能，主要用来优化宝贝标题，通过使用效果更好的关键词来提升搜索排名。

第 **5** 章

与买家沟通完成宝贝交易

- ❖ 使用阿里旺旺与买家进行交流
- ❖ 回复信件和留言
- ❖ 宝贝交易流程
- ❖ 给买家评价
- ❖ 专题课堂——使用支付宝管理账目

本章要点

本章主要内容

　　本章主要介绍使用阿里旺旺进行交流、回复信件和留言方面的知识，同时讲解宝贝交易流程与给买家评价方面的内容。在本章的专题课堂环节，则介绍使用支付宝管理账目方面的知识。通过本章的学习，读者可以掌握与买家沟通完成宝贝交易方面的知识，为深入学习淘宝开店·装修·管理与推广知识奠定基础。

淘宝开店·装修·管理与推广

Section 5.1 使用阿里旺旺与买家进行交流

阿里旺旺(卖家版)是淘宝和阿里巴巴为商人量身定做的免费网上商务沟通软件和聊天工具，可以帮助用户轻松找客户，发布、管理商业信息，及时把握商机，随时洽谈生意，简洁方便。本节将重点介绍使用阿里旺旺与买家进行交流方面的知识。

5.1.1 查找并添加联系人

微课堂
00分49秒

现在阿里旺旺的官方网站为卖家提供的交流工具为千牛工作台，它分为旺旺模式和工作台模式。千牛电脑版的常用功能包括宝贝管理、店铺管理、货源中心、营销中心、其他五部分，卖家可以切换到旺旺模式来查找并添加联系人。

登录阿里旺旺主界面后，用户可以将经常交流的买家添加到个人好友组别里，方便以后进行交流与服务。下面介绍查找并添加联系人的操作方法。

⊙ **知识拓展：聊天过程中添加好友**

卖家除了可以通过搜索方式添加联系人外，还可以在与买家聊天时，添加其为好友。在与买家进行沟通的聊天窗口中，单击【加为我的好友】按钮 ，弹出【添加好友成功】对话框，在【选择组】下拉列表框中，设置好友分组，单击【完成】按钮 完成 即可。

操作步骤 >> Step by Step

第1步 安装阿里旺旺卖家版，启动软件，**1.** 输入淘宝账号，**2.** 输入登录密码，**3.** 单击【登录】按钮 登录 ，如图 5-1 所示。

第2步 登录到软件的首页界面，单击【接待中心】按钮 ，切换到旺旺模式，如图 5-2 所示。

图 5-1

图 5-2

第 3 步　在旺旺模式页面下，**1.** 在界面左上角的搜索框里，输入要查找的旺旺名称，**2.** 在弹出的快捷菜单中，单击【在网络中查找】链接，如图 5-3 所示。

图 5-3

第 4 步　弹出搜索结果页面，单击要添加的好友旺旺名称对应的【添加】按钮 +，如图 5-4 所示。

图 5-4

第 5 步　弹出【添加好友】对话框，**1.** 在【请先自我介绍】文本框中，输入介绍信息，**2.** 单击【确定】按钮 确定，如图 5-5 所示。

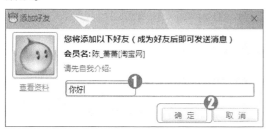

图 5-5

第 6 步　通过好友请求后，添加的联系人会出现在好友列表中，如图 5-6 所示。通过以上步骤即可完成查找并添加联系人的操作。

图 5-6

5.1.2　使用阿里旺旺进行聊天

微课堂　00 分 19 秒

添加阿里旺旺好友后，卖家即可与好友进行在线文字聊天，文字聊天的形式就如同手机发短信一样，可通过文字的描述与好友进行沟通。下面介绍使用阿里旺旺进行聊天的操作方法。

操作步骤　>>　**Step by Step**

第 1 步　登录阿里旺旺卖家版主界面后，选择准备进行聊天的好友，单击其头像，如图 5-7 所示。

第 2 步　弹出与好友会话的窗口，在窗口下面的文本框中，输入聊天内容，然后按下键盘上的 Enter 键，这样即可完成使用阿里旺旺进行聊天的操作，如图 5-8 所示。

淘宝开店·装修·管理与推广

图 5-7

图 5-8

5.1.3 快速查看聊天记录

微课堂
00分16秒

阿里旺旺的聊天记录非常重要，是建立客户档案、查找交易记录、发生纠纷时取证不可或缺的重要依据之一。下面介绍快速查看聊天记录的操作方法。

操作步骤 >> **Step by Step**

第1步 登录阿里旺旺卖家版主界面后，在要查看的聊天窗口中，单击【查看消息记录】按钮 ，如图 5-9 所示。

第2步 在右侧的消息记录区域，显示相关的聊天记录，如图 5-10 所示。通过以上步骤即可完成快速查看聊天记录的操作。

图 5-9

图 5-10

5.1.4 防止旺旺的骚扰信息

微课堂
00分53秒

在使用阿里旺旺与买家沟通的过程中，可能会遇到同行的恶意骚扰，也会收到一些发广告、充话费、刷单、做生意等骚扰信息，为了防止这部分人的骚扰和接收到垃圾信息，可以使用【防骚扰设置】功能有效地避免这种情况的发生。下面介绍设置防止阿里旺旺的骚扰信息的操作方法。

操作步骤　>>　Step by Step

第1步　登录到阿里旺旺卖家版主界面后，*1.* 单击左下角的【更多】按钮 ☰，*2.* 在弹出的快捷菜单中，选择【系统设置】菜单项，如图 5-11 所示。

图 5-11

第3步　在【过滤骚扰信息】区域，*1.* 选中【启动个人聊天防骚扰】复选框，*2.* 选中【启动群聊天防骚扰】复选框，*3.* 单击【新增】按钮 ，如图 5-13 所示。

图 5-13

第5步　返回系统设置对话框，可以看到设置的过滤信息的条件，单击【确定】按钮 ，如图 5-15 所示。通过以上步骤即可完成设置防止阿里旺旺的骚扰信息的操作。

■ **指点迷津**

　　在系统设置对话框中的【骚扰消息设置】区域，还可以选中【禁止振屏】复选框，防止别人发送振屏，造成工作困扰。

第2步　弹出系统设置对话框，*1.* 选择【安全设置】选项，*2.* 选择【防骚扰】选项，*3.* 在【骚扰消息设置】区域，选中【不接收陌生的 E 客服子帐号的消息】复选框，如图 5-12 所示。

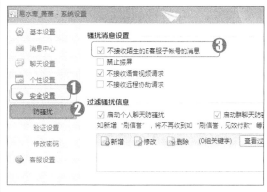

图 5-12

第4步　在弹出的【过滤骚扰消息】对话框中，*1.* 输入想要过滤不显示的关键字，*2.* 单击【确定】按钮 ，如图 5-14 所示。

图 5-14

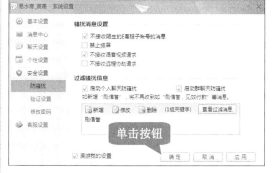

图 5-15

回复信件和留言

导读　　　在店铺销售商品之前，卖家一般要和买家进行沟通交流，所以回复客户的信件和留言是很重要的。本节将介绍回复信件和留言方面的知识。

5.2.1　回复买家站内信件

微课堂
00分25秒

在淘宝网中，系统为广大会员提供了一个【站内信】的功能，方便卖家和买家交流。下面介绍查看站内信件的操作方法。

操作步骤　>>　Step by Step

第1步 登录淘宝账号后，在【我的淘宝】页面中，单击顶部的【卖家中心】链接，如图5-16所示。

图 5-16

第2步 进入【卖家中心】页面，单击页面顶部的【站内信】链接，如图5-17所示。

图 5-17

第3步 页面跳转后，即可打开站内信箱，单击准备查看的邮件标题，邮件将自动展开，用户可以仔细阅读，如图5-18所示。这样即可完成查看站内信件的操作。

■ 指点迷津

　　【站内信】中的信息有保存时间限制，可以保存6个月，因此卖家如果有比较重要的信件，要将信件内容保存到本地电脑中。

图 5-18

微课堂
00分17秒

5.2.2　发布和回复宝贝留言

买家在网上店铺购买商品后，如果对商品的包装、物流方式等信息有特殊要求时，可以给卖家留言，卖家看到留言后会根据留言内容进行调整。下面介绍发布和回复宝贝留言方面的知识。

1 发布留言

买家在拍下宝贝后，进入【提交订单】页面，在【确认订单信息】区域中的宝贝信息下方，在【给卖家留言】文本框中，输入留言的内容，即可发布留言，如图5-19所示。

确认订单信息					
店铺宝贝	商品属性	单价	数量		优惠方式
店铺: 缪妮鞋类旗舰店					
秋冬季短靴马丁靴英伦风保暖棉...	颜色分类: 棕色 尺码: 40	228.00	1 +		省169:喜欢就

输入留言

给卖家留言: 包装请仔细些
重要提醒

6/500

运送方式：普通配送 快递 免邮
运费险：☐ 运费险 ￥2.20购买

图 5-19

2 回复留言

在销售商品时，经常会碰到好多买家同时咨询商品问题或卖家不在电脑前等情况，卖家来不及立即回复，此时可以设置自动回复留言，如图5-20所示。

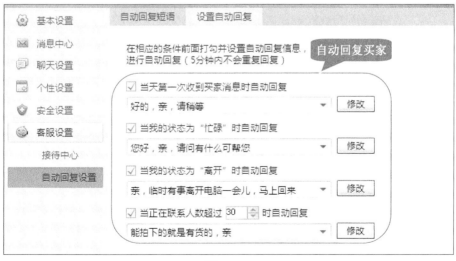

图 5-20

淘宝开店·装修·管理与推广

🔘 知识拓展：设置自动回复信息

在阿里旺旺卖家版中，单击左下角的【更多】按钮 ≡，在弹出的快捷菜单中，选择【系统设置】菜单项，弹出系统设置对话框，选择【客服设置】选项，再选择【自动回复设置】选项，切换到【设置自动回复】选项卡，在该区域中设置自动回复信息即可。

5.2.3　　回复阿里旺旺信息

大部分买家都习惯通过阿里旺旺直接向卖家咨询商品信息，所以回复阿里旺旺上的信息是非常必要的。下面介绍回复阿里旺旺上的信息的操作方法。

操作步骤 >> Step by Step

第1步 登录阿里旺旺卖家版，找到需要回复的买家，在聊天窗口中输入回复内容，按下键盘上的 Enter 键，如图 5-21 所示。

第2步 信息发送给买家，通过以上步骤即可完成回复阿里旺旺上的信息的操作，如图 5-22 所示。

图 5-21　　　　　　　　　　　　　　　　图 5-22

Section 5.3　宝贝交易流程

**导读**

经过前期的沟通与交流，卖家和买家最终达成交易意向后，卖家还要与买家进行讨价还价、发货方式和处理售后退款请求等操作。本节将重点介绍宝贝交易流程方面的知识。

5.3.1　　修改交易价格

在店铺中销售商品时，经常会有买家与卖家讨价还价，要求价格或运费便宜一些，这

时候卖家可修改交易价格，完成宝贝的交易。下面介绍修改交易价格的操作方法。

操作步骤 >> Step by Step

第1步　在【卖家中心】页面，单击【交易管理】区域中的【已卖出的宝贝】链接，如图 5-23 所示。

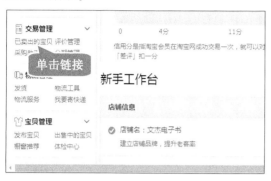

图 5-23

第2步　进入【已卖出的宝贝】页面，单击【修改价格】链接，如图 5-24 所示。

图 5-24

第3步　弹出【订单原价】对话框，**1.** 在【涨价或折扣】区域中，在相应的文本框中，输入宝贝减去的金额，**2.** 单击【确定】按钮，如图 5-25 所示。

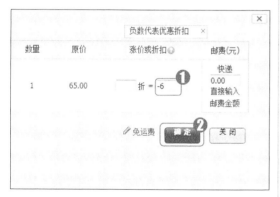

图 5-25

第4步　返回到【已卖出的宝贝】页面，可以查看修改价格后的宝贝信息，如图 5-26 所示。通过以上方法即可完成修改交易价格的操作。

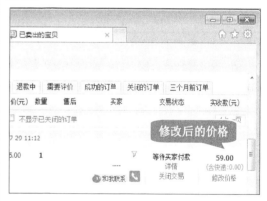

图 5-26

⊛ **知识拓展：不能频繁修改交易价格**

　　虽然可以更改宝贝的交易价格，但不建议频繁修改。因为通过改价销售得越好的宝贝，越容易被淘宝判定是宝贝炒作，改价幅度尽量不要超过宝贝原来卖出价格的 50%，实在想把价格降下来，可以一步一步地来。改价前要取消橱窗推荐的宝贝。

5.3.2　卖出商品，确认买家付款

微课堂
00 分 19 秒

　　如果买家购买了店铺中的商品，卖家首先需要确认买家是否已经付款，看到买家付款

淘宝开店·装修·管理与推广

后，商品才算是真正销售出去。进入【卖家中心】页面，在页面左侧的【交易管理】区域，单击【已卖出的宝贝】链接，进入【已卖出的宝贝】页面，当该页面提示"买家已付款"信息，则买家已经付款成功，卖家只需按地址发货即可，如图 5-27 所示。

图 5-27

5.3.3 买家付款后，选择物流方式发货

买家付款后，卖家就需要及时选择物流发送货物，以便得到买家不错的评价。下面介绍选择物流方式发货的操作方法。

操作步骤 >> Step by Step

第1步 在【卖家中心】页面，单击【交易管理】区域中的【已卖出的宝贝】链接，如图 5-28 所示。

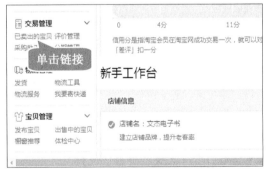

图 5-28

第2步 进入【已卖出的宝贝】页面，单击准备发货的商品后面的【发货】按钮 ，如图 5-29 所示。

图 5-29

第3步 进入【发货】页面，确认买家的收货地址和交易信息，如图 5-30 所示。

第4步 下拉【发货】页面，1. 确认卖家的发货信息和退货信息，2. 选择【自己联系物流】方式，填写并确认运单号码信息，3. 单击【确认】按钮 确认 ，如图 5-31 所示。

图 5-30

图 5-31

Section 5.4　给买家评价

交易成功后，卖家和买家可以互相评价，评价的结果会直接影响卖家的信誉等级，会影响卖家的交易额。本节将重点介绍给买家评价方面的知识。

5.4.1　评价买家

交易成功后，卖家可以先给买家好的评价，让买家对卖家有好的印象，从而促进买家良性评价卖家商品。下面介绍评价买家的操作方法。

操作步骤 >> **Step by Step**

第1步 在【卖家中心】页面，*1.* 单击【交易管理】区域中的【已卖出的宝贝】链接，*2.* 在准备评价的宝贝后面单击【评价】链接，如图 5-32 所示。

图 5-32

第2步 页面跳转后，*1.* 在【对商品进行评价】区域中，选中【好评】单选按钮，*2.* 在【好评】文本框中，输入对买家的评论内容，*3.* 单击【提交评论】按钮 提交评论 ，如图 5-33 所示。

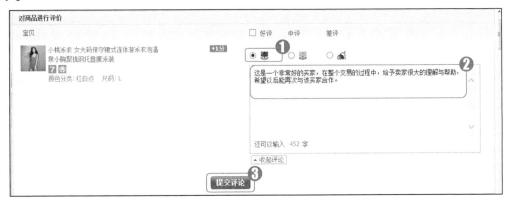

图 5-33

第3步 页面跳转后，页面提示"信用评价成功 1 个！"信息，如图 5-34 所示。通过以上方法即可完成评价买家的操作。

图 5-34

知识拓展：修改评价对店铺的影响

买家对卖家店铺的评价一旦做出修改，相应的信誉度分数会自动调整，买家对卖家的评价只能修改一次，且只能对中评、差评进行修改，如果评价比较多，修改或删除少量评价，对店铺不会有太大影响。

5.4.2 查看买家评价

微课堂
00 分 18 秒

在淘宝网中，买家的评论非常重要，这直接影响其他潜在客户对卖家店铺的主观印象，所以卖家应实时关注买家的评价。下面介绍查看买家评价的操作方法。

操作步骤 >> **Step by Step**

第1步 进入【卖家中心】页面，在【交易管理】区域中，单击【评价管理】链接，如图 5-35 所示。

第2步 进入到评价管理界面，在该界面中，选择【来自买家的评价】选项卡，即可看到来自买家的评价，如图 5-36 所示。通过以上方法即可完成查看买家评价的操作。

图 5-35

图 5-36

Section 5.5 专题课堂——使用支付宝管理账目

导读　交易完成以后，卖家可以对自己的支付宝账户进行账目管理，如账户余额查询、查询账户明细和申请提现等操作。本节将重点介绍使用支付宝管理账目方面的知识。

5.5.1 账户余额查询

微课堂　00分17秒

交易完成后卖家可以在自己的支付宝账号中查询账户余额。下面介绍账户余额查询的操作方法。

进入个人支付宝首页，在首页的【财富看板】区域中，即可显示出当前的账户余额、余额宝余额和蚂蚁花呗的消费额度等，如图 5-37 所示。

图 5-37

淘宝开店·装修·管理与推广

5.5.2　查询账户明细

微课堂 00分20秒

在支付宝中，可以通过支付宝账户明细，查询到自己的账户明细。下面介绍查询支付宝账户明细的操作方法。

操作步骤　>>　Step by Step

第1步 进入到个人支付宝首页，在首页的右上角位置，单击【交易记录】链接，如图 5-38 所示。

第2步 进入【我的账单】页面，*1.* 在【时间】区域可设置准备查询的时间范围，*2.* 选择准备查询的交易分类和交易状态，即可看到账户明细，如图 5-39 所示。这样即可完成查询账户明细的操作。

图 5-38

图 5-39

专家解读：收支明细证明

支付宝电子凭证不仅可以开电子资产证明，还可以开收支明细证明。在【我的账单】页面，单击【余额收支明细】链接，进入【资产明细】页面，单击【收支明细证明】链接，打开申请证明界面，输入证件号码、支付密码，单击【确认申请】按钮 确认申请 即可。

5.5.3　申请提现

微课堂 00分35秒

当宝贝被买家收货后，交易的金额将自动打入卖家的支付宝账户中，卖家可以将支付宝中的金额转入到自己的银行卡中。下面介绍申请提现的操作方法。

操作步骤　>>　Step by Step

第1步 登录支付宝，进入个人支付宝首页，在首页单击【提现】按钮 提现 ，如图 5-40 所示。

第2步 打开支付宝【提现】网页，在该网页中，*1.* 在【选择银行卡】区域中，选中准备提现的银行卡，*2.* 在【提现金额】文本框中输入提取金额，*3.* 单击【下一步】按钮 下一步 ，如图 5-41 所示。

图 5-40

图 5-41

第 3 步　打开【确认提现信息】界面，*1.* 核对银行卡信息和提现金额，*2.* 在【支付密码】区域，输入支付密码，*3.* 单击【确认提现】按钮 确认提现 ，如图 5-42 所示。

第 4 步　网页跳转，页面提示"提现申请已提交，等待银行处理。"信息，如图 5-43 所示，几个工作日后，提现金额会到达个人的银行账户。通过以上方法即可完成申请提现的操作。

图 5-42

图 5-43

Section

5.6　**实践经验与技巧**

　　在本节的学习过程中，将侧重介绍和讲解与本章知识点有关的实践经验及技巧，主要内容包括针对客户的沟通方式、使用推荐物流的好处、店铺评分与信用评价的区别等方面的知识。

淘宝开店·装修·管理与推广

5.6.1 针对客户的沟通方式

由于网上店铺和实体店铺存在很大的差异，所以在销售商品的过程中与买家的沟通技巧也存在着差异。下面介绍针对客户的沟通方式方面的知识。

➢ 微笑：当有买家咨询时，多用微笑类的表情，让买家感觉到热情和真诚，从而增加信任和好感。

➢ 态度：售后服务一定要到位，当遇到问题时，要主动积极与买家沟通解决，而不是一味地推卸责任。

➢ 诚信：网购难免让买家产生疑虑和不信任感，这就要求网店所出售的宝贝和描述相符。

➢ 处处为买家着想：与买家沟通时，处处为买家着想，给人以真诚感。

➢ 虚心请教：多了解买家的需求和实际消费水平，给买家推荐最适合的商品。

➢ 耐心与热心：要耐心回答买家的每一个问题。

➢ 说话要留有余地：对于不能十分肯定的问题，千万不要说"一定"和"肯定"等绝对性的话语。

➡ 一点即通：错误的沟通方式

在与网上买家进行沟通时，不要使用错误的沟通方式，比如不要用无礼、冷淡或质问的口气与买家交流；对于买家提出的与商品相关的问题，要指导卖家进行处理，不能指责、训斥买家。

5.6.2 使用推荐物流的好处

只有通过淘宝网，并且在网上点击【在线发送订单】，才称为推荐物流。目前与淘宝合作的物流公司有邮政速递服务公司、申通E物流、圆通速递、中通速递、天天快递、宅急送、韵达快递、风火天地(上海同城)等，其中邮政速递服务公司同时提供网上EMS和E邮宝两种服务产品。

在淘宝网中，使用推荐物流，有如下几个好处。

➢ 网上直连物流公司，不用打电话也可联系物流公司，真正实现全部网上操作。

➢ 价格更优惠：用户可以使用协议最低价和物流公司进行结算。

➢ 赔付条件更优惠：淘宝与物流公司协议了非常优惠的赔付条款。

➢ 赔付处理更及时：淘宝会监控并督促物流公司对于投诉和索赔的处理。

➢ 订单跟踪更便捷：使用推荐物流网上下单，用户的物品跟踪信息链接会放在用户的物流订单详情页面，用户和用户的买家都可以方便地查看。

➢ 可享受批量发货功能：用户可以一次性将多条物流订单发送给物流公司，让用户下单更便捷。

➢ 可享受批量确认的功能：使用推荐物流发货的交易，用户可以一次性确认多笔交易为"卖家已发货"状态。

➤ 可享受旺旺在线客服的尊贵服务：物流公司在线客服，即时回复用户的咨询，解答用户的疑惑。

➤ 如果日发货量超百票，可享受特别的定制服务。

5.6.3　店铺评分与信用评价的区别

店铺评分与信用评价虽然看起来差不多，但是详读淘宝规则，会发现其实有很多不一样的地方。下面介绍店铺评分与信用评价的区别。

➤ 买家可以针对订单中每次买到的宝贝进行好评、中评、差评；卖家可以针对订单中每次卖出的宝贝给买家进行好评、中评、差评。这些评价统称为信用评价。

➤ 店铺评分：仅买家对卖家打分，只展示近 6 个月的算术平均分，每笔订单评分一次，匿名评分。

➤ 店铺评分由买家对卖家做出，包括宝贝与描述相符、卖家服务态度、卖家发货速度、物流公司服务 4 项。每项店铺评分取连续 6 个月内所有买家给予评分的算术平均值。买家若完成对淘宝商城卖家店铺评分中宝贝与描述相符一项的评分，则其信用积分增加一分。

➤ 店铺评价：评价分为"好评""中评""差评" 3 种，每种评价对应一个积分。评价积分的计算方法，具体为"好评"加一分，"中评"零分，"差评"扣一分。

➤ 信用度：对会员的评价积分进行累积，并在淘宝网页上进行评价积分显示。

➤ 如果买家在交易成功的 15 天内未评分，则无分值，无默认分；如果买家对卖家进行店铺评分时，只对其中几项指标做出评分后，就确认提交了，则视完成店铺评分，无法再次修改和评分，剩余未评的指标视作放弃评分。

➤ 如果买家在交易过程中要求全部退款，且交易买方选择未收到货或要退货，则在退款完成后，此交易视为取消，不发生评分，也无分值。

➤ 淘宝店铺评分和信用评价是并存的，虽然两者的体现内容不一样，但都是为买家提供更多维度的参考价值。

5.6.4　设置不同地区的运费价格

在经营网上店铺时，发货是很重要的一个环节，而运费是发货中最重要的组成部分，不同的快递公司收费是不一样的，不同地区的快递费也是不一样的，因此使用运费模板是非常重要的，每个淘宝卖家都需要设置自己的运费模板。下面介绍使用运费模板设置不同地区运费价格的操作方法。

操作步骤　>>　**Step by Step**

第 1 步　打开【卖家中心】页面，在页面左侧的导航栏中，单击【物流管理】区域中的【物流工具】链接，如图 5-44 所示。

第 2 步　页面跳转后，*1.* 选择【运费模板设置】选项卡，*2.* 单击【新增运费模板】按钮 新增运费模板 ，如图 5-45 所示。

淘宝开店·装修·管理与推广

图 5—44

图 5—45

第3步 进入【新增运费模板】界面，**1.** 在【模板名称】文本框中，输入模板的名称，**2.** 设置宝贝的地址，**3.** 选中【自定义运费】单选按钮，如图 5-46 所示。

图 5—46

第4步 选择计价方式，**1.** 在【计价方式】区域，设置运费计价方式，如【按件数】，**2.** 选择【快递】复选框，并设置运费，**3.** 选中【指定条件包邮】复选框，如图 5-47 所示。

图 5—47

第5步 在【指定条件包邮】复选框下方弹出设置选项，在【选择地区】中的【未添加地区】区域，单击【编辑】链接，如图 5-48 所示。

图 5—48

第6步 弹出【选择地区】对话框，**1.** 选择要包邮的地区，选中其前面的复选框，**2.** 单击【确定】按钮 确定，如图 5-49 所示。

图 5—49

第 5 章　与买家沟通完成宝贝交易

第7步 返回【指定条件包邮】区域，**1.** 设置包邮条件，**2.** 单击【保存并返回】按钮 保存并返回 ，如图 5-50 所示。

图 5-50

第8步 返回【运费模板设置】页面，此时可以看到设置后的模板，如图 5-51 所示。通过以上步骤即可完成使用运费模板设置不同地区的运费价格的操作。

图 5-51

5.6.5　如何巧妙地向买家推荐商品

淘宝卖家虽然只是在网上接待客户，但还要学会售前揣摩客户心理和售后维护等知识。作为一个淘宝卖家，最基本的素质就是必须懂得销售商品的技巧，其中，最重要的一点，就是懂得如何巧妙地向买家推荐自己店铺的商品。

在买家了解了商品的基本信息后，针对不同的买家，卖家必须把握住不同的重点。有的买家注重宝贝的细节，那么卖家应该主动发细节图给买家，尤其是服装类的商品，这对买家有很好的吸引力和说服力。

对进店的每一个买家，卖家要积极地向他们介绍店铺的主打商品。如果店铺正在进行促销活动或者聚划算等优惠活动，卖家完全可以向买家介绍购买主打商品的优惠信息，以此来吸引买家。如果买家有明确的购买目标，那么卖家应该快速回答相关问题。

卖家要站在买家的角度思考问题。如果买家不是很满意商品，卖家这时候要仔细揣摩买家的心理，看买家是不满意价格、质量还是款式。如果买家觉得价格偏高，这时候卖家就应该向买家介绍价格相对低但性价比不错的宝贝；如果买家对宝贝的品质不是很满意，卖家可以推荐一些质量、价格适中的宝贝，找几个不同价格的宝贝链接，介绍每一款的特点，让买家自己选择。

向买家介绍自己的宝贝时，卖家一定要有耐心。对于那些仅有购买意向，而没有明确购买目标的买家，卖家要主动了解他们的需求，针对他们的意向提供指导性的建议。对于一些新手买家，卖家更要对他们进行指导，帮助他们解决购物中出现的难题。

除此之外，一个优秀的淘宝卖家还要学会把握老顾客的消费习惯，对新顾客要主动了解他们的需求。售后服务也必须注意，做到贴心服务，给买家留下良好印象。

5.6.6　如何消除买家在售后方面的顾虑

对于一些特定的商品，是否具备售后服务是非常重要的。购买这类商品的买家在选择

淘宝开店·装修·管理与推广

商品时，也会注重卖家所提供的售后服务。在与买家交流售后服务的话题时，卖家必须实事求是、直观准确地告知买家所能提供的售后内容。

Section 5.7 有问必答

1. 商品在【出售中的宝贝】区域找不到了，怎么解决？

可以去体检中心查看商品是否存在违规被删除的情况，还可以在【仓库中的宝贝】、【宝贝回收站】、【服务宝贝】中查看，商品是否已经下架或被自己误删除。

2. 确认发货的时候单号写错了，如何修改？

进入【已卖出的宝贝】页面，找到对应的订单，在【收货和物流信息】区域，单击【查看物流信息】链接，进入到查看物流信息页面，单击【修改】链接重新设置物流信息，单击【确定】按钮即可。需要注意的是填写24小时之内的单号和物流是可以修改的，当物流已有揽收信息时，是无法修改货运单号的。

3. 在阿里旺旺中如何设置打开聊天窗口、屏幕截图等快捷键？

登录到阿里旺旺，在系统设置对话框中，选择【个性设置】选项，再选择【快捷键】选项，切换到【全局快捷键】选项卡，在该区域为相应的应用设置快捷键即可。

4. 如何修改或删除运费模板？

在【卖家中心】页面中，单击【物流管理】区域中的【物流工具】链接，然后选择【运费模板设置】选项卡，在已有运费模板的右下角，单击【修改】或【删除】按钮即可。

5. 使用支付宝提现是否需要手续费？

支付宝于2016年10月12日起对转账到银行卡和账户余额提现两个业务收费，具体规则为：对于个人用户，同一身份证下的多个实名账户终身共享2万元基础免费额度(含转账到银行卡、账户余额提现)，超过额度后超出金额按照0.1%收取服务费，最低0.1元每笔。企业用户不受此次收费政策影响，收费政策保持不变。

第 **6** 章

拍摄出让人称赞的商品照片

本章要点

❖ 拍摄商品照片的基础

❖ 商品图片的标准与处理

❖ 专题课堂——服饰类商品的拍摄

本章主要内容

本章主要介绍拍摄商品照片方面的基础知识，同时讲解商品图片的标准与处理方面的内容。在本章的专题课堂环节，则介绍服饰类商品拍摄方面的知识。通过本章的学习，读者可以掌握拍摄出让人称赞的商品照片方面的知识，为深入学习淘宝开店·装修·管理与推广知识奠定基础。

导读　在网上店铺销售商品时，清晰的商品照片是更好地展现产品卖点和吸引广大顾客选购的重要因素。好的摄影器材、美丽的场景布置等是拍好商品照片的基础条件。本节将详细介绍拍摄商品照片的基础知识。

6.1.1 选购适宜的摄影器材

在淘宝网上开设网店后，拍摄商品照片是必修课之一，如何将自己的商品拍摄得美观、漂亮，是卖家需要面临的事情，同时，在拍摄商品照片的过程中，摄影器材的选择也是非常重要的。下面介绍摄影器材的选择方面的知识。

1 数码相机的分类 >>>

目前拍摄商品照片的摄影器材主要是数码相机，数码相机的种类大致分为卡片相机、长焦数码相机和数码单反相机三种，如图 6-1 所示。

图 6-1

➢ 卡片相机：在业界内没有明确的概念，仅指那些小巧的外形、相对较轻的机身以及超薄的设计。其优点是拥有时尚的外观、大屏幕液晶屏、小巧纤薄的机身和便捷的操作；缺点是手动功能相对薄弱、超大的液晶显示屏耗电量较大、镜头性能较差。

➢ 长焦数码相机：是具有较大光学变焦倍数的机型，而光学变焦倍数越大，能拍摄的景物就越远。镜头的焦距一般用毫米来表示，镜头根据它的焦距可以分为广角镜头、标准镜头和长焦镜头等。代表机型为松下 FX、富士 S、柯达 DX 系列等。

➢ 数码单反相机：就是使用了单反新技术的数码相机。单反就是指单镜头反光，这是当今最流行的取景系统，大多数 35mm 照相机都采用这种取景器。在这种系统中，反光镜和棱镜的独到设计使得摄影者可以从取景器中直接观察到通过镜头的影像。

2 数码相机的选购

由于数码相机的品牌种类繁多，很多人的感觉可能是想买却无从下手，首先选购相机要考虑自己的使用目的；对于相机本身，则需要考虑的应该是影像质量和分辨率、总体性能特点、影像存储量，当然还有价格。下面介绍数码相机选购技巧方面的知识。

➢ 数码相机的镜头：设计优良的高档相机镜头由多组镜片构成，并含有非球面镜片，可以显著地减少色偏和最大限度地抑制图形畸变、失真，材质选用价格昂贵的萤石或玻璃来做镜片。而家用和半专业相机的镜头为减轻重量和降低成本，采用的是用树脂合成的镜片。

➢ 数码相机CCD的像素值：CCD是数码相机的心脏，也是影响数码相机制造成本的主要因素之一，因而成为划分数码相机档次的一个重要标准。目前，入门级的是130万～210万像素级产品，商用及半专业用户则倾向于300万像素以上的产品。

➢ 数码相机的变焦：光学变焦是实打实的变焦，不会影响照片的成像质量；而数字变焦是电子变焦，是以损失照片清晰度为代价的局部放大。

➢ 数码相机的电池及耗电量：数码相机因带有LCD显示屏及内置闪光灯，因而电池消耗量比传统相机大。最好选择配备可充电锂电池的机型，目前主流数码产品皆已设计为锂电池，同时提供齐全的充电设备作为配件。

➢ 附加功能：功能越多，意味着使用数码相机的乐趣更多、用途更广。例如，许多数码相机有视频输出功能，可以接到电视上浏览照片；有的可以像手机一样自行设置开机图片和快门声音；有的可以有短时的数码录像功能。

➢ 售后服务的选择：确定数码相机机型时，如有两款数码相机规格完全相同，则应优先选择专业相机厂家的产品，这样不但售后服务有保障，而且可以保证镜头有更高的品质。选购时不要买没有保修的产品。

6.1.2 摄影常用术语介绍

微课堂
00分12秒

要想拍摄出效果更好的商品照片，掌握一些常用的摄影术语是很有必要的。下面介绍摄影常用术语方面的知识。

1 光圈

光圈是控制镜头有效通光口径的装置，通过改变内口直径，控制通光力、光速直径来控制镜头。光圈可以与快门相配合，控制曝光；与镜头焦距、物距配合，控制景深。

2 快门

快门是装在镜头中间孔径旁或胶片平面前部位置用以控制曝光的。快门的功能是与光圈配合用来控制曝光量；在拍摄动态物体时，控制其被摄动态物体的虚实。

3 焦距

焦距，即"焦点距离"的简称。焦距决定着被摄体在胶片上所形成的影像大小。焦距越大，在胶片上形成的影像越大。焦距的功能：可以在拍摄位置不变的条件下，通过改变镜头焦距来改变被摄体在胶片上的影像面积；可以随着焦距的改变，压缩或加大被摄体之间的物距；可以改变画面的景深。

4 景深

摄影时向某景物调焦，在该景物的前后形成一个清晰区，这个清晰区称为全景深，简称景深。通常使用大光圈，景深小；使用小光圈，景深大；物距小，景深小；使用广角镜，景深大。

决定景深的三个基本因素如下。

➤ 光圈。光圈大小与景深成反比，光圈越大，景深越小。

➤ 焦距。焦距长短与景深成反比，焦距越大，景深越小。

➤ 物距。物距大小与景深成正比，物距越大，景深越大。

> **知识拓展：焦距的功能与作用**

焦距长短与成像大小成正比，焦距越长，成像越大；焦距越短，成像越小。镜头焦距长短与视角大小成反比，焦距越长，景角越小；焦距越短，景角越大。焦距长短与景深成反比，焦距越长，景深越小；焦距越短，景深越大。

6.1.3 室内拍摄场景布置

在室内为商品拍摄照片时，由于光线等问题会影响照片的拍摄，所以需要使用不同的辅助拍摄道具，这样拍出来的照片效果才会更加完美。下面介绍室内拍摄场景布置方面的知识。

1 背景布置

一个商品图片好不好，其照片背景起着至关重要的作用。目前纯色背景是很多大品牌室内拍摄时运用较多的。下面介绍纯色背景方面的知识。

➤ 白色是淘宝上用得最普遍的背景颜色，一卷白纸或一幕白墙，便可以操作。白背景适合各种颜色的服装演绎，根据打光亮度的不同和打光方向的不同，还能形成多种风格和效果。需要注意衣服的质感展现和色差问题。

➤ 灰色也是拍摄常用背景色之一。灰色能够营造比较好的空间感和立体感，对衣服面料质感的表现很有帮助，同样，不同的光影可以塑造不同的效果。

➤ 黄色能占去冬季背景的半壁江山，因为寒冷的季节，暖色调能赋予人温暖的感觉。

暖黄背景根据光照和色彩深浅的不同，也能变化出多种风格，不变的是那种熏香般的柔润。年长的人避开了尘世的锋芒，不喜夺目刺眼，爱好恬淡的生活，具有平和的心境，所以中老年女装和女裤类目，几乎都会使用米黄色的背景。其次是比较英伦风、小香风的衣服，暖黄也是具有代表性的背景色，甚至能让人联想到宫殿和城堡。

➢ 彩色背景则多种多样，主要看店铺的风格和拍摄团队的创造力，什么稀奇古怪的颜色都可以一试，绝对惊艳。

2 摄影灯光

由于室内拍照光线问题，要布置好需要的光源。下面介绍几种常用的灯光辅助工具。

反光板是比较经济、实用的补光工具，不仅价格便宜、携带方便，使用时还可以通过改变距离和反射的方向控制光线的强弱、角度等。但是在阴雨的天气或阴暗的场所拍摄时，它的作用就不太明显，甚至可能失去补光作用，如图6-2所示。

图 6-2

便携式闪光灯的体积比较小，携带起来十分方便。如果是照相机原厂的还可支持高速同步传输，最高的同步速度可达 1/8000 秒。只是当高速同步时，闪光的覆盖范围也会大打折扣，快门速度越快，闪光的覆盖范围就越小，如图6-3所示。

带充电电池的外拍灯的功率通常比较大，并配有体积较大的充电电池，续航能力强。其缺点是体积较大且重，携带时不太方便，而快门同步速度一般局限在 1/200 秒之内，如图6-4所示。

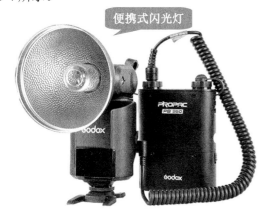

图 6-3

图 6-4

6.1.4　　在户外拍摄商品

对于一些不方便在室内拍摄的大型商品，或者为了更好地展示商品在模特身上的效果，可以选择在户外拍摄照片。下面介绍在户外拍摄商品的知识。

➤ 不要选择相机的自动对焦选项，因为相机的自动对焦功能通常被设计为自动聚焦在距离镜头最近的物体上。所以，拍摄照片时应该自己选择对焦点，因为你才是自己照片的最终决定者。

➤ 使用光圈最重要的一个原因是它能帮我们在拍摄时获取浅景深。你可以用 F2.8 或者 F4 的大光圈镜头来获得人像拍摄时需要的柔和自然光，而且它能够自然地虚化背景。

➤ 尽量不要用小于 50mm 的焦段拍摄人像，使用 70mm 或更长的焦段，任何低于 70mm 的焦段或多或少都会造成拍摄对象的扭曲变形，虽然低于 50mm 的焦段不会被明显地察觉。使用长焦镜头的压缩效果能增加背景虚化的模糊程度。

➤ 用 RAW 格式拍摄，RAW 格式是相机的传感器在曝光时记录的未修改的数据汇编，是照片的原始数码源。当用 JPEG 格式拍摄时，似乎看起来和使用 RAW 格式没什么不同，但当进行图像编辑时，会发现用 JPEG 格式拍摄的图像缺失了很多数据，而用 RAW 格式拍摄的图像能允许对照片进行更大程度的编辑。

➤ 随身携带灰卡以调整白平衡，只要在后期软件中打开最满意的一张照片，然后用滴管选取白平衡，你就能将其余的照片进行同步白平衡调整。

➤ 避免阳光直射，直射光容易使要拍摄的对象产生眯眼的情况，并在人脸上产生浓厚的阴影。不在直射光下拍摄，就能避免出现阴影。

6.1.5　　不同角度光线效果变化

光线方向是指光源位置与拍摄方向之间所形成的光线照射角度。光源或者拍摄方向的改变都可以看作是光线角度的变化，所产生的光线效果也是完全不同的。下面介绍不同角度光线效果变化方面的知识。

1　顺光

所谓顺光，从字面意思来讲就是正面照射过来的光，这样的光线在被摄者的正面形成反射。它的特性在于能够均匀地照亮被摄物体，影调柔和，光影的变化较自然。顺光也有其自身的缺陷，也可以说是不完美，那就是不能很好地强调物体的轮廓和质感，在色调对比和反差上也不及其他光线的光影效果丰富，如图 6-5 所示。

2　逆光

如果在拍摄物体的时候，光线是从物体的后面照射过来的，就称为逆光。在逆光环境下拍摄的照片，被摄物体的层次感分明，能很好地表现景深效果，使画面获得丰富的层次，同时增加画面的神秘感。逆光拍摄产生的轮廓光能勾画被摄者的轮廓，使被摄者和背景分离，轮廓清晰、明朗。这种光线常用于拍摄透明或者半透明的物体，如图6-6所示。

顺光效果

逆光效果

图6-5

图6-6

3　侧光

侧光就是光从被摄者的侧面照射过来。与顺光的特性刚好相反，受侧光照射的物体在其另外一侧会留下明显的暗面和阴影。侧光对物体的立体形状和质感能够很好地表现，如图6-7所示。

4　顶光

顶光是指将光源置于被摄者的顶端，光源从顶部往下照射形成的光线效果。这种光线的布置可以淡化被摄者的阴影效果，但是前提是顶部的灯光散发柔和光线，且有较为充足的环境光，否则就会改变使用顶光的初衷，使被摄者的明暗关系分明，严重时会影响整体的美感。如图6-8所示为顶光拍摄实例，光线柔和地从顶部往下照射，服饰笼罩在柔光里，下面有着浅浅的投影，整个衣服看起来甜美、朦胧，如图6-8所示。

侧光效果

顶光效果

图6-7

图6-8

5　脚光

脚光指的是由下往上照射的光，这种光线常见于台灯等发光物体，表现台灯优美的光

淘宝开店・装修・管理与推广

线效果，如图6-9所示。

脚光效果

图 6-9

Section 6.2 商品图片的标准与处理

导读 　将商品照片拍摄完成后，需要按照店铺中的图片标准对照片进行修饰与美化，然后才能将商品图片上传到店铺中。本节将详细介绍商品图片的标准与处理方面的知识。

6.2.1 什么样的宝贝图片吸引人

微课堂 精品阅读 READ TIME

图片是网店的灵魂，而优质的宝贝图片是网店的基础。对于卖家而言，一定要让买家看到能反映宝贝实际情况及宝贝细节的照片，而且宝贝的图片应该色彩真实、细节清晰。下面介绍使用宝贝图片吸引人方面的知识。

1 　统一尺寸标准 　　　　　　　　　　　　　　　　　　》》》

由于网店放置图片区域大小不同，宝贝图片可以有大有小，但最好是将同一区域显示的宝贝图片尺寸设置为统一大小，这样使店铺整体看起来更加美观，如图6-10所示。

统一尺寸

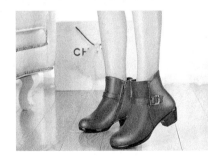

图 6-10

2 突出商品主体 >>>

　　宝贝图片中的主体内容要突出显示，而且要尽可能大，尽量让图片的颜色贴近实物，还要尽可能地表现出它的材质，如图 6-11 所示。

3 加强图片效果 >>>

　　使用宝贝图片时，要加强图片的画面效果，让图片具有较强的视觉冲击力，并且可以配合卡通形象、色彩搭配等方法，让图片更有吸引力，如图 6-12 所示。

图 6-11

图 6-12

6.2.2 快速复制照片到电脑

微课堂
00 分 37 秒

　　使用数码相机拍摄好商品照片之后，需要将这些照片复制到本地电脑中进行修改与美化，处理完成后即可将照片上传到店铺中。下面介绍快速复制照片到电脑的操作方法。

操作步骤 >> **Step by Step**

第1步 使用 USB 数据线将数码相机与电脑连接，弹出【自动播放】对话框，单击【导入图片和视频】链接，如图 6-13 所示。

图 6-13

第2步 弹出【导入图片和视频】对话框，可以看到查找到的所有图片与视频文件，并显示文件数量，如图 6-14 所示。

图 6-14

淘宝开店·装修·管理与推广

第3步 查找完成后，**1.** 在【标记这些图片】下拉列表框中，输入图片名称，**2.** 单击【导入】按钮，如图6-15所示。

第4步 开始导入所有视频与图片文件，并显示导入进度，如图6-16所示。

图6-15

图6-16

第5步 导入完成后，即可在打开的文件夹中看到导入的文件，如图6-17所示。通过以上步骤即可完成快速复制照片到电脑的操作。

■ 指点迷津

还可以将数码相机中的SD存储卡，直接插入专用的读卡器，然后插入到电脑的USB接口，进行图片的复制。

图6-17

🔘 **知识拓展：要进行修饰的店铺照片**

由于网店中的商品种类众多，因此商品照片的拍摄数量也很可观。但不是每张图片都需要修饰，需要修饰的店铺照片包括商品照片的背景、图片的色调、图片的大小和图片的水印等。

6.2.3　选择合适的图像优化软件

00分18秒

对于拍摄好的商品照片，要使用合适的图像处理软件才能实现照片的修饰与美化，目前淘宝店家常用的图像优化软件主要包括Photoshop图像处理软件、美图秀秀、光影魔术手、可牛影像和iSee图片专家等。下面分别介绍这几款软件方面的知识。

1　Photoshop图像处理软件

Photoshop(简称PS)主要处理以像素构成的数字图像，其强大的编修与绘图工具，可以有效地进行图片编辑工作。PS有很多功能，在图像、图形、文字、视频、出版等各方面都有涉及，如图6-18所示。

2　美图秀秀 >>>

　　美图秀秀是由美图公司研发推出的一款免费图片处理软件，比 Adobe Photoshop 操作起来简单很多。美图秀秀拥有图片特效、美容、拼图、场景、边框、饰品等功能，界面直观，操作简单、易学，如图 6-19 所示。

图 6-18　　　　　　　　　　　　　　　　图 6-19

3　光影魔术手 >>>

　　光影魔术手简单、易用，可以制作出专业胶片摄影的色彩效果，且其批量处理功能非常强大，是摄影作品后期处理、图片快速美容、数码照片冲印整理时必备的图像处理软件，能够满足大部分照片后期处理的需要，如图 6-20 所示。

4　可牛影像 >>>

　　可牛影像具有补光、柔和等六种自动修复能力，素描、黑白、怀旧等数十种另类效果，集成了超强人像美容及影楼特效智能人像柔焦美容，是一款强大的免费照片处理管理软件，如图 6-21 所示。

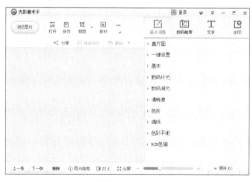

图 6-20　　　　　　　　　　　　　　　　图 6-21

5　iSee 图片专家 >>>

　　iSee 图片专家是一款综合图像软件，具有强大的傻瓜式图像处理方法，支持多次撤销

淘宝开店·装修·管理与推广

和重做功能，拥有"所见即所拍"的相框预览支持，可以批量转换图片的格式、添加相框、文字、水印和更名等，如图 6-22 所示。

图 6-22

6.3 专题课堂——服饰类商品的拍摄

服饰类商品一向是网上店铺热销的产品之一，服饰照片拍摄的好坏，是吸引顾客前来购买的主要原因，服饰类商品在拍摄之前，需要注意很多事项。本节将介绍服饰类商品拍摄方面的知识。

6.3.1 拍摄前的准备工作

在经营网上店铺时，图片是商品的灵魂，一张漂亮的商品图片可以直接刺激到顾客的视觉感官，让买家产生了解的兴趣和购买的欲望。而一张成功的商品图片，与商品的照片拍摄、模特造型以及后期的美工处理等是密不可分的。下面将介绍在拍摄产品前需要进行的准备工作。

➢ 设计美工：确认店铺的网页设计风格，根据确定的设计风格设计首页、详情页以及分类页等。

➢ 产品摄影：确立每期产品的拍摄风格，并进行拍摄试光、平铺拍摄准备以及模特造型等准备工作。

➢ 产品信息采集：完成产品基础信息采集工作，并进行产品货号记录、款式分类和产品测量等工作。

➢ 产品拍摄准备：整理需要拍摄的产品并记录下产品的货号以备信息表格的建立，并进行整理、归类等产品拍摄前的相关工作，协助产品摄影做款式拍摄时间安排等。

➢ 产品搭配：制作产品搭配记录表。

6.3.2　从细节开始做起

微课堂
00 分 22 秒

服装服饰网店要想博得买家的好感，产品图片是否精美是非常重要的。所以在对服饰类商品进行照片拍摄时需要从细节开始做起，使拍出来的效果更加理想。下面介绍一些拍摄细节方面的知识。

1　服饰类产品拍摄前要整理、熨烫好

这是很重要的一个细节，刚进货的衣服由于折叠会比较皱，需要熨烫，普通的服装用熨斗就已经够用了，当然如果有更专业的悬挂蒸汽熨斗更好。使用什么样的机器其实不重要，重要的是对待这件事的细心，卖家一丝不苟地拍图并处理产品图片，买家是可以感受到的。

2　商品摆放要一步到位

把衣服铺在地上，要铺放得立体有型，这样拍出来的效果才显得美观、立体。比如短袖造型这一块，衣服是一定要往里折一部分的，这样衣服才显得瘦，要不然宽宽大大完全看不出型来了。另外，衣服上丘陵般的褶皱也是必不可少的，这样才能体现衣服的质感和立体造型效果。

3　搭配风格

不同的服装要由不同的配饰来搭配。摆放衣服，一要有搭配，二要摆得生动，三可加些小花之类的做点缀。店主在摆放衣服时都会选择不同的搭配，搭配牛仔裤、小礼帽、鞋、包包等。如果店主的服装产品想走清新风格，在鞋子、配饰的搭配上可以选择一些可爱的小饰品、清新的花朵等做点缀；如果想走爵士摇滚风格，可以加一些礼帽、乐器等做搭配。

4　产品细节质感

拍摄时细节图更是不可忽略的，把相机调成微距拍出衣服的细节图，能让买家清晰地看到衣服的质地。所以拍摄时细节是非常重要的，不能拍个大概，要把色彩的细节、布料质感的细节和服装设计上的细节全部表现出来。把领口或者袖口像穿着时那样立起来，或者把衣襟撩起一点，以及把袖子或者衣服中间部分弄出个小褶，都可以使拍摄的产品图片细节更有立体感。

6.3.3　平铺服装拍摄注意事项

微课堂
精品阅读
READ TIME

平铺是所有服装拍摄中最好掌握的，适合新手卖家，关于平铺服装拍摄要考虑的第一个要素就是背景问题，即应选择什么样的颜色、材料作为拍摄背景。以下是几种常用的背景材料。

➢ 背景纸是背景材料中最便宜的一种，它颜色选择较多，厚度薄，但是最大的缺点是不可重复多次使用，因为纸比较容易产生褶皱，影响拍摄效果。如果一定要选择背景纸来拍摄有两点要注意，一是一定要选择亚光的背景纸，这样在拍摄的过程中就不会有反光的障碍；二是背景纸一定要卷轴收藏，这样会保持它的品质。

➢ 无纺布是很多卖家的选择，既便宜，又可多次重复利用，拍摄的效果也很理想，只有一点小小的不足，就是不适合拍摄高档的商品，无纺布的品质不能衬托出高档商品的品质。

➢ 地毯无疑是最好的选择，当然价格也是最贵的，俗话说一分价钱一分货，地毯很能衬托服装的品质和档次，稍有些经济基础的卖家，建议选用地毯来做背景，一定会收到很好的效果。

➢ 材料选择好之后，就要考虑颜色的选择了，颜色也是至关重要的，选对了颜色可以衬托用户的商品品质。关于颜色的选择要针对用户拍摄商品的颜色进行搭配。

卖家们可以根据自己的商品来选择背景的颜色，在这里个人推荐米色和浅驼色，这两种颜色比较百搭，任意的深浅色都很适合，拍摄的效果也不错，也是很多卖家的选择。

6.3.4 服装挂拍技巧

00 分 18 秒

网上店铺与传统店铺最大的区别就是没有实物，一切都在虚拟的世界里完成交易，所以网上买家对物品的第一印象就来自于卖家放在网上店铺的照片。服装有如下几种拍摄方式：平铺图、挂拍图和穿在模特身上(室内、室外)的图片。其中服装挂拍虽然看上去简单，其实是非常需要技巧的。下面介绍服装挂拍技巧方面的知识。

挂拍一般直接挂在白墙壁上拍摄，有两点注意事项：一是墙壁要保持洁净；二是挂钩、衣钩要和服装搭配。在用光技巧上，一般使用两个闪光灯，一强一弱夹光布置，辅助光也可以用反光板来实现。服装整体挂拍效果如图 6-23 所示。

图 6-23

☕ **专家解读：选择挂拍衣架和背景**

在服装进行挂拍时,选择合适的衣架是非常重要的,这样能更好地衬托出衣服的形状。为了彰显服装的时尚元素,挂拍服装的背景最好选择木质的地板或墙壁,这样拍摄出来的服装照片就不会显得那么呆板。

6.3.5 模特拍摄技巧

在淘宝网上卖服装,为了让买家感受到商品的真实质量,现如今大部分卖家都用真人模特来拍摄,真人模特拍摄起来会更专业,会让人更有想购买的冲动。所以拍摄真人模特,掌握拍摄技巧很重要,如图 6-24 所示。

下面介绍模特拍摄技巧方面的知识。

➢ 正面照:采用正面的方向拍摄人物,能很好地表现被摄者正面特征,人物的各部分都处在相等的对称位置,正面照能够完美地展现服装产品的各项特征。

➢ 前侧面照:这个拍摄方向不仅能表现出被摄者的正面结构和侧面结构,还能很好地表现出这两个面相结合的棱线,使服装的形象、轮廓和立体效果得到充分表现。从拍摄原理上讲,这个方向拍摄的人物在画面中的各部分不是处在同等地位,所以画面中的影像显得活泼、富有变化,整个画面具有动势和较明显的方向性。

➢ 侧面照:拍摄时照相机正对着被摄者的侧面进行拍摄,以表现出被摄者的侧面形象、线条结构。由于这个方向拍摄对被摄者的侧面轮廓来说能得到充分表现,侧面拍摄具有强烈的动势和方向性。

➢ 背面照:在服装真人模特拍摄中,从被摄者的背后方向拍摄也是常见的,通常是为了展示服装的背面效果。背面拍摄能显示出被摄者的背面特征和引导观众的视线向纵深发展的作用。在选择背面方向拍摄人物时,一定要注意被摄模特的背面要整理整齐。

图 6-24

导读 在本节的学习过程中，将着重介绍和讲解与本章知识点有关的实践经验及技巧，主要内容包括怎样用普通数码相机拍出好照片、如何准备拍摄器材和拍摄化妆品类商品等方面的知识。

6.4.1 怎样用普通数码相机拍出好照片

微课堂 00 分 21 秒

在拍摄照片时，不是使用好的照相机就可以拍摄出好的照片，而是需要一些经验与技巧，所以用普通的数码相机也能够拍摄出好的照片。下面介绍用数码相机拍摄照片的一些经验。

1 注意光线

摄影和人眼的视觉非常相似，在摄影中，应该充分利用光线，这是用数码相机拍摄照片最基本的知识。

2 用或不用闪光灯

大部分使用数码相机的人，总是开着相机上的闪光灯。然而，很多时候明亮的闪光会使场景失去现实感。事实上，那些极具戏剧效果的照片都是用自然光拍摄的。阴天时昏暗的天空会给大地罩上一层阴影，讨厌的闪光会毁掉拍摄这个原始自然的场景照片的机会。大量实例说明，除了消除阳光下模特脸部的阴影外，其他时候最好都不要使用闪光灯，特别是拍摄风光或舞台照时，一定要关掉闪光灯。

3 尝试从不同的角度拍摄

通常职业摄影师会对着一个被摄体拍上很多张，从不同的角度、高度、曝光设置和距离，对着同一个被摄体拍得越多，就越容易挑出最好的照片，无论被摄体是什么。所以可以发挥创意，从不同的角度多多拍摄。

4 使用三脚架

在特别需要保持相机稳定的时候，使用三脚架是一个不错的选择，如图 6-25 所示。

5 突出拍摄主体

通过调整光圈，可以把拍摄主体在焦点中突出出来。拍摄风光照时往往不需要这么做，如果照片中有一个明确的被摄体，而且希望它会吸引住观众的注意力，就可以加大光圈。大光圈会产生浅景深，这样就只有被摄体在焦点上，而背景会被虚化，突出了拍摄主体，如图 6-26 所示。

图 6-25

图 6-26

6 　尝试不同的色彩效果

色彩调整可以通过改变相机设置或后期编辑来实现。当用普通色彩拍摄了一张写实的照片后，也可以调整色彩的设置创造出梦幻或超现实的效果，比如，使用灰度图会使人像看上去优雅、自然。

6.4.2　如何准备好辅助拍摄器材

拍摄照片的过程中，选择不同的辅助拍摄器材会展现出不同的拍摄效果。下面介绍如何准备好辅助拍摄器材方面的知识。

1 　三脚架

数码相机的影像稳定系统一般稍逊于传统相机，而且数码相机的快门速度和成像速度都比传统相机慢。有了三脚架，用户就不用再担心由于快门速度或相机抖动所造成的对焦不准的问题，这样在拍摄的时候能更加得心应手地用慢快门、小光圈来表现商品细节。

2 　摄影棚、摄影台

如果商品比较小，数量种类比较多，并且有很多是反光商品，那么这时就可以考虑一下摄影棚。不打算花很多钱的人，可以直接利用摄影棚配合阳光进行拍摄。摄影棚配合阳光或者摄影灯使用，能够很便捷地把太强烈的太阳光线或者附近可能造成颜色干扰的环境光源有效地隔离开，独立营造出一个很不错的摄影小空间。

摄影棚的作用在于它可以把入射的光线做漫散射线的折射处理，这样可以大大地削弱那些强烈的单方向投影和可怕的光斑，而且由于光线在它内部的多次折射，可以非常有效

淘宝开店・装修・管理与推广

地对物品的背光部位进行补光，把商品的暗部细节也表现出来，亮部与暗部的巧妙配合，使商品照片赏心悦目。

摄影台，也叫静物摄影台，只要将尺寸合适的商品放在摄影台上，固定好背景纸，就能配合各种光源进行拍摄。摄影台对商品本身没有光处理功能，因此拍摄的时候对光源的要求比较高，这是静物摄影常用的较为方便的工具。

3 灯光设备

摄影其实是对光与影的综合使用，可以说，能否拍出一张好的商品照片，完全取决于摄影者对光线的理解与运用。高明的摄影师，即便是在装备极其简陋的情况下，也可以拍出赏心悦目的照片；而蹩脚的摄影者，即使有先进的设备，也拍不出让人愉悦的照片。所以，要想拍摄出好的作品，首先要对灯光的设置有一定的了解。

 一点即通：如何搭配辅助器材

具体的搭配工具并不是一成不变的，其中背景可以根据自己的商品来选择，数码类可以选择光滑的背景板，服饰类可以选择纯色壁纸或者高档的背景布。资源实在有限，还可以在拍摄场地使用大灯泡作为光源。

6.4.3 如何拍摄化妆品类商品

化妆品的拍摄，一直是让卖家很头疼的事情，常常会因为图片不能表现出商品原有的质量和效果而使客户流失。下面将详细揭秘拍摄化妆品类商品的技巧。

1 多角度拍摄

在拍摄商品的过程中，需要掌握好角度，这是需要时间来练习的。商品要搭配不同的配饰，并从多个角度进行拍摄，这样能搭配出不同的风格、不同的效果，最后选择最好的图片进行展示，如图 6-27 所示。

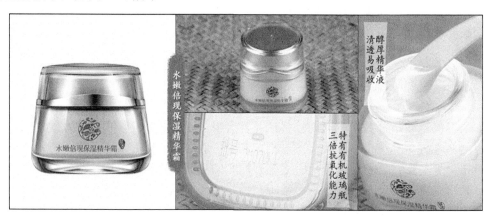

图 6-27

2　选择纯色背景 >>>

拍摄化妆品时，可以选择纯色的背景，也可以选择一本杂志作为背景。白色背景能很好地突出商品，使商品更有空间立体感，如图6-28所示。

3　选择同品牌商品 >>>

在拍摄商品的过程中，可以选择单个商品进行拍摄，也可以选择多个商品同时进行拍摄，在多个商品同时拍摄时，最好选择同一品牌、同一风格的商品进行拍摄，如图6-29所示。

图6-28　　　　　　　　　　　　　图6-29

6.4.4　如何拍摄饰品类商品

微课堂　00分18秒

拍摄饰品光线是非常重要的，在淘宝卖家都没有专业灯光设备的前提下，尽量使用自然光。同时小饰品需要用柔光，所以在自然光线下拍出的才好看，看起来也更加自然。

拍摄背景方面，搭配需要拍摄的饰品，首先卖家要了解自己饰品的属性，从而来选择适合的背景和颜色，如图6-30所示。

图6-30

淘宝开店·装修·管理与推广

每种饰品都有适合它们自己的角度，有些种类适合从上到下拍摄，有些种类适合从近到远拍摄，有些种类则需要从侧面拍摄，对于一些比较大的饰品就不要拍全景，拍摄饰品重点部位即可，可以给饰品各个部位都来一个细节特写。尽量试试多个角度拍摄饰品，看看哪一个拍摄角度视觉效果更好，如图 6-31 所示。

图 6-31

6.4.5 淘宝店商品图片的标准

微课堂
00 分 15 秒

可以毫不夸张地说，一张真实、清晰和漂亮的图片被潜在客户查看的概率会很高。一般来说，淘宝店商品图片的标准应该具备以下三个要素：色彩真实、图片清晰和细节表现得当。如何才能使自己的商品图片具备这三个要素，需要努力掌握以下几点。

1 统一尺寸 >>>

目前在淘宝网上传的商品图片会以三个不同的尺寸来显示。所以用户可以把图片做成正方形或长方形，但最好使图片大小一致，这样看起来比较美观。

2 构图和拍摄方式 >>>

正方形的尺寸，可以占据最大的空间，也是应用得最广泛的构图方式。拍摄长方形的图形时，可以按照把商品放在正中间和利用对角线两项原则进行拍摄。拍摄正方形的图形时，用户应做到如下三个原则。

➤ 把商品放在黄金分割点上。
➤ 把商品放在正中间。
➤ 利用对角线。

3 主体突出 >>>

因为网店销售主要是靠图片来介绍商品，所以尽量让图片的颜色贴近实物，还要尽可能地表现出它的材质。因此，拍摄的图片一般不需要装饰，只是商品本身而已。

6.4.6　拍摄图片为什么会模糊不清

当用户拍摄出不好的照片的时候，要从失败的照片着手研究。拍摄图片会模糊不清，基本上是出现了虚焦、手抖和被摄体抖动三种情况。下面介绍这三种情况形成的原因。

1　虚焦

虚焦指的是"焦点偏离导致画像模糊"。一般来说，焦点对准的地方就会拍得很清楚，而没有对准的地方就会拍得很模糊。

为了防止虚焦问题的产生，最好在拍摄照片的过程中，先半按快门对焦，然后看准时机按下快门。一般数码相机都是认准正中央的物体，所以先将要拍摄的物品放到中间对焦，然后再稍稍移动相机决定构图就可以了。

2　手抖

抖动则分为两种，第一种是手抖，也就是由于按下快门时手有抖动，拍出来的照片也会模糊。实际上，即使发生手抖，由于快门速度较高，照片未必会模糊。但是当快门速度为 1/20 秒的时候，手抖在照片上就很明显了。

为了防止手抖，首先要注意拿相机的方法。要用右手握紧相机，然后以左手来辅持。相机最好不要离开身体。如果附近有东西可以支撑身体或者手肘也行，可以把手肘支在桌子上，没有支撑物体时将手肘紧贴身体也可以。然后轻轻按下快门。如果一直注意着手抖小心拍摄还是失败了，拍摄的时候就将手肘支在膝盖上，或者把手搭在桌子或椅子上，在小心的同时放松自己进行拍摄。

3　被拍摄体抖动

抖动的另一种，就是被拍摄体抖动，也就是说在拍摄的过程中，被拍摄的人或物移动了。为了防止被拍摄体抖动，最好的方法就是在被摄物品停下来的瞬间拍摄。

仔细观察的话，用户可以发现动作和动作之间的瞬间是可以认为静止的，抓住这个时机按下快门就能拍出不模糊的照片。但抖动也不是绝对不行的，有些时候如果有抖动反而可以拍出好照片，所以也不用特别紧张，随心去拍就好。

要想拍出没有手抖的好照片还有两种方法。

➢ 第一种方法是利用闪光灯，闪光灯的闪光很短，抓住闪光之后的瞬间拍摄就可以了。

➢ 第二种方法就是提高快门速度，在昏暗的地方光线不足，为了捕捉到足够的光线，快门速度就会降低，这样可能会发生手抖，而且在此期间被拍摄的人或物移动的概率也很大，所以要提高快门速度。首先，要尽量在明亮的场所拍摄；其次，要提高相机的 ISO 感光度，提高 ISO 感光度快门速度也会提高。

Section 6.5 有问必答

1. 商品照片拍歪了，如何解决？

如果没有影响拍摄主体，可以使用图像处理软件进行弥补，如 Photoshop、光影魔术手等软件，在软件中调整图片的角度即可解决该问题。

2. 如何批量修改商品图片的大小？

可以使用图像处理软件来解决，例如美图秀秀、光影魔术手、iSee 图片专家等软件，都可以实现批量修改商品图片大小的操作。

3. 适合模特展示服装的地点有哪些？

一般酒吧街装修都比较有格调，在街上可以拍出异国风；或者在商场、大型超市拍摄，可以拍摄一些模特逛街的照片，而且拍摄的照片比较贴近生活，有利于商品的销售；或者寻找一些可以免费进入的公园，花草植物会比较多；也可以以大学里的一些大型建筑为背景，如图书馆、主教学楼等，使用镜头广角端拍摄，将大型建筑的线条和模特一并清楚地拍摄下来，也具有很强视觉冲击力。

4. 如何布置商品黑背景的光？

黑背景布光通常以深色的金丝绒做背景，用闪光柔光箱从两侧打光，或在顶部打光，两侧安放反光板，勾出白色线条效果。

5. 如何给商品图片添加精美的边框？

可以使用光影魔术手软件。启动光影魔术手软件，打开要添加边框的商品图片，在工具栏中，单击【边框】按钮，在弹出的快捷菜单中，选择【多图边框】菜单项，弹出【多图边框】对话框，在右侧的面板中，选择要使用的边框样式，然后单击【确定】按钮，商品图片的边框即添加完成。

第 **7** 章

照片的处理与美化

❖ 简单的照片处理
❖ 调整照片效果
❖ 美化照片效果
❖ 专题课堂——光影魔术手

　　本章主要介绍简单的照片处理方面的知识，同时讲解调整照片效果和美化照片效果方面的内容。在本章的专题课堂环节，则介绍光影魔术手方面的知识。通过本章的学习，读者可以掌握照片的处理与美化方面的知识，为深入学习淘宝开店·装修·管理与推广知识奠定基础。

淘宝开店·装修·管理与推广

导读 　　商品照片拍摄完成后，不能完全符合网店中的上传标准，这时可以使用图像处理软件对照片进行简单处理，如调整拍歪的照片、放大与缩小图片、裁剪照片或把照片中的产品抠出来等。本节将详细介绍简单的照片处理方面的知识。

7.1.1　调整拍歪的照片

微课堂
00分54秒

有时会遇到照片的角度不太好拍，可能斜着进行拍摄，拍好的照片如果不处理，看起来会十分不美观，因此在不影响拍摄主体的情况下，可以使用图像处理软件对拍歪的照片进行调整，比如使用 Photoshop 软件中的旋转功能就可以轻松校正拍歪的照片。下面将以 Photoshop 软件为例，介绍调整拍歪的照片的操作方法。

操作步骤　>>　Step by Step

第1步 启动 Photoshop 图像软件，**1.** 打开拍歪的照片，**2.** 在左侧的工具箱中，单击【矩形选框工具】按钮 ⊡，如图 7-1 所示。

第2步 返回画布区域，单击并拖动鼠标选中要调整的图像区域，如图 7-2 所示。

图 7-1

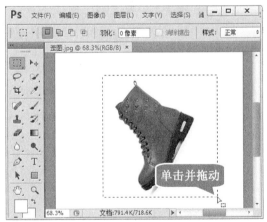

图 7-2

第3步 然后在键盘上按下 Ctrl+T 组合键，在图像中，出现边界框、中心点和控制点，移动鼠标指针至控制点处，如图 7-3 所示。

第4步 出现旋转图标 ↰，单击并按住鼠标左键，旋转图像至摆正的位置，如图 7-4 所示。

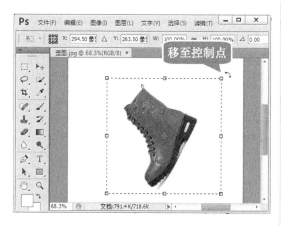

图 7-3

图 7-4

第 5 步　在图像上双击鼠标左键，应用旋转操作，如图 7-5 所示。

第 6 步　按下键盘上的 Ctrl+D 组合键，完成图像调整操作，如图 7-6 所示。

图 7-5

图 7-6

第 7 步　在菜单栏中，**1.** 选择【文件】菜单，**2.** 在弹出的下拉菜单中，选择【存储】菜单项，保存修改后的图片，这样即可完成调整拍歪的照片的操作，如图 7-7 所示。

■ 指点迷津

　　Ctrl+T 是【自由变换】功能的快捷键，还可以对图像进行缩放、扭曲等操作。

图 7-7

7.1.2　放大与缩小图片

微课堂
00 分 44 秒

　　由于网店中的图片区域大小不一，所以要将图片根据要求进行放大或缩小。下面以放大图片为例，介绍放大与缩小图片方面的知识。

淘宝开店·装修·管理与推广

操作步骤 >> Step by Step

第1步 启动 Photoshop 图像软件，**1.** 打开准备放大的图片，**2.** 在左侧的工具箱中，单击【矩形选框工具】按钮，如图 7-8 所示。

图 7-8

第2步 返回画布区域，单击并拖动鼠标，选中要调整的图像区域，如图 7-9 所示。

图 7-9

第3步 在键盘上按下 Ctrl+T 组合键，在图像中出现边界框、中心点和控制点，移动鼠标指针至控制点处，如图 7-10 所示。

图 7-10

第4步 出现缩放图标指针，单击并按住鼠标左键，放大图像，如图 7-11 所示。

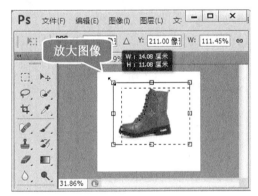

图 7-11

第5步 在图像上双击鼠标，应用放大图片操作，如图 7-12 所示。

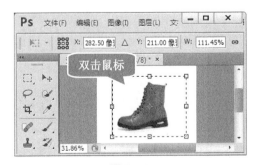

图 7-12

第6步 按下键盘上的 Ctrl+D 组合键，完成图片放大操作，这样即可完成放大与缩小图片的操作，如图 7-13 所示。

图 7-13

7.1.3　裁剪照片

可以使用图像处理软件，将照片中不需要的部分裁剪掉，使照片看起来更加整齐。下面以 Photoshop 为例，介绍裁剪照片的操作方法。

操作步骤 >> Step by Step

第1步　在 Photoshop 中打开要裁剪的照片，**1.** 在工具箱中，单击【裁剪工具】按钮 ⬚，**2.** 单击并拖动鼠标选中要裁剪的图像区域，如图 7-14 所示。

图 7-14

第2步　返回画布区域，使用鼠标调整要裁剪的图像区域，如图 7-15 所示。

图 7-15

第3步　调整完成后，**1.** 单击鼠标右键，**2.** 在弹出的快捷菜单中，选择【裁剪】菜单项，如图 7-16 所示。

图 7-16

第4步　照片裁剪完成，在【工具箱】中，单击【移动工具】按钮 ⬚，可以看到裁剪后的效果，如图 7-17 所示。这样即可完成裁剪照片的操作。

图 7-17

7.1.4　把照片中的产品抠出来

卖家经常需要将拍摄出的照片中的某一个物品抠出来，替换到其他照片中。下面介绍

淘宝开店·装修·管理与推广

把照片中的产品抠出来的操作方法。

操作步骤 >> **Step by Step**

第1步 在 Photoshop 中打开要抠图的照片，**1.** 在工具箱中，单击【魔棒工具】按钮，**2.** 在准备选择的图像上连续单击，创建选区，如图 7-18 所示。

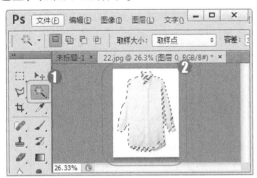

图 7-18

第2步 选中准备抠出的衣服选区后，在键盘上按下 Ctrl+C 组合键，将选区内的图像进行复制，如图 7-19 所示。

图 7-19

第3步 打开准备粘贴、复制的图像背景文件，在键盘上按下 Ctrl+V 组合键，将选区内的图像粘贴，如图 7-20 所示。

图 7-20

第4步 在工具箱中，单击【移动工具】按钮，调整图片位置，如图 7-21 所示。这样即可完成把照片中的产品抠出来的操作。

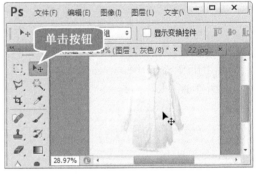

图 7-21

知识拓展：常用抠图方法

在 Photoshop 中抠图时，除了使用魔棒工具外，还可以使用背景橡皮擦、通道抠图、套索工具和钢笔工具等。这些方法可以让卖家处理后的图片更加逼真、美观。但要注意的是，抠图时需要非常有耐心，且要多加练习使用软件，才能抠出更精美的图片。

7.1.5　符合淘宝图片发布要求的标准

在淘宝上，各个模块的图片都要求有一定的标准，在上传图片时，要根据不同的类型来发布图片。下面介绍淘宝店商品图片的标准有哪些。

- 商品图片的尺寸：宽 500 像素×高 500 像素，大小在 120KB 以内，要求 JPG 或 GIF 格式，到发布宝贝页面上上传图片。
- 店标图片的尺寸：宽 100 像素×高 100 像素，大小在 80KB 以内，支持 JPG 或 GIF 格式，动态或静态的图片均可。
- 宝贝描述图片的尺寸：没有特殊要求，宽 500 像素×高 500 像素，大小在 100KB 以内，这样图片的打开速度较快。要求 JPG 或 GIF 格式，静态或动态均可。
- 公告栏图片的尺寸：宽不超过 480 像素，长度不限制，大小在 120KB 以内，GIF 或 JPG 格式，动态或者静态均可。
- 宝贝分类图片尺寸：宽不超过 148 像素，长度不限制，大小在 50KB 以内，要求 GIF 或 JPG 格式，动态或者静态均可。
- 旺旺头像图片尺寸：宽 120 像素×高 120 像素，大小在 100KB 以内，JPG 或 GIF 格式，动态或者静态均可。
- 论坛头像图片尺寸：最大为宽 120 像素×高 120 像素，大小在 100KB 以内，GIF 或者 JPG 格式，动态或者静态图片均可。
- 论坛签名档图片尺寸：宽 468 像素×高 60 像素，大小在 100KB 以内，JPG 或者 GIF 格式，动态或者静态均可。

Section 7.2 调整照片效果

 **导读** 在商品照片拍摄完成后，有时会遇到曝光不足、模糊或曝光过度等现象，这时就需要使用图像处理软件进行调整。本节将介绍调整照片效果方面的知识。

7.2.1 调整曝光不足的照片

 00分28秒

有时候卖家拍的产品照片会产生曝光不足的现象，使整张图片看起来有些发暗，这时可以使用 Photoshop 软件进行调整。下面介绍调整曝光不足的照片的操作方法。

操作步骤 >> **Step by Step**

第1步 在 Photoshop 中打开曝光不足的照片，**1.** 在菜单栏中，选择【图像】菜单，**2.** 在弹出的下拉菜单中，选择【调整】菜单项，**3.** 在【调整】子菜单中，选择【色阶】菜单项，如图 7-22 所示。

第2步 弹出【色阶】对话框，**1.** 在【输入色阶】区域中，向左拖动【中间调】滑块，将图像调亮，**2.** 单击【确定】按钮，如图 7-23 所示。这样即可完成调整曝光不足的照片的操作。

淘宝开店·装修·管理与推广

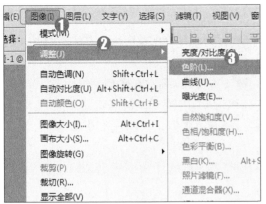

图 7-22

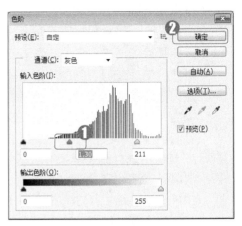

图 7-23

7.2.2 调整曝光过度的照片

微课堂 00 分 31 秒

对于曝光过度的照片，使用 Photoshop 图像处理软件也可以轻松解决。下面介绍调整曝光过度的照片的操作方法。

知识拓展：调整曝光照片的快捷键

在 Photoshop 中，【色阶】功能的快捷键是 Ctrl+L，【曲线】功能的快捷键是 Ctrl+M。在处理照片的过程中，熟记这两组快捷键，可以提高调整照片的工作效率。

操作步骤 >> Step by Step

第1步 在 Photoshop 中打开曝光过度的照片，**1.** 在菜单栏中，选择【图像】菜单，**2.** 在弹出的下拉菜单中，选择【调整】菜单项，**3.** 在【调整】子菜单中，选择【曲线】菜单项，如图 7-24 所示。

第2步 弹出【曲线】对话框，**1.** 在曲线调整区域中的高光范围内，设置第一个调整点，**2.** 在阴影范围中，设置第二个调整点，**3.** 单击【确定】按钮 ，如图 7-25 所示。这样即可完成调整曝光过度的照片的操作。

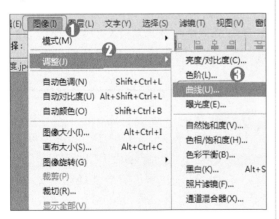

图 7-24

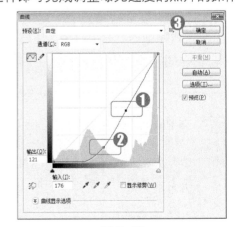

图 7-25

7.2.3　调整模糊的照片

在 Photoshop 软件中，使用【智能锐化】滤镜，可以有效地调整模糊的照片，让照片变得清晰。下面介绍调整模糊的照片的操作方法。

操作步骤　>>　Step by Step

第1步　在 Photoshop 中打开模糊的照片，**1.** 在菜单栏中，选择【滤镜】菜单，**2.** 在弹出的下拉菜单中，选择【锐化】菜单项，**3.** 在【锐化】子菜单中，选择【智能锐化】菜单项，如图 7-26 所示。

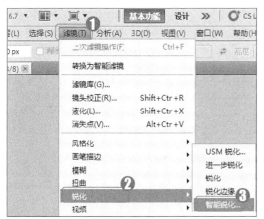

图 7-26

第2步　弹出【智能锐化】对话框，**1.** 在【数量】文本框中，输入锐化数值，**2.** 在【半径】文本框中，输入半径数值，**3.** 单击【确定】按钮　确定　，如图 7-27 所示。

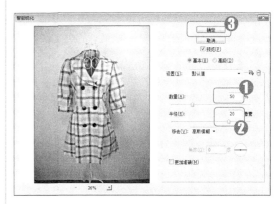

图 7-27

第3步　返回到文档窗口中，此时图像文件已经得到锐化，如图 7-28 所示。通过以上方法即可完成调整模糊的照片的操作。

■ 指点迷津

　　还可以使用美图秀秀软件对模糊图片进行调整，在【美化】菜单下，选择【基础】特殊分类下的【去雾】特效即可。

图 7-28

7.2.4　调整对比度突出照片主题

如果想要突出照片主题，可以使用 Photoshop 软件的【亮度/对比度】功能进行调整，这样可以大大提升图像的档次，使图像更加鲜亮和清晰。下面介绍调整对比度突出照片主

淘宝开店·装修·管理与推广

题的操作方法。

操作步骤 >> Step by Step

第1步 在 Photoshop 中打开需要调整对比度的照片，**1.** 在菜单栏中，选择【图像】菜单，**2.** 在弹出的下拉菜单中，选择【调整】菜单项，**3.** 在【调整】子菜单中，选择【亮度/对比度】菜单项，如图 7-29 所示。

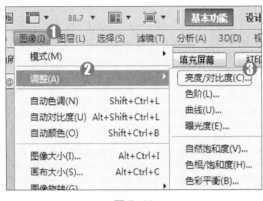

图 7-29

第2步 弹出【亮度/对比度】对话框，**1.** 拖动【亮度】滑块设置亮度值，**2.** 拖动【对比度】滑块设置对比度值，这样可以将图像对比度增强，**3.** 单击【确定】按钮 ，如图 7-30 所示。这样即可完成调整对比度突出照片主题的操作。

图 7-30

Section 7.3 美化照片效果

 拍摄商品照片后，还可以进行美化照片效果的操作，包括为照片添加水印防止盗用、为照片添加相框、调整图片色调、给宝贝图片加圆角和制作闪闪发亮的宝贝图片等。本节将介绍美化照片效果方面的知识。

7.3.1 为照片添加水印防止盗用

水印是一种数字保护的手段，在图像上添加水印不仅可以使图像更加美观，还可以防止他人盗用自己拍摄的图片，证明本人的版权。下面介绍为照片添加水印防止盗用的操作方法。

 知识拓展：添加水印对商品图片的影响

水印可以用来判别对象是否受到保护，并能够监视被保护数据的传播、鉴别真伪以及控制非法复制等。所以，在商品照片中添加水印是非常有必要的，但不要随意添加水印，否则会影响商品的美观度。

操作步骤　>>　Step by Step

第1步 在 Photoshop 中打开需要添加水印的照片，**1.** 在工具箱中，单击【横排文字】按钮【T】，**2.** 在工具选项栏的【字体】下拉列表框中选择字体，**3.** 在【字体大小】下拉列表框中，设置字体大小，**4.** 在文档窗口中的指定位置输入文字，如图 7-31 所示。

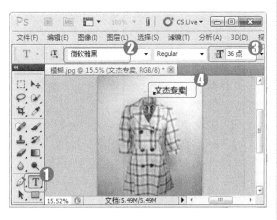

图 7-31

第2步 输入横排文字后，在键盘上按下 Ctrl+Enter 组合键，这样可以退出文字编辑状态，如图 7-32 所示。

图 7-32

第3步 打开【图层】面板，**1.** 选择【文字】图层，**2.** 在【不透明度】文本框中，设置不透明度为 50%，如图 7-33 所示。

图 7-33

第4步 在键盘上按下 Ctrl+E 组合键，合并图层，水印添加完成，如图 7-34 所示。通过以上步骤即可完成为照片添加水印防止盗用的操作。

图 7-34

7.3.2　为照片添加相框

微课堂

00 分 40 秒

利用 Photoshop 软件，用户可以为照片添加相框，这样可以使拍摄出的照片更加美观。下面介绍为照片添加相框的操作方法。

淘宝开店·装修·管理与推广

操作步骤 >> Step by Step

第1步 在 Photoshop 中打开需要添加相框的照片，**1.** 在菜单栏中，选择【图像】菜单，**2.** 在弹出的下拉菜单中，选择【画布大小】菜单项，如图 7-35 所示。

第2步 弹出【画布大小】对话框，**1.** 在【新建大小】区域的【宽度】文本框中，输入宽度数值，如 20，**2.** 在【高度】文本框中，输入高度数值，如 20，**3.** 在【画布扩展颜色】下拉列表框中，选择【前景】选项，**4.** 单击【确定】按钮，如图 7-36 所示。

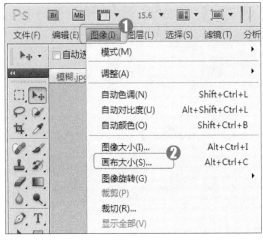

图 7-35

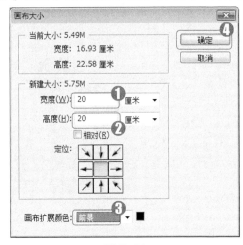

图 7-36

第3步 返回到文档窗口中，可以看到程序自动为照片添加了一个相框，如图 7-37 所示。通过以上步骤即可完成为照片添加相框的操作。

■ 指点迷津

使用光影魔术手和美图秀秀软件，也可以为照片添加相框。

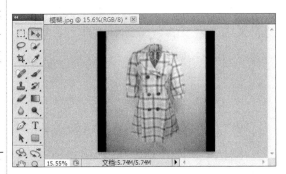

图 7-37

7.3.3 调整图片色调

微课堂
00 分 33 秒

在 Photoshop 图像处理软件中，可以使用【色彩平衡】命令调整图片色调方面的问题，使用【色彩平衡】命令可以整体更改图像的颜色混合。下面介绍调整图片色调的操作方法。

操作步骤 >> **Step by Step**

第1步 在 Photoshop 中打开要调整色调的照片，**1.** 在菜单栏中，选择【图像】菜单，**2.** 在弹出的下拉菜单中，选择【调整】菜单项，**3.** 在【调整】子菜单中，选择【色彩平衡】菜单项，如图 7-38 所示。

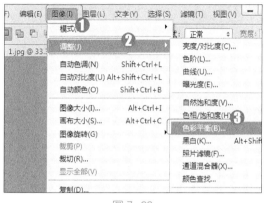

图 7-38

第2步 弹出【色彩平衡】对话框，**1.** 拖动滑块设置【青色–红色】色阶值，**2.** 拖动滑块设置【洋红–绿色】色阶值，**3.** 拖动滑块设置【黄色–蓝色】色阶值，**4.** 单击【确定】按钮，如图 7-39 所示。通过以上步骤即可完成调整图片色调的操作。

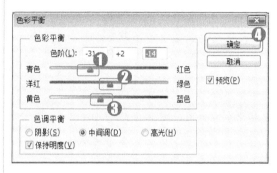

图 7-39

7.3.4　给宝贝图片加圆角

微课堂
00分51秒

为拍摄的图片添加圆角，可以使拍摄的图片看起来比较柔和，使人不易产生压迫感。下面介绍给宝贝图片加圆角的操作方法。

操作步骤 >> **Step by Step**

第1步 在 Photoshop 中打开照片，**1.** 在工具箱中，单击【矩形工具】下拉按钮，**2.** 在弹出的下拉列表中，选择【圆角矩形工具】选项，如图 7-40 所示。

图 7-40

第2步 在圆角矩形工具选项栏中，**1.** 选择【路径】方式，**2.** 设置圆角弧度的半径，**3.** 在文档窗口中绘制矩形，如图 7-41 所示。

图 7-41

淘宝开店·装修·管理与推广

第3步 在键盘上按下 Ctrl+Enter 组合键，将绘制的圆角矩形路径转换成选区，如图 7-42 所示。

图 7-42

第5步 在【图层】面板中，选择【背景】图层，如图 7-44 所示。

图 7-44

第4步 在键盘上按下 Ctrl+J 组合键，复制图层，如图 7-43 所示。

图 7-43

第6步 返回文档窗口，分别设置【前景色】和【背景色】为黑色与白色，按下键盘上的 Alt+Delete 组合键为图像填充，如图 7-45 所示。这样即可完成给宝贝图片加圆角的操作。

图 7-45

💿 **知识拓展：使用【圆角矩形工具】技巧**

在 Photoshop 中使用【圆角矩形】工具时，在圆角矩形工具选项栏中，在【半径】文本框中输入圆角半径的数值，输入的数值越大，绘制出的圆角矩形的圆角弧度越大；输入的数值越小，绘制出的圆角矩形的圆角弧度越小。

7.3.5 **制作闪闪发亮的宝贝图片**

微课堂
01分10秒

为了使店铺的宝贝更加耀眼、更有吸引力，可以为宝贝添加炫丽的效果，如饰品类宝贝在加上闪闪发亮的效果后，会使用宝贝看起来晶莹剔透，更容易吸引买家。下面介绍制作闪闪发亮的宝贝图片的操作方法。

第1步　在 Photoshop 中打开照片，在【图层】面板中，使用鼠标双击【背景】图层，如图 7-46 所示。

图 7-46

第2步　弹出【新建图层】对话框，*1.* 在【名称】文本框中，输入新图层的名称，*2.* 单击【确定】按钮，如图 7-47 所示。

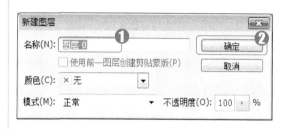

图 7-47

第3步　将【背景】图层转换成普通图层后，在工具箱中，单击【画笔工具】按钮，如图 7-48 所示。

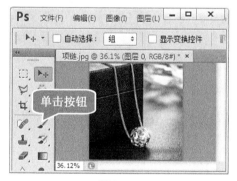

图 7-48

第4步　在菜单栏中，*1.* 选择【窗口】菜单，*2.* 在弹出的下拉菜单中，选择【画笔】菜单项，如图 7-49 所示。

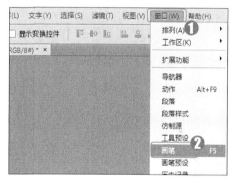

图 7-49

第5步　打开【画笔】面板，*1.* 选中【画笔笔尖形状】选项，*2.* 选择准备应用的画笔形状样式，*3.* 在【大小】文本框中，设置画笔的大小值，如图 7-50 所示。

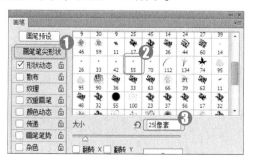

图 7-50

第6步　在【图层】面板中，*1.* 单击【创建新图层】按钮，*2.* 新建一个图层，如图 7-51 所示。

图 7-51

淘宝开店・装修・管理与推广

第7步 在新建的图层中，使用画笔工具在图片上单击绘制一个形状，如图 7-52 所示。

图 7-52

第8步 在【图层】面板中，**1.** 再次单击【创建新图层】按钮，**2.** 新建一个图层，如图 7-53 所示。

图 7-53

第9步 在新建的图层中，用画笔工具在图片上单击绘制第二个形状，如图 7-54 所示。

图 7-54

第10步 重复步骤 8 和步骤 9 的操作，再多绘制几个形状，这样即可完成制作闪闪发亮的宝贝图片的操作，如图 7-55 所示。

图 7-55

Section 7.4 专题课堂——光影魔术手

 **导读**
光影魔术手是国内最受欢迎的图像处理软件之一，批量处理功能非常强大，能够满足大部分照片后期处理的需要，且简单易用。本节将介绍光影魔术手软件方面的知识。

7.4.1 调整图片的宽度

微课堂
00分32秒

光影魔术手图像处理软件操作起来非常简单，适合新手卖家用来处理图片。下面介绍使用光影魔术手调整图片的宽度的操作方法。

操作步骤 >> Step by Step

第 1 步 启动光影魔术手软件，在软件左上角，单击【打开】按钮，如图 7-56 所示。

图 7-56

第 2 步 弹出【打开】对话框，**1.** 选择要调整的图片，**2.** 单击【打开】按钮，如图 7-57 所示。

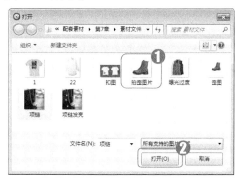

图 7-57

第 3 步 在工具栏中，**1.** 单击【尺寸】按钮，**2.** 在弹出的界面中，设置图片的【宽度】值，**3.** 单击【确定】按钮，如图 7-58 所示。

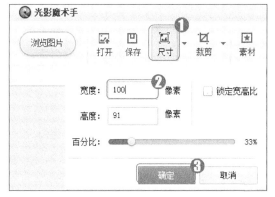

图 7-58

第 4 步 返回到图片编辑窗口，可以看到图片的宽度发生了变化，如图 7-59 所示。通过以上步骤即可完成调整图片的宽度的操作。

图 7-59

 专家解读：调整图片的高度

在工具栏中，单击【尺寸】按钮，在弹出的界面中，还可以设置图片的高度。如果需要同时调整图片的高度与宽度，需要选中【锁定宽高比】复选框，然后单击调整图片的高度或宽度即可。

7.4.2　为图片添加文字说明

微课堂
00 分 34 秒

拍摄的产品照片，如果配以详细的文字说明，会使产品更具说服力，此时可以使用光

淘宝开店·装修·管理与推广

影魔术手软件的文字功能。下面介绍为图片添加文字说明的操作方法。

操作步骤 >> Step by Step

第1步 启动光影魔术手软件，打开要添加文字说明的图片，在右侧的面板中，选择【文字】选项卡，如图 7-60 所示。

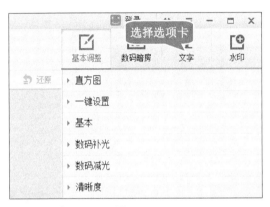

图 7-60

第2步 在【文字】选项区域，*1.* 在文本框中输入文字说明内容，*2.* 设置字号大小，*3.* 设置文本颜色，如图 7-61 所示。

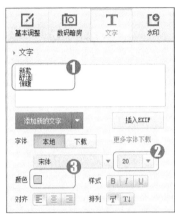

图 7-61

第3步 返回到图片编辑窗口，单击并移动文字至合适位置，释放鼠标，如图 7-62 所示。

图 7-62

第4步 在空白处单击鼠标左键退出文字编辑状态，如图 7-63 所示。这样即可完成为图片添加文字说明的操作。

图 7-63

 专家解读：添加旋转文字

在光影魔术手软件中，如果要添加旋转的文字，可以在【旋转角度】区域，拖动滑块来设置文字的旋转角度。

7.4.3　制作背景虚化的照片效果

微课堂 00分46秒

照片背景虚化具有非常重要的作用，能够使照片的宝贝更加突出，让买家一眼就可以看清。下面介绍使用光影魔术手制作照片背景虚化效果的操作方法。

操作步骤　>>　Step by Step

第1步　启动光影魔术手软件，打开要制作背景虚化的图片，**1.** 在右侧的面板中，选择【数码暗房】选项卡，**2.** 在【数码暗房】区域，选择【全部】子选项卡，如图 7-64 所示。

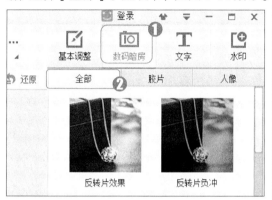

图 7-64

第3步　出现【对焦魔术棒】选项区域，**1.** 单击【对焦】按钮，**2.** 拖动滑块设置对焦半径，**3.** 拖动滑块设置虚化程度，如图 7-66 所示。

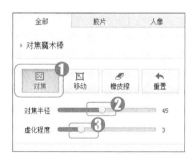

图 7-66

第5步　返回【对焦魔术棒】选项区域，单击【确定】按钮，如图 7-68 所示。这样即可完成制作背景虚化照片的操作。

■ 指点迷津

　　如果对设置的对焦半径和虚化程度的值不满意，可以单击【重置】按钮，快速调整对焦魔术棒的参数。

第2步　在【全部】选项区域，**1.** 单击并拖动滚动条，**2.** 找到【对焦魔术棒】选项并单击，如图 7-65 所示。

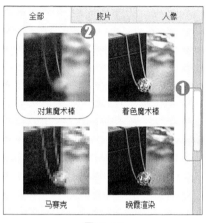

图 7-65

第4步　在图片编辑窗口中，指定对焦位置并单击鼠标左键，如图 7-67 所示。

图 7-67

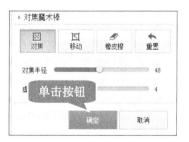

图 7-68

淘宝开店·装修·管理与推广

7.4.4 添加图片防盗水印

在网上店铺上传原创图片之前，卖家可以先为宝贝图片做个水印，不要太简单，更不要太普通，当然制作起来也不要太难。为图片添加的防盗水印，一方面要体现出店铺的特点，让买家容易记住；另一方面要有个性，不要太抽象让买家看不懂。这样的水印不但防盗，还能起到美化、点缀的作用。下面介绍使用光影魔术手添加图片防盗水印的操作方法。

操作步骤 >> Step by Step

第1步 启动光影魔术手软件，打开要添加防盗水印的图片，*1.* 在右侧的面板中，选择【水印】选项卡，*2.* 在【水印】区域，单击【添加水印】按钮 添加水印 ，如图 7-69 所示。

图 7-69

第2步 弹出【打开】对话框，*1.* 选择要添加水印的图片，*2.* 单击【打开】按钮 打开(O) ，如图 7-70 所示。

图 7-70

第3步 返回【水印】选项区域，*1.* 拖动滑块设置透明度，*2.* 拖动滑块设置旋转角度，*3.* 拖动滑块设置水印大小，如图 7-71 所示。

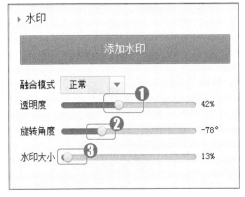

图 7-71

第4步 在图片编辑窗口中，调整水印放置的位置，然后在空白处单击鼠标左键，退出水印编辑状态，添加水印成功，如图 7-72 所示。通过以上步骤即可完成添加图片防盗水印的操作。

图 7-72

Section
7.5　实践经验与技巧

在本节的学习过程中，将着重介绍和讲解与本章知识点有关的实践经验及技巧，主要内容包括如何将拍大的照片调小、怎样压缩图片和如何调整图片使其符合淘宝要求等方面的知识。

7.5.1　如何将拍大的照片调小

微课堂
00分27秒

如果上传淘宝网的照片尺寸过大，可以使用 Photoshop 图像处理软件来调整图片的大小。下面介绍如何将拍大的照片调小的操作方法。

操作步骤　>>　**Step by Step**

第1步　在 Photoshop 中打开准备调小的照片，**1.** 在菜单栏中，选择【图像】菜单，**2.** 在弹出的下拉菜单中，选择【图像大小】菜单项，如图 7-73 所示。

第2步　弹出【图像大小】对话框，**1.** 选中【约束比例】复选框，**2.** 在【像素大小】区域的【宽度】文本框中输入宽度的值，**3.** 单击【确定】按钮 ，如图 7-74 所示。这样即可完成将拍大的照片调小的操作。

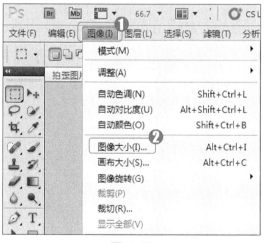

图 7-73

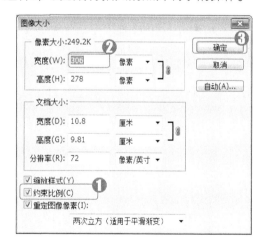

图 7-74

7.5.2　怎样压缩图片

微课堂
00分43秒

使用数码相机拍摄的原始照片尺寸非常大，需要经过处理才能上传到网上店铺中，这

淘宝开店·装修·管理与推广

里可以使用 Photoshop 图像处理软件对图片进行压缩。下面介绍压缩图片的操作方法。

操作步骤 >> **Step by Step**

第1步 通过前面所学知识对图片尺寸进行缩小处理，*1.* 在菜单栏中，选择【文件】菜单，*2.* 在弹出的下拉菜单中，选择【存储为】菜单项，如图 7-75 所示。

第2步 弹出【存储为】对话框，*1.* 在【保存在】下拉列表框中，选择图像文件保存的位置，*2.* 在【文件名】文本框中，输入图像文件的文件名，*3.* 在【格式】下拉列表框中，选择准备应用的保存格式，*4.* 单击【保存】按钮 保存(S) ，如图 7-76 所示。

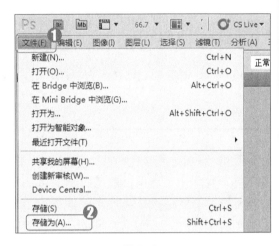

图 7-75

图 7-76

第3步 弹出【JPEG 选项】对话框，*1.* 在【品质】文本框中，输入图片压缩的品质数值，*2.* 单击【确定】按钮 确定 ，如图 7-77所示。通过以上步骤即可完成使用 Photoshop压缩图片的操作。

■ 指点迷津

使用光影魔术手和美图秀秀软件，同样也可以对宝贝图片进行压缩。

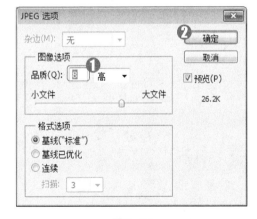

图 7-77

7.5.3 **淘宝宝贝图片处理技巧**

在淘宝开网店，无论是装修还是网页优化都是非常重要的。由于在网络上只能看到图

片，见不到实物，完全靠宝贝图片来吸引消费者，所以要想留住消费者，就必须把宝贝图片处理好，使其能引起消费者的消费欲望。

在处理宝贝图片时不能盲目地去修改、装饰，适当地使用一些技巧可以达到事半功倍的效果。下面介绍宝贝图片处理技巧方面的知识。

1　选好宝贝的背景图

宝贝的背景图片不能随意搭配，要选择适合产品的背景来拍摄图片。真实自然的背景能够把宝贝显示得更清晰自然，同时也为后期图片处理节约时间。在拍摄时经常需要消除图片的距离感，这时则可以选择例如水果、树叶、鲜花等来做宝贝的陪衬品，这样会使宝贝看起来有萌萌的感觉，如图 7-78 所示。

图 7-78

2　搭配优美的文字

优美的文字总能轻易引起人们感情的共鸣，文字对于人们来说，天生就有一种无法形容的魅力。在宝贝图片上添加一些文字，是图片处理中很重要的部分。宝贝图片上的文字内容可以是一些产品宣传语、产品价格或广告语等，这样做能够更吸引顾客眼球。精彩的文案不仅是对产品的绝佳阐述，也是从文学的美感上为产品加分，如图 7-79 所示。

图 7-79

3 给宝贝图片加上水印

在处理图片时，可以添加水印，这样不仅能给人专业的感觉，还能起到宣传的作用。

4 图片的细节处理

所谓"细节决定成败"，在处理图片时，一定要注意细节上的问题，可以从以下几点来对图片进行细节处理。

- ➤ 提高宝贝图片的色彩对比度。
- ➤ 提高宝贝图片的黑白对比度。
- ➤ 提高宝贝图片的色彩饱和度。
- ➤ 对宝贝图片应用怀旧风格。
- ➤ 对宝贝图片进行过度锐化。

7.5.4 创意主图设计要注意的细节

网店不同于实体店，图片是网店传递商品信息的主要元素之一。在各类图片中主图是核心，不仅是店铺商品服务经营的类目呈现，也是店铺经营动态的传播形式。创意主图设计要注意以下三个细节。

1 明确淘宝网店主图的表现形式与功能

主图是决定一个商品转化率的重要因素之一。淘宝店铺所说的主图是指发布商品时放在第一位置的图片，在产品发布以后，在买家搜索时首先看到的图片，以及打开宝贝页面后显示的第一张图以及左边的四张图，如图 7-80 所示。

图 7-80

商品详情页第一屏左侧商品图的第一个位置，叫商品主图。在这个位置出现的视频，即主图视频。由于商品主图是买家进入详情页第一眼所见，所以主图的呈现效果在整个详情页中显得尤为重要。

2 主图制作的主要元素与注意事项

主图最重要的贡献就是提高商品的转化率。主图至少应该包括以下三方面的内容：一是网店的经营类目；二是商品或服务的卖点；三是商品或服务的交易属性和动态信息。主图的制作至少应注意三方面的内容：一是卖点明确；二是具有创意；三是细节精准。

3 主图创意设计制作如何体现创意

主图创意设计要体现其创意价值，必须注意以下几方面的细节。

➢ 主图可以是商品图片，在使用模特图片时，要尽量选择有故事情节和视觉冲击力的图片作为主图。

➢ 主图图片内容要与商品标题相吻合，促销信息尽量简单。最好是以图片语汇衬托文字标题关键词。

➢ 主图要考虑宝贝不同的展示角度、模特的穿着搭配，标新立异或许能收到意想不到的效果。

➢ 店铺内可以用放大镜看主图，不需添加店铺 Logo，以免影响图片的创意展示。

➢ 主图颜色不仅要与店铺颜色保持一致，还要结合经营与促销环境，使经营与促销完美统一。

7.5.5 祛除模特脸上的斑点

00分32秒

在需要搭配模特进行的商品照片拍摄中，模特脸上有斑点会影响照片效果，这时需要祛除这些斑点。下面介绍使用光影魔术手祛除模特脸上斑点的操作方法。

操作步骤 >> **Step by Step**

第1步 启动光影魔术手软件，打开要祛除斑点的图片，*1.* 在右侧的面板中，选择【数码暗房】选项卡，*2.* 选择【人像】子选项卡，*3.* 选择【祛斑】选项，如图 7-81 所示。

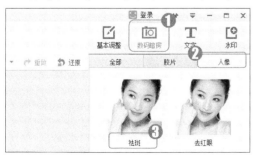

图 7-81

第2步 在【祛斑】选项区域，*1.* 拖动滑块设置半径范围，*2.* 拖动滑块设置力量范围，如图 7-82 所示。

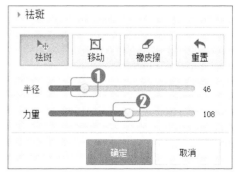

图 7-82

第3步 在图片编辑窗口中，指定祛斑位置并单击鼠标左键，释放鼠标，如图7-83所示。

单击鼠标左键

图 7-83

第4步 返回【祛斑】选项区域，单击【确定】按钮，如图7-84所示。这样即可完成祛除模特脸上斑点的操作。

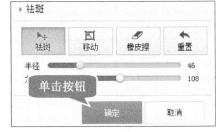

单击按钮

图 7-84

Section 7.6 有问必答

1. 什么是淘宝主图视频？

淘宝主图视频就是能动起来的视频，从展示的位置上来定位，在详情页第一屏的主图位置上出现的视频即主图视频，并且是排在主图图片的前面。

2. 可牛影像软件可以批量修改图片的大小吗？

可以。打开可牛影像软件，单击【批量】按钮，在弹出的对话框中，单击【添加图片】按钮，在【批量修改照片尺寸】区域设置大小，单击【批量生成照片】按钮即可。

3. 添加水印是否会影响商品的效果？

不会影响。水印应能为受到版权保护的信息产品的归属提供完全和可靠的证据，但随意添加水印会影响商品的美观。

4. 商品水印和边框模板可以同时使用吗？

可以同时使用。嵌入的水印信息隐藏于宿主文件中，不影响原始文件的可观性和完整性；而边框模板是为了增加商品的美观性，二者可以同时使用，也可以单独使用。

5. 曝光过度的照片是什么效果？

在曝光过度的情况下，底片会显得颜色过暗，所冲洗出的照片则会发白。在显影不足以及冲洗时光圈开得过大的情况下也会出现照片颜色发白的情况。

第**8**章

装修具有特色的精美店铺

本章
要点

❖ 前期准备工作
❖ 淘宝图片空间的使用
❖ 设计具有视觉冲击力的店标
❖ 制作漂亮的宝贝分类按钮
❖ 宝贝描述模板
❖ 专题课堂——布局管理

本章主
要内容

　　本章主要介绍装修店铺前期准备工作方面的知识，包括淘宝图片空间的使用、设计具有视觉冲击力的店标和制作漂亮的宝贝分类按钮，同时还讲解宝贝描述模板方面的内容。在本章的专题课堂环节，则介绍布局管理方面的知识。通过本章的学习，读者可以掌握装修具有特色的精美店铺方面的知识，为深入学习淘宝开店·装修·管理与推广知识奠定基础。

淘宝开店·装修·管理与推广

Section
8.1 前期准备工作

导读

　　在装修网店店铺之前，店主需要做一些前期准备，包括确定商品销售类型、收集装修素材、店铺装修注意事项和网店装修常用工具等。下面介绍装修网上店铺前期准备方面的知识。

8.1.1 确定商品销售类型

微课堂
00分20秒

　　在淘宝网中，商品的分类很细，根据店铺的商品定位，要为店铺命名，并且根据商品类别进行分类。下面将详细介绍确定商品销售类型方面的知识。

1 服装鞋包类

　　服装鞋包类商品，主要包括男装、流行男鞋、女装/女士精品、女鞋、箱包皮具/热销女包/男包、女士内衣/男士内衣/家居服和服饰配件/皮带/帽子/围巾等，如图8-1所示。

图 8-1

2 游戏话费类

　　游戏话费类商品，主要包括腾讯QQ专区、网游装备/游戏币/帐号/代练、网络游戏点卡和游戏物品交易平台等，如图8-2所示。

图 8-2

3　手机数码类

手机数码类商品，主要包括电子元器件市场、国货精品数码、手机、数码相机/单反相机/摄像机、MP3/MP4/iPad/录音笔、笔记本电脑、平板电脑/MID 等，如图 8-3 所示。

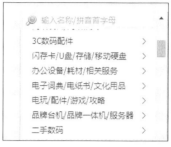

图 8-3

4　家用电器类

家用电器类商品，主要包括大家电、影音电器、生活电器、厨房电器、个人护理/保健/按摩器材和家庭保健等。

5　美妆饰品类

美妆饰品类商品，主要包括彩妆/香水/美妆工具、美容护肤/美体/精油、美发护发/假发、珠宝/钻石/翡翠/黄金、ZIPPO/瑞士军刀/眼镜、饰品/流行首饰/时尚饰品和手表等。

6　母婴用品类

母婴用品类商品，主要包括奶粉/辅食/营养品/零食、尿片/洗护/喂哺/推车床、孕妇装/孕产妇用品/营养品、童装/婴儿装/亲子装、玩具/模型/动漫/早教/益智、童鞋/婴儿鞋/亲子鞋等。

7　家居建材类

家居建材类商品，主要包括家居饰品、特色手工艺品、住宅家具、商业/办公家具、家装主材、基础建材、五金/工具、电子/电工、床上用品、装修设计/施工/监理、居家布艺、全屋定制等。

8　百货食品类

百货食品类商品，主要包括居家日用、厨房/烹饪用具、家庭/个人清洁工具、传统滋

淘宝开店·装修·管理与推广

补营养品、零食/坚果/特产、粮油米面/南北干货/调味品、成人用品/避孕/计生用品、洗护/清洁剂/卫生巾/纸/香薰、茶/咖啡/冲饮、保健食品/膳食营养补充食品、水产肉类/新鲜蔬果/熟食、节庆用品/礼品、餐饮具、收纳整理等。

9 运动户外类

运动户外类商品，主要包括运动/瑜伽/健身/球迷用品、户外/登山/野营/旅行用品、运动服/休闲服装、运动鞋、运动包/户外包/配件、自行车/骑行装备/零配件、电动车/配件/交通工具等。

10 文化玩乐类

文化玩乐类商品，主要包括度假线路/签证送关/旅游服务、特价酒店/特色客栈/公寓旅馆、古董/邮币/字画/收藏、书籍/杂志/报纸、音乐/影视/明星/音像、乐器/钢琴/吉他/配件、宠物/宠物食品及用品、交通票、景点门票/实景演出/主题乐园、模玩/动漫/周边/cos/桌游等。

11 生活服务类

生活服务类商品，主要包括保险分销、购物提货券/蛋糕面包、休闲娱乐、餐饮美食、超市卡/商场购物卡、教育培训、摄影/摄像服务、鲜花速递/花卉仿真/绿植园艺、淘商号、网店/网络服务/软件、房产/租房/新房/二手房、委托服务、外卖/外送/订餐、个性定制/设计服务/DIY、电影/演出/体育赛事、网络店铺代金券/优惠券、本地化生活服务等。

12 汽配摩托类

汽配摩托类商品，主要包括汽车/用品/配件/改装、新车/二手车、摩托车/装备/配件等。

13 其他类

其他类商品，主要包括众筹、淘女郎、服务商品、无线生活服务、阿里通信专属类目、智能数码设备、农用物资、农机/农具/农膜、畜牧/养殖物资、平行进口车等。

知识拓展：发布类目注意事项

在淘宝网发布宝贝时，要注意的是其中话费、流量等商品，目前不再允许入驻发布，新商家将不能进行出售，而书籍、音像、食品等商品需要申请特种经营资质，并且审核通过之后，才能进行发布。

8.1.2 收集装修素材

卖家在装修店铺之前，需要准备一些符合自己店铺风格的素材文件，包括店面 Logo、招牌图片、活动公告图片。店主可以自己制作素材文件，也可以在网络上收集，如在百度

搜索引擎中，输入"网上店铺装修素材"一词，就会在网页中显示很多的素材网站，可以在不涉及素材版权的情况下使用，如图8-4所示。

图8-4

8.1.3　店铺装修注意事项

淘宝店铺装修要抓住重点，这样能大幅度地提高网店装修的质量，让卖家的网店变得漂亮、有吸引力，所以在装修网上店铺时要注意如下一些事项。

1　页面布局

所谓的页面布局，就是指首页上的一个整体布局。不同规格的页面有不同的需求，对于大规格的页面，考虑更多的是，页面的板块安排；对于小规格的页面，则需要将产品做得更简洁、一目了然。做好整体布局，让顾客有更好的用户体验。

如果实在没有时间和精力自己操作装修事项，请一个专业的装修公司是店主装修网店的首选，因为这些网店装修公司比较专业。当然，有钻石信誉的网店个体户也是非常不错的选择。

自己学装修店铺也是一件快乐的事情，但对于业务繁忙的人士来说，选择第三方来装修店铺是非常明智的。不过，网店店主自己适当学习一些装修店铺的知识也是必要的。

2　色调

每个店铺都有自己的风格，而在反映风格方面，色彩的搭配是关键。一个好的颜色搭配，不单单能在视觉上给人以美的享受，也能起到为顾客提供一个好的导航作用。

店铺装修漂亮，确实能更多地吸引买家眼球，但要清楚一点，店铺的装饰别抢了商品的风头，毕竟店主是为了卖产品而不是秀店铺，弄得太多太乱反而影响商品的销售效果。

3　宝贝详情页

淘宝店铺的组成部分有很多，除了浓墨重彩的首页，宝贝详情页的制作也相当关键。宝贝详情页，一方面是产品的展示页；另一方面，也是向顾客讲解宝贝的平台。

淘宝开店·装修·管理与推广

4 风格与形式的统一

店铺装修除了色彩要协调外，整体风格也要统一，风格不搭是大忌，会让顾客觉得不伦不类，甚至拒绝进入店铺浏览商品。

8.1.4 网店装修常用工具

网店装修准确来说属于网页设计的范畴。网店装修与网页设计是一样的，就是通过对文字、图像、音频、视频、动画等文件的创意组合来设计出漂亮迷人的页面，从而吸引顾客。因此，店铺装修目前使用最多的工具是网页和图像编辑工具。下面介绍几款网店装修常用的工具。

1 Fireworks 简介

Fireworks 是第一个完全为网店页面制作者设计的软件。作为一款图像处理软件，Fireworks 能够自由地导入各种图像，甚至是 ASCII 的文本文件，而且 Fireworks 可以辨认矢量文件中的绝大部分标记以及 Photoshop 文件的层。而作为一款为网络设计而开发的图像处理软件，Fireworks 能够进行自动切图、生成鼠标动态感应的 JavaScript 等操作，而且Fireworks 具有十分强大的动画功能和一个近乎完美的网络图像生成器。

2 Dreamweaver 简介

Dreamweaver 是 Macromedia 公司的一款"所见即所得"的网店页面编辑工具，或称网店页面排版软件。

Dreamweaver 对于 DHTML 的支持特别好，可以轻而易举地做出很多炫目的网店页面特效。插件式的程序设计使得其功能可以无限扩展。Dreamweaver 与 Flash、Fireworks 并称为 Macromedia 的网页制作三剑客，由于是同一公司的产品，因而在功能上有着非常紧密的结合。而最新推出的 Dreamweaver UltraDev 更是支持 ASP 和 JSP。

3 Frontpage 简介

Frontpage 是 Microsoft 公司出品的，是最简单、最易用，却又功能强大的网店页面编辑工具。采用典型的 Word 界面设计，只要用户懂得使用 Word，就差不多会使用 Frontpage 了。就算用户不懂 Word 也没关系，"所见即所得"的操作方式会让用户很快上手，而且无须学习 HTML 语法。

但 Frontpage 也有不足之处：首先是浏览器兼容性不好，做出来的网店页面用 Netscape 往往不能正常显示；其次，生成的垃圾代码多，也会自动修改代码，导致在某些情况下极为不便；最后，对 DHTML 的支持不好。但不管怎么说，Frontpage 的确是最好的入门级网页编辑工具。

淘宝图片空间的使用

在装修网上店铺的过程中，可以将所使用的素材文件上传到存储空间，方便以后随时调用。本节将详细介绍淘宝图片空间的使用方面的知识。

8.2.1   关于淘宝图片空间

微课堂
00分14秒

淘宝图片空间是用来存储淘宝商品图片的网络空间，淘宝空间官方会赠送用户 20GB 的空间容量，可以合理地利用这些空间来上传商品的相关图片。但如果商品较多，可以选择一部分重要的商品上传相关图片，切记不要将所有的商品都上传相关图片，否则会造成图片空间不足、无法继续上传的现象，如图 8-5 所示。

图 8-5

使用淘宝图片空间，有以下几点好处：淘宝图片空间是淘宝官方的产品，比较稳定、安全；且管理方便，可以批量操作；价格便宜；可以使宝贝详情页图片快速打开，提升宝贝成交量。

📀 知识拓展：图片限制

在使用淘宝图片空间时，要了解对于图片是有一定限制的。图片只允许链接到淘宝，其他的网站不能链接，并且图片的使用店铺不能超过三个，如果超过就会显示盗链提示。图片空间的大小按购买大小来定，不能超过，到期后的空间不能上传图片。

8.2.2   打开淘宝图片空间

微课堂
00分19秒

只有申请成为淘宝卖家，才能使用淘宝图片空间，买家是没有这个权限的。下面介绍打开淘宝图片空间的操作方法。

淘宝开店·装修·管理与推广

操作步骤 >> Step by Step

第1步 登录到淘宝，在淘宝首页的右上角，单击【卖家中心】链接，如图 8-6 所示。

图 8-6

第3步 页面跳转到【图片空间】页面，在该页面中可以上传图片以便日常装修使用，如图 8-8 所示。通过以上步骤即可完成打开淘宝图片空间的操作。

■ 指点迷津

在【图片空间】页面中，可以新建文件夹，将上传的图片进行分类存放。

第2步 进入淘宝【卖家中心】页面，在【店铺管理区域】单击【图片空间】链接，如图 8-7 所示。

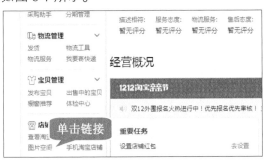

图 8-7

图 8-8

知识拓展：在【淘宝助理】软件中打开图片空间

登录【淘宝助理】软件，单击【图片空间】按钮 ，即可进入【图片空间】操作页面。在【淘宝助理】中，可以对图片进行分类管理，并且上传图片到空间中；同时可以使用【更新】功能将更改同步到网页版【图片空间】中。

8.2.3 上传图片到图片空间

微课堂
00分40秒

在淘宝图片空间中，上传图片有两种方式，包括高速上传和普通上传，文件夹中的图片可以使用高速上传进行上传。打开淘宝图片空间页面后，卖家就可以将准备好的宝贝和店铺图片上传到空间中。下面介绍上传图片到图片空间的操作方法。

知识拓展：删除上传的图片

在淘宝图片空间中，对上传的图片可以进行编辑、移动或重命名操作。如果要删除图片，使用鼠标右键单击图片，在弹出的快捷菜单中，选择【删除】菜单项即可。

操作步骤　>>　Step by Step

第1步 打开【图片空间】页面，**1.** 在首页中选择【图片管理】选项卡，**2.** 单击【上传图片】按钮 ，如图8-9所示。

图 8-9

第2步 弹出【上传图片】对话框，在【高速上传】区域中，单击【点击上传】按钮 ，如图8-10所示。

图 8-10

第3步 弹出【添加文件】对话框，**1.** 选择要添加的图片，**2.** 单击【选好了】按钮 ，如图8-11所示。

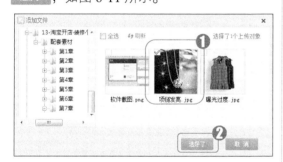

图 8-11

第4步 打开【上传文件】对话框，单击【立即上传】按钮 ，如图8-12所示。

图 8-12

第5步 弹出【文件上传中】对话框，显示文件正在上传，如图8-13所示。

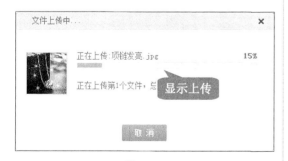

图 8-13

第6步 上传完成后，弹出【提示】对话框，提示"文件处理完毕，共1个文件，上传成功1个"信息，单击【确定】按钮 ，如图8-14所示。通过以上步骤即可完成上传图片到图片空间的操作。

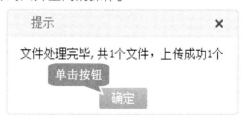

图 8-14

对于一个网店而言，店标有着相当重要的地位。淘宝店标可以代表经营店铺的风格、店主的品位、产品的特性，也可以起到宣传的作用。本节将介绍设计具有视觉冲击力的店标方面的知识。

8.3.1 店标设计原则

店标是传达信息的一个重要手段，店标设计不仅是图案设计形式，最重要的是要体现店铺的精神、商品的特征，甚至店主的经营理念等。一个好的店标设计，除了给人传达明确信息外，还在方寸之间表现出深刻的精神内涵和艺术感染力。

1 富于个性，新颖独特 >>>

店标并非一个图案那么简单，它代表一个品牌，也代表一种艺术形式。所以店标的制作可以说是一种艺术创作，需要设计者从生活中、从店铺规划中捕捉创作灵感。

店标是用来表达店铺的独特性质的，要让买家认清店铺的独特品质、风格和情感，因此，店标在设计上除了要讲究艺术性外，还需要讲究个性化，让店标与众不同、别出心裁。设计个性独特的店标的根本性原则就是要设计出可视性高的视觉形象，要善于使用夸张、重复、节奏、抽象和寓意的手法，使设计出来的店标达到易于识别、便于记忆的功效，如图 8-15 所示。

图 8-15

2 简练、明确及信息表达 >>>

店标是一种直接表达的视觉语言，要求产生瞬间效应，因此店标设计要求简练、明确、醒目。图案切忌复杂，也不宜过于含蓄，要做到近看精致巧妙、远看清晰醒目，从各个角度、各个方向上看都有较好的识别性。

3 符合美学原理

店标设计要符合人们的审美观点，买家在观察一个店标的同时，也是一个审美的过程。在审美过程中，买家把视觉所感受的图形，用社会所公认的相对客观的标准进行评价、分析和比较，引起美感冲动。这种美的冲动会传入大脑而留下记忆。因此，店标设计要形象，并具有简练、清晰的视觉效果和视觉冲击力。

8.3.2 店标制作的基本方法

淘宝店标在设计的过程中，按照其显示的效果可以分为静态店标和动态店标两种。下面介绍这两种店标制作的基本方法。

1 制作静态店标

一般来说，静态店标由文字、数字、图像构成，其中有些店标使用纯文字表示，有些店标使用图像表示，当然也有些店标的设计既包含文字也包含图像，如图 8-16 所示。

图 8-16

在设计静态店标的过程中，卖家可以使用 Photoshop 软件编辑处理自己的店标，从而达到用户的设计要求。店主如果没有设计能力或绘画技巧，建议找有绘图基础的专业设计人员设计店标，这类设计人员可以利用自己的绘图技能，在计算机中进行店标绘制和颜色填充，从而达到卖家的要求。

2 制作动态店标

对于网店而言，动态店标就是将多幅图像和文字效果构成 GIF 动画，可以使店标生动地展示在买家面前。动态店标一般用 Photoshop 做好背景渐变，渐变的颜色要根据网站的颜色去调，找好素材然后用 Ulead GIF Animator 5 或 Photoshop 中的动作调板。制作动态店标也可以使用 gif 制作工具完成，如 Easy GIF Animator、Ulead GIF Animator 等软件都可以制作 gif 动态图像。实际上，静态和动态在图片上并没有本质的区别，如果是做动态的，最好用 Flash 做那些动态效果，如图 8-17 所示。

淘宝开店・装修・管理与推广

图 8-17

8.3.3 将店标发布到店铺

00 分 27 秒

将网上店铺中的店标制作完成后，需要将店标发布到淘宝网店面上，才能让买家看到并加深印象。下面介绍将店标发布到店铺的操作方法。

操作步骤 >> Step by Step

▼

第1步 进入【卖家中心】页面，*1.* 在【店铺管理】区域中，单击【店铺基本设置】链接，*2.* 在页面的【店铺标志】区域，单击【上传图标】按钮 上传图标 ，如图 8-18 所示。

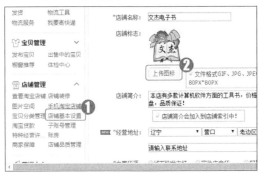

图 8-18

第3步 返回【店铺标志】区域，向下拉动页面，单击【保存】按钮 保存 ，店标上传成功，如图 8-20 所示。通过以上步骤即可完成将店标发布到店铺的操作。

■ 指点迷津

如果要看店标的显示效果，可以在淘宝首页中，选择【店铺】选项卡，在搜索框中输入自己的店铺名称即可。

第2步 弹出【打开】对话框，*1.* 选择店标图片，*2.* 单击【打开】按钮 打开(O) ，如图 8-19 所示。

图 8-19

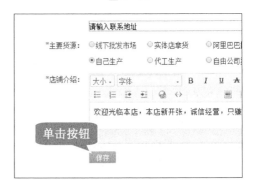

图 8-20

知识拓展：手机淘宝店标设置

　　如果在手机上开设淘宝店铺，同样也可以对店标进行修改。打开手机淘宝客户端，进入【我的店铺】页面，单击【设置】按钮，进入【店铺设置】页面，然后单击【店铺头像】链接，在弹出的快捷菜单中，选择店标【以拍照方式上传】还是【从相册选取】即可。

Section 8.4　制作漂亮的宝贝分类按钮

　　宝贝分类是淘宝店铺提供的一项重要功能，用于帮助卖家对各种各样的宝贝进行分类。宝贝分类设置的操作包括宝贝分类制作的注意事项、制作宝贝分类图片和上传分类图片等操作。本节将详细介绍制作漂亮的宝贝分类按钮方面的知识。

8.4.1　宝贝分类制作的注意事项

　　宝贝分类管理有两方面，一方面是录入宝贝时的类目，这个是由开店平台提供的；另一方面是在网店装修时的宝贝分类，这个是卖家根据宝贝的特点自行设置的。这两个分类如果选择不正确，客户就无法搜索卖家的产品信息，所以如何选择准确的类目非常重要。下面介绍宝贝分类管理的注意事项。

> ➢ 根据自己的行业经验进行选择，先选择大行业类目，再选择二级类目，最后选择三级类目。

> ➢ 使用类目自动匹配功能：这是一个非常方便、实用的功能，它可以帮助用户在几千个类目中查找最合适的类目。但很多客户不会用或没有用好这个功能，主要问题在于设置的产品名称不准确或加了太多修饰词，用户使用该功能时，应注意简单准确的产品名称更容易匹配到正确的类目。

> ➢ 一些不常见的生僻产品需要到淘宝网首页，在搜索框中输入产品名称进行搜索，然后查看同行所使用的类目，作为参考。

> ➢ 宝贝分类设置尽量与淘宝提供的类目相符，如果你经营的产品有男装、女装和童装，那么，宝贝就要按照男装、女装和童装来分类。

> ➢ 如果网店产品较多，还可以按照服装的款式来设置二级分类。如可以将童装分为"男童装"和"女童装"等两个二级分类。

> ➢ 为了方便顾客查找，可以将产品按照颜色、花色等分类。如可以将连衣裙分为"粉色连衣裙"和"印花连衣裙"等。

> ➢ 尽量为宝贝多提供一些入口。如一件印花三件套游泳衣可以放在多个分类下，如可以将其放置在"印花泳衣""三件套泳衣"和"游泳衣"等三个分类中，这样，买家在寻找不同样式的游泳衣时都会看到这件游泳衣。

淘宝开店 · 装修 · 管理与推广

8.4.2 **制作宝贝分类图片**

　　在淘宝店铺中，卖家可以根据自己销售产品的类型，自定义宝贝分类图片的样式，这样既可以美化店铺细节，又可以让顾客对卖家商品分类一目了然。下面介绍使用 Photoshop 制作宝贝分类图片的操作方法。

操作步骤 >> **Step by Step**

第1步 启动 Photoshop 软件，*1.* 在菜单栏中，选择【文件】菜单，*2.* 在弹出的下拉菜单中，选择【新建】菜单项，如图 8-21 所示。

图 8-21

第3步 新建一个文档，*1.* 在工具箱中，单击【矩形选框】按钮，*2.* 当鼠标指针变成十后，单击并拖动鼠标左键，选取准备绘制矩形的区域，如图 8-23 所示。

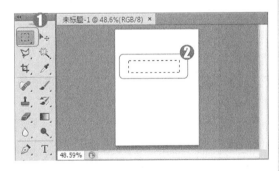

图 8-23

第5步 重复步骤 3 与步骤 4 的操作，在已填充颜色的矩形下方，再绘制一个同等大小的矩形，并填充成其他颜色，如"绿色"，如图 8-25 所示。

第2步 弹出【新建】对话框，*1.* 在【宽度】文本框中，输入宽度值，*2.* 在【高度】文本框中，输入高度值，*3.* 单击【确定】按钮 ，如图 8-22 所示。

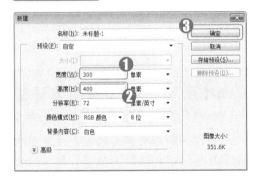

图 8-22

第4步 绘制矩形选区后，*1.* 将前景色填充成指定的颜色，如"蓝色"，*2.* 在键盘上按下 Alt+Delete 组合键，在矩形选区内填充前景色，如图 8-24 所示。

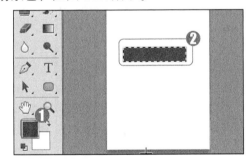

图 8-24

第6步 绘制矩形选区后，*1.* 在工具箱中，单击【自定义形状工具】按钮，*2.* 在工具选项栏中，单击【自定形状】按钮，*3.* 在弹出的下拉面板中，选择要应用的形状，如图 8-26 所示。

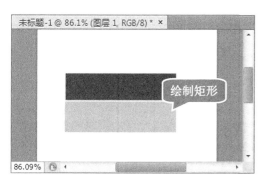

图 8-25

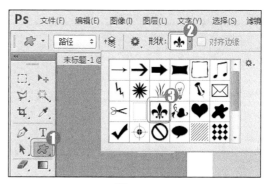

图 8-26

第7步 返回文档窗口，在创建的矩形上，绘制选择的形状图形，并将其填充成白色，如图 8-27 所示。

第8步 绘制形状图形后，*1.* 在工具箱中，单击【横排文字工具】按钮 T，*2.* 在绘制的矩形上，输入文字信息，如图 8-28 所示。这样即可完成制作宝贝分类图片的操作。

图 8-27

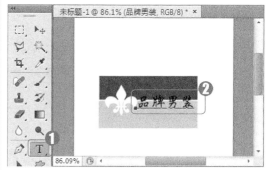

图 8-28

知识拓展：宝贝分类的建立

一般情况下，添加分类可以通过手工分类和自动分类来完成。手工分类，也就是自己添加自己想要的分类，自己打上要用的分类名称。而自动分类，是由系统自动根据你的商品类目，设置了几种模式，你可以选择其中的一种或几种。

8.4.3　上传图片并设置宝贝的分类

微课堂

00 分 42 秒

制作宝贝分类图片后，用户即可将制作的图片上传到淘宝网上并进行设置。下面介绍上传图片并设置宝贝的分类的操作方法。

知识拓展：编辑分类图片

上传到店铺中的宝贝分类图片不是固定的，卖家可以根据需要更换分类图片。进入【分类管理】页面，找到要进行编辑的分类图片，单击【编辑】链接，在弹出的对话框中，选中【插入图片空间图片】单选按钮，然后选择要使用的图片，保存更改即可。

淘宝开店・装修・管理与推广

操作步骤 >> *Step by Step*

第1步 将宝贝分类图片存放到图片空间中，进入【我是卖家】页面，在【店铺管理】区域中，单击【宝贝分类管理】链接，如图 8-29 所示。

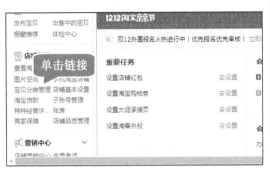

图 8-29

第3步 在弹出的文本框中，**1.** 输入宝贝分类的名称，**2.** 在文本框右侧，单击【添加图片】链接，如图 8-31 所示。

图 8-31

第5步 展开【从图片空间选择】选项卡，单击选中的宝贝分类图片，如图 8-33 所示。

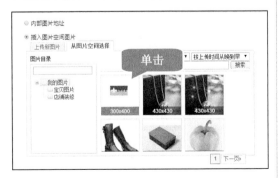

图 8-33

第2步 页面跳转至【分类管理】页面，单击【添加手工分类】按钮＋添加手工分类，如图 8-30 所示。

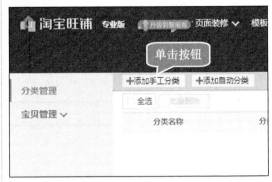

图 8-30

第4步 在弹出的对话框中，选中【插入图片空间图片】单选按钮，如图 8-32 所示。

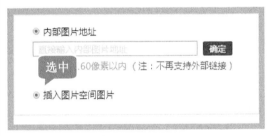

图 8-32

第6步 返回【分类管理】页面，单击右上角的【保存更改】按钮 保存更改 ，如图 8-34 所示。这样即可完成上传图片并设置宝贝分类的操作。

图 8-34

宝贝描述模板

　　描述模板就是使用在商品描述介绍中的模板。描述模板只是店铺装修的一部分，只显示在产品的介绍页面。本节将介绍宝贝描述模板方面的知识。

8.5.1　宝贝描述模板的设计要求

　　宝贝描述页面设计得漂亮美观，不仅能为宝贝的介绍增色不少，还能在一定程度上增加买家的浏览量，无形中增加更多出售宝贝的机会。

　　目前淘宝网上的宝贝描述模板有很多是由懂设计的卖家来出售，可以很方便地得到一个设计美观的宝贝描述模板。对于刚开店的卖家来说，如果资金不足，可以自己设计宝贝描述模板，在不花钱的同时，还可以随心所欲地设计出富有个性的宝贝描述页面。在设计和制作宝贝描述模板前，需要了解并注意一些设计要求。

- ➢ 宝贝描述模板就是店铺的形象页面，其他设计例如公告栏、店标、签名等也会根据宝贝描述模板的风格展开设计，所以宝贝描述模板的设计风格非常重要。
- ➢ 宝贝描述模板的设计需要符合 HTML 语法的要求，因为宝贝描述页是应用在网页上的，卖家都是通过浏览器来浏览。
- ➢ 为了让宝贝描述页面在浏览器中尽可能快地显示，建议不要在宝贝描述模板中使用过多的大图，免得浏览速度过慢。
- ➢ 在宝贝店铺管理页面上直接设计宝贝描述并不方便，建议先在本地设计好宝贝描述模板，并将相关的图片上传到相册，然后将模板的 HTML 代码粘贴到店铺描述的设置上。
- ➢ 宝贝描述页上的图片地址链接必须正确，否则图片在页面上将不能显示。

8.5.2　设计宝贝描述模板

00分45秒

　　淘宝店铺在上传宝贝的时候，需要写宝贝描述。通常很多宝贝描述内容都非常相似，这时候可以设置一个宝贝描述模板，那么在上传同类宝贝的时候，在模板的基础上修改即可，这样可以减少重复输入，提高效率。下面介绍宝贝描述模板设计的操作方法。

⊙ 知识拓展：如何修改宝贝描述模板

　　在宝贝描述模板设置完成后，如果需要修改，可以单击【详情导航模块】链接下的【管理模块】链接，页面跳转至【详情模块管理】页面，在要修改的模块区域，单击【编辑】链接，即可进入修改界面，修改模板内容即可。

淘宝开店·装修·管理与推广

操作步骤 >> Step by Step

第1步 打开【卖家中心】页面，单击【宝贝管理】区域中的【发布宝贝】链接，如图 8-35 所示。

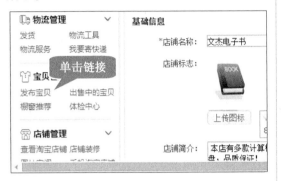

图 8-35

第2步 选择宝贝类目后进入【发布宝贝】页面，下拉页面至底部的【宝贝描述】区域，选择【电脑端】选项卡，如图 8-36 所示。

图 8-36

第3步 在【宝贝描述】区域，**1.** 单击【详情导航模块】链接，**2.** 单击【新建模块】链接，如图 8-37 所示。

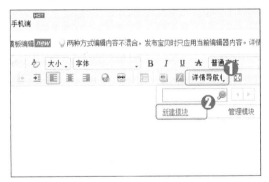

图 8-37

第4步 页面跳转至【填写模块信息】页面，**1.** 在【标题】文本框中输入模块名称，**2.** 在【详情】文本框中输入模块内容，**3.** 单击【新增并立即使用】按钮 新增并立即使用 ，如图 8-38 所示。

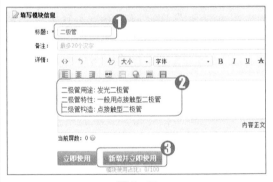

图 8-38

第5步 返回【发布宝贝】页面，下拉页面至底部，单击【发布】按钮 发布 ，如图 8-39 所示。这样即可完成宝贝描述模板设计的操作。

■ 指点迷津

宝贝模板设计完成后，在发布宝贝时，单击【详情导航模块】链接下新建的模块即可。

图 8-39

专题课堂——布局管理

布局模块可以帮助用户在装修店铺的过程中实现很多功能，包括使用图片轮播功能和添加搜索功能模块。本节将介绍布局管理方面的知识。

8.6.1　添加搜索功能模块

微课堂
00 分 33 秒

搜索店内宝贝是旺铺的功能模块之一，此模块的添加可让进店的顾客迅速找到自己所需的产品。下面介绍添加搜索功能模块的操作方法。

操作步骤　>>　Step by Step

第 1 步　登录淘宝账户后，在【我的淘宝】页面中，单击顶部的【卖家中心】链接，如图 8-40 所示。

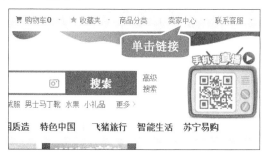

图 8-40

第 2 步　进入【卖家中心】页面后，单击页面左侧【店铺管理】区域下方的【店铺装修】链接，如图 8-41 所示。

图 8-41

第 3 步　进入【店铺装修】页面后，在左侧选择【模块】选项，在【基础模块】区域单击【宝贝搜索】链接，并拖曳至页面中，如图 8-42 所示。

图 8-42

第 4 步　【宝贝搜索】模块添加到页面中，如图 8-43 所示。通过以上步骤即可完成添加搜索功能模块的操作。

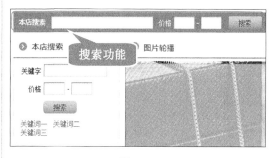

图 8-43

淘宝开店·装修·管理与推广

☕ **专家解读：设置宝贝搜索模块**

在搜索功能模块添加完成后，将鼠标指针移至模块上，在出现的按钮区域，单击【编辑】按钮 ，弹出搜索店内宝贝对话框，设置显示标题、预置关键字、推荐关键字和是否显示【价格筛选】选项后，单击【保存】按钮 保存，即可完成设置。

8.6.2　使用图片轮播功能

微课堂
01分02秒

在淘宝开设网店过程中，如果店铺里设置轮播效果图片展示产品，可以给店铺提高一个档次，还可以给客户留下好印象。下面介绍使用图片轮播功能的操作方法。

操作步骤 >> **Step by Step**

第1步 登录淘宝账户后，在【我的淘宝】页面中，单击顶部的【卖家中心】链接，如图 8-44 所示。

图 8-44

第2步 进入【卖家中心】页面后，单击页面左侧【店铺管理】区域下方的【店铺装修】链接，如图 8-45 所示。

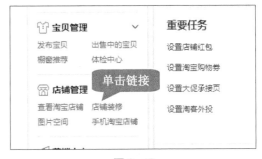

图 8-45

第3步 进入【店铺装修】页面后，在左侧选择【模块】选项，在【基础模块】区域单击【图片轮播】链接，并拖曳至页面中，如图 8-46 所示。

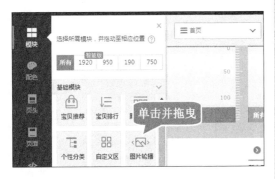

图 8-46

第4步 【图片轮播】模块添加到页面后，将鼠标指针指向【图片轮播】模块上，在出现的按钮区域，单击【编辑】按钮 编辑，如图 8-47 所示。

图 8-47

第5步 弹出【图片轮播】对话框，**1.** 在【图片地址】区域中，单击【添加图片】按钮，**2.** 单击准备添加的轮播图片，如图 8-48 所示。

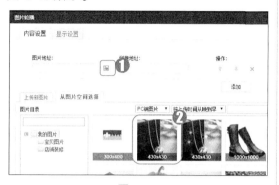

图 8-48

第6步 返回【图片轮播】对话框，**1.** 单击【添加】按钮，**2.** 在【图片地址】区域中，单击【添加图片】按钮，如图 8-49 所示。

图 8-49

第7步 在展开的图片区域，选择要添加的图片，如图 8-50 所示。

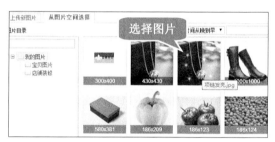

图 8-50

第8步 返回【图片轮播】对话框，单击【保存】按钮，如图 8-51 所示。这样即可完成使用图片轮播功能的操作。

图 8-51

Section 8.7　实践经验与技巧

导读 在本节的学习过程中，将侧重介绍和讲解与本章知识点有关的实践经验及技巧，主要内容包括设置店铺的色彩风格、增加店铺导航分类和添加店铺客服等方面的知识。

8.7.1　设置店铺的色彩风格

00 分 14 秒

不同的商品，对应网店的色彩风格也是不一样的。优秀网店的店铺装修页面视觉一定有自己的风格。下面将介绍设置店铺的色彩风格方面的知识。

淘宝开店 · 装修 · 管理与推广

1　确定主色调　》》》

主色调不是随意选择的，而是系统分析自己商品的受众人群心理特征，找到这部分群体易于接受的色彩，而且色彩确定之后要延续下去。

2　合理搭配辅助色　》》》

在页面配色上辅助色要将主色调的影响力发挥到极致，辅助颜色只能是辅助，千万不要喧宾夺主，也可以将产品的一些辅助图形用到设计中，让整体风格不偏离主色调，同时又感觉不压抑。

3　色彩搭配误区　》》》

很多卖家会用四季的变化来决定店铺的色彩风格，其实这是非常不好的，笔者建议不要用四季的变化来改变店铺的色彩风格，当然辅助相应的季节元素是可以的，但前提是不要影响品牌本身的视觉体系。

8.7.2　增加店铺导航分类

微课堂 00分33秒

导航是店铺浏览的快速通道，可以更加方便买家跳转页面、查看商品及信息，同时可以提高页面的访问深度和宝贝转化率。目前很多店铺的导航上都有"品牌故事""促销活动"等二级页面，里面设置的都是自定义的内容，看起来非常有创意。下面将介绍增加店铺导航分类的操作方法。

操作步骤　>>　Step by Step

第1步　进入【店铺装修】页面后，单击【编辑】按钮，如图 8-52 所示。

第2步　弹出【导航】对话框，在对话框的下方，单击【添加】按钮，如图 8-53 所示。

图 8-52　　　　　图 8-53

第 3 步 弹出【添加导航内容】对话框，**1.** 选择【页面】选项卡，**2.** 在【请选择要添加的页面】区域，单击【添加自定义页面】链接，如图 8-54 所示。

第 4 步 跳转至【新建页面】界面，**1.** 选择页面类型，**2.** 在【页面名称】文本框中，输入页面的名称，**3.** 单击【保存】按钮 保存，如图 8-55 所示。这样即可完成增加店铺导航分类的操作。

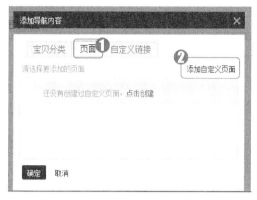

图 8-54

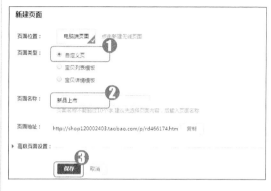

图 8-55

8.7.3 添加店铺客服

微课堂

00分50秒

淘宝网店的客服，在网店的推广、产品的销售以及售后的客户维护方面均起着极其重要的作用。下面介绍添加店铺客服的操作方法。

操作步骤 >> Step by Step

第 1 步 进入淘宝的【卖家中心】页面后，在左侧的导航栏中，**1.** 单击【店铺管理】下拉箭头 ∨，**2.** 单击【子账号管理】链接，如图 8-56 所示。

第 2 步 页面跳转至【子账号】页面，单击【新建员工】按钮 ，如图 8-57 所示。

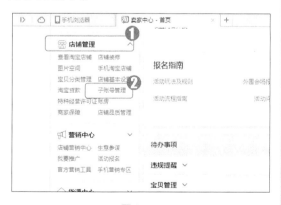

图 8-56

图 8-57

第3步 进入【新建员工】页面，*1.* 设置子账号密码，*2.* 确认子账号密码，*3.* 在【姓名】文本框中，设置客服名称，*4.* 设置客服性别，如图 8-58 所示。

图 8-58

第4步 下拉页面滚动条，*1.* 在【部门】下拉列表框中，选择部门，*2.* 在【安全信息】区域的【手机】文本框中，输入手机号，*3.* 在【证书允许开启】下拉列表框中，选择证书个数，如图 8-59 所示。

图 8-59

第5步 上拉滚动条至页面上方，单击【确认新建】按钮 ，如图 8-60 所示。

图 8-60

第6步 添加店铺客服操作成功，如图 8-61 所示。通过以上步骤即可完成添加店铺客服的操作。

图 8-61

8.7.4 添加店铺收藏模块

微课堂

00 分 53 秒

　　店铺收藏功能可以增加宝贝的人气，提升宝贝综合排名和人气排名，而老客户是店铺销量的保证，要想增加老客户的数量，就需要到访客户收藏卖家的店铺。下面介绍添加店铺收藏模块的操作方法。

操作步骤 >> **Step by Step**

第1步 进入淘宝的【卖家中心】页面后，在左侧的导航栏中，单击【店铺装修】链接，如图 8-62 所示。

第2步 页面跳转至【店铺装修】页面，在左侧的【模块】区域，拖曳【自定义区】模块至页面编辑区中，如图 8-63 所示。

第 8 章　装修具有特色的精美店铺

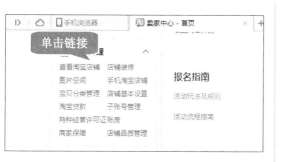

图 8-62

图 8-63

第 3 步　在【自定义内容区】模块中，单击右上角的【编辑】按钮 ✏编辑，如图 8-64 所示。

图 8-64

第 4 步　弹出【自定义内容区】对话框，**1.** 在【显示标题】文本框中，输入文字内容，**2.** 在文本区域，输入点击收藏内容，**3.** 单击【插入链接】按钮 🖼，如图 8-65 所示。

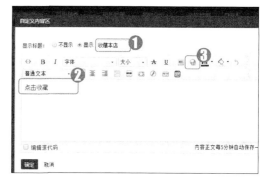

图 8-65

第 5 步　弹出【链接】对话框，**1.** 在【链接网址】文本框中，输入店铺的网址，**2.** 在【链接名称】文本框中，输入名称，**3.** 单击【确定】按钮 确定，如图 8-66 所示。

图 8-66

第 6 步　返回【自定义内容区】对话框，单击【确定】按钮 确定，如图 8-67 所示。这样即可完成添加店铺收藏模块的操作。

图 8-67

8.7.5　添加宝贝排行榜

00 分 20 秒

　　买家在浏览淘宝店铺时，可以根据该店铺中的宝贝排行榜，查看店铺中的热销品、打折品、新款产品等。下面介绍添加宝贝排行榜的操作方法。

淘宝开店·装修·管理与推广

操作步骤 >> **Step by Step**

第1步 进入淘宝的【店铺装修】页面后，添加【宝贝排行】模块后，单击右上角的【编辑】按钮 ，如图 8-68 所示。

第2步 弹出【宝贝排行榜】对话框，**1.** 设置宝贝分类，**2.** 设置显示宝贝数量，**3.** 单击【保存】按钮 ，如图 8-69 所示。这样即可完成添加宝贝排行榜的操作。

图 8-68

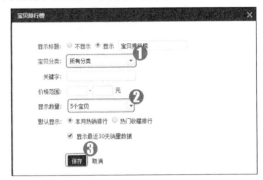

图 8-69

Section 8.8 有问必答

1. 店铺公告的位置可以改变吗？

通过【自定义内容区】功能，在淘宝店铺中设置的店铺公告位置是可以更改的，只要编辑【自定义内容区】模块的摆放位置即可。

2. 宝贝描述模板有什么作用？

在商品描述中使用描述模板，不仅可以更详细地展示该商品的信息，还可以展示店铺和其他热卖商品的信息，从而大大增加店铺和商品的曝光率，让商品更加引人注目。

3. 店铺收藏模块有哪些类型？

淘宝店铺"收藏本店"的本质是超链接，既可以是图片链接，也可以是文字链接。

4. 分类中已经有商品了，但是子分类为什么无法添加？

在已有的商品分类下，不能创建子分类。需要先将分类中的商品移出，创建子分类以后，再将商品移到相应的子分类中。

5. 淘宝旺铺是什么？

淘宝旺铺是淘宝网开辟的一项增值服务和功能，是一种更加个性、豪华的店铺界面。卖家可申请加入旺铺，当然是要付费的。

第 **9** 章

商品的包装和发货

❖ 发货方式

❖ 商品的包装

❖ 常见的快递公司

❖ 专题课堂——计算运费

本章主要介绍发货方式与商品包装方面的知识，同时还讲解常见的快递公司方面的内容。在本章的专题课堂环节，则介绍计算运费方面的知识。通过本章的学习，读者可以掌握商品的包装和发货方面的知识，为深入学习淘宝开店·装修·管理与推广知识奠定基础。

 **Section 9.1 发货方式**

导读　　在经营网店的过程中，卖家选择哪种发货方式，将直接影响卖家的发货速度和服务质量，而发货形式的选择，也会影响卖家的发货信誉。本节将详细介绍发货方式方面的知识。

9.1.1 邮局

微课堂
00分24秒

在邮局中，邮递货物的方式有很多，包括平邮、快递、EMS 和 e 邮宝等，下面介绍这四种邮递货物方式的特点。

1 平邮

平邮是邮政中一项寄送信与包裹业务的总称，包括普通的寄信(也就是平信)和普通的包裹，寄送时间都比较慢。平邮是所有邮政递送业务中速度最慢的业务。

邮政的包裹分为国内普通包裹和国内快递包裹，国内普通包裹最慢，国内快递包裹稍快。国内快递包裹根据各地区的规定及物品的不同，有的投递包裹单，有的投递包裹。

2 快递

快递又名速递，是兼有邮递功能的门对门物流活动，即快递公司通过铁路运输、公路运输、航空运输等，对客户货物进行快速投递，是邮政业的重要组成部分。在很多方面，快递要优于邮政的邮递服务。除了较快送达目的地及必须签收外，现在很多快递业者均提供邮件追踪功能、送递时间的承诺及其他按客户需要提供的服务。

快递行业具有带动产业领域广、吸纳就业人数多、经济附加值高、技术特征显著等特点。它将信息传递、物品递送、资金流通和文化传播等多种功能融合在一起，关联生产、流通、消费、投资和金融等多个领域，是现代社会不可替代的基础产业。

3 EMS(邮政特快专递服务)

EMS 即邮政特快专递服务，它是由万国邮联管理下的国际邮件快递服务，是中国邮政提供的一种快递服务。该业务在海关、航空等部门均享有优先处理权，它以高质量的服务为用户传递国际、国内紧急信函、文件资料、金融票据、商品货样等各类文件资料和物品。

EMS 特快专递业务 1980 年开办，业务量逐年增长，业务种类不断丰富。除提供国内、国际特快专递服务外，EMS 相继推出省内次晨达和次日递、国际承诺服务和限时递等高端服务，同时提供代收货款、收件人付费、鲜花礼仪速递等增值服务。

相比其他快递，EMS 拥有以下优势。

➤ EMS 可以说是目前中国国内范围最广的快递，到全国各大中城市为 10 天，到县乡为 20 天。

➤ 网络强大，全国 2000 多个自营网点，任何地区都能到达。

➤ EMS 限时速递，相当快。100 个城市之间的速递，能送货到手。

➤ EMS 的货物丢失损坏率一直维持在百分之一以下，安全性较高。

➤ EMS 为了保证客户服务质量，法定节假日均保持营业，天天配送(农村地区节假日除外)。

相比其他快递，其劣势如下。

➤ 定价灵活性不足，在民营快递价格战面前竞争力不强。

➤ EMS 网站查询有待进一步改善。

➤ 资费比普通民营快递稍高。

➤ 航空件可能比普通件还慢。

4　e邮宝

e 邮宝是中国邮政储蓄银行电子商务快递公司与支付宝最新打造的一款国内经济型速递业务，专为中国个人电子商务所设计，采用全程陆运模式。其价格较普通 EMS 有大幅度下降，但其享有的中转环境和服务与 EMS 几乎完全相同，而且一些空运中的禁运品将可能被 e 邮宝所接受。e 邮宝的发货地目前已开通 9 个省市，送达区域覆盖全国。

9.1.2　普通快递发货

00分24秒

普通快递公司是有邮递功能的门对门物流活动所衍生出的服务类公司，快递公司通过铁路、公路和航空等，对客户货物进行快速投递。根据不同的运作规模，快递公司小至服务特定市镇，大至区域、跨国甚至是全球服务。中国主要的快递公司包括顺丰速运、百世汇通、宅急送、中通快递、申通快递、圆通快递、韵达快递、国通快递等。

9.1.3　物流托运

00分17秒

托运是物流的一种形式，是托运人委托具有托运资质的公司将货物运输到指定地点，交给指定收货人的服务。根据托运方式不同，托运可分为海运托运、陆运托运和空运托运 3 种。下面介绍物流托运方面的知识。

1　海运托运

海洋货物运输虽然存在速度较慢、风险较大的不足，但是由于它的通过能力大、运量大、运费低，以及对货物适应性强等长处，加上全球特有的地理条件，使它成为国际贸易中主要的运输方式。我国由于集装箱运输的兴起和发展，不仅使货物运输向集合化、合理化方向发展，而且节省了货物包装用料和运杂费，减少了货损货差，保证了运输质量，缩短了运输时间，从而降低了运输成本。

2 陆运托运 >>>

陆运托运，在贸易中是客户最常使用的一种。陆运托运可分为汽车运输和铁路运输两种，汽车运输的特点是适应性强、运输方便快捷和运送速度较快等；而铁路运输的特点是运输能力大、运输成本低、受自然环境影响小和连续性好等。用户应根据不同的发货需要，选择不同的陆运托运方式。

3 空运托运 >>>

空运托运是指用飞机或其他航空器运送物资和邮件等的一种运输方式，一般是比较急用的货物或者公路运输不能符合客户要求的时效的情况下才会选择空运。空运以其迅捷、安全、准时的超高效率赢得了相当大的市场，大大缩短了交货期，对于物流供应链加快资金周转及循环起到了极大的促进作用，但空运相对海运、陆运成本较高。

◉ 知识拓展：淘宝发货方式

淘宝现在有两种发货方式，一种是店主直接在淘宝的【卖家服务中心】中，看到的一些快递公司并与淘宝签订合同，快递公司可以直接上门服务；还有一种就是店主自己去邮寄，如果当地没有其他快递公司，可以选择邮局。

Section 9.2 商品的包装

在淘宝网中，注重商品的细节是决定卖家成功与否的关键。卖家在发货前对产品的包装是非常重要的，包装得精美且规范，买家在收货时，才会对卖家的服务做出良好的回应和评价。本节将介绍商品的包装方面的知识。

9.2.1 常见的宝贝包装方法

微课堂 00分22秒

在经营网店时，卖家在包装商品的过程中，包装商品的技法与包装的各种功能密切相关，特别是与保护商品关系密切。只有将商品包装得精美而结实，不易损坏，买家收货的时候才能安心。下面介绍常见的宝贝包装方法相关方面的知识。

1 一般包装技法 >>>

一般情况下，宝贝的包装方式有以下几种。

➢ 对内装物的合理放置、固定和加固：在运输包装体中装进形态各异的产品，需要具备一定的技巧，只有对产品进行合理放置、固定和加固，才能达到缩小体积、节省材料、减少损失的目的。

➢ 松泡产品进行压缩包装：对于一些松泡产品，包装时所占用容器的容积太大，相应地也就多占用了运输空间和储存空间，增加了运输储存费用，所以对于松泡产品要压缩体积。

➢ 包装物的捆扎：外包装捆扎对包装起着重要作用，有时还能起关键性作用。捆扎的直接目的是将单个物件或数个物件捆紧，以便于运输、储存和装卸。此外，捆扎还能防止失盗并且保护内装物，能压缩容积而减少保管费和运输费，能加固容器，一般合理捆扎能使容器的强度增加 20%～40%。捆扎的方法有多种，一般根据包装形态、运输方式、容器强度、内装物重量等不同情况，分别采用井字、十字、双十字和平行捆扎等不同方法。对于体积不大的普通包装，捆扎一般在打包机上进行；而对于集合包装，用普通捆扎方法费工费力，一般采用收缩薄膜包装技术和拉伸薄膜包装技术。

2　特殊包装技法　>>>

对于一些特殊的宝贝，可以使用以下几种方式来包装。

➢ 缓冲包装技法：缓冲包装技法又称"防震包装"，是将缓冲材料适当地放置在内装物和包装容器之间，用以减轻冲击和震动，保护内装物免受损坏。常用的缓冲包装材料有泡沫塑料、木丝、弹簧等。缓冲包装方法则分为全面缓冲、部分缓冲和悬浮式缓冲三种方法。全面缓冲包装是将产品的周围空间都加缓冲材料衬垫。部分缓冲包装是指仅在产品或内包装的拐角或局部地方使用缓冲材料衬垫，这样既能达到减震效果，又能降低包装成本，如家电产品、仪器、仪表等通常采用此类包装。悬浮式缓冲包装是用绳索、弹簧等将产品或内包装容器悬吊在包装箱内，通过弹簧、绳索的缓冲作用保护商品，一般适用于极易受损、价值较高的产品，如精密机电设备、仪器、仪表等。

➢ 防潮包装技法：防潮包装技法是为了防止潮气侵入包装件，影响内装物质量而采取的一定防护措施的包装。防潮包装设计就是防止水蒸气通过，或将水蒸气的通过减少至最低限度，其中金属和玻璃的阻隔性最佳、防潮性能较好；纸板结构松弛，阻隔性较差，但若在表面涂抹防潮材料，就会具有一定的防潮性能；塑料薄膜有一定的防潮性能，但多由无间隙、均匀连续的孔穴组成，并在孔隙中扩散造成其透湿特性。

➢ 防霉包装：防霉包装是防止包装和内装物霉变而采取一定防护措施的包装。它除防潮措施外，还要对包装材料进行防霉处理。防霉包装必须根据微生物的生理特点，改善生产和控制包装储存等环境条件，达到抑制霉菌生长的目的。

➢ 防锈包装：防锈包装是为防止金属制品锈蚀而采用一定防护措施的包装。防锈包装可以采用在金属表面进行处理，如镀金属镀层不但能阻隔钢铁制品表面与大气接触，且电化学作用时镀层先受到腐蚀，保护了钢铁制品的表面；也可以采用氧

淘宝开店·装修·管理与推广

化处理和磷化处理的化学防护法；还可以采用涂油防锈、涂漆防锈和气相防锈等方法，如五金制品可在其表面涂一层防锈油，再用塑料薄膜封装。

9.2.2　包装时的注意事项

微课堂
00分17秒

卖家包装产品的过程中，注意包装的一些细节，会让买家在收货时感觉更贴心。下面介绍一些卖家包装产品时应注意的细节。

1　定义品牌风格

包装也是品牌的一部分，它可以反映出卖家的商品风格，所以卖家对包装的颜色、材质和图案的选择，是呈现品牌风格的重要因素，如图9-1所示。

图9-1

2　贴心小细节

卖家在包装商品时要换个角度思考，要想想客人收到商品时，怎样的包装会让客人感到惊喜。有的时候包装并不需要砸重金才能够制造出惊喜效果，精心的设计有时更胜一筹，起到画龙点睛的作用，如图9-2所示。

图9-2

3　品牌专属印章印花或装饰

制作一个独有的品牌印章或店标图案，很容易让卖家的品牌辨识度提高，这点对包装来说是一个优势，可以让包装的特殊性更上一层楼。包装的每一个小细节，其实都是紧扣客人心门的钥匙，让客人从心里觉得购买得开心并放心，如图9-3所示。

图9-3

4 赠送小礼品

卖家也可以制作有品牌店标的小赠品，例如装饰小徽章、设计款邮票贴纸、明信片和贴纸等小物，都可以加强品牌的印象，也可以让商品印象在买家的生活中有延续性和传播性，如图9-4所示。

图9-4

Section
9.3 常见的快递公司

导读

随着淘宝网不断快速的发展，国内的快递行业也在蓬勃发展。目前快递已经成为国内网购物流最主要的运输方式，所以卖家选择合适的快递方式是非常有必要的。本节将详细介绍常见的快递公司方面的知识。

9.3.1　申通快递

申通快递初创于 1993 年，是一家以经营快递为主的国内合资(民营)企业。经过十多年的发展，申通快递在全国范围内形成了完善、流畅的自营快递网络。上海申通物流公司拥有 247 个独立城市营业所、179 个营业厅、1220 个操作点。进入 21 世纪之后，随着中国快递市场的迅猛发展，申通快递的网络广度和深度进一步加强，基本覆盖到全国地市级以上城市和发达地区地市县级以上城市，尤其是在江浙沪地区，基本实现了派送无盲区。2014 年 2 月，申通开始内测海淘转运业务。申通快递最新 Logo 如图 9-5 所示。

图 9-5

申通快递公司的服务特点包括以下几点。

➢ 安全：货物的丢失率是千分之一。

➢ 快速：采用航空运输、陆路运输相结合。

➢ 网点多：全国大部分地方都能到达，渗透力强。

➢ 性价比高：价值超过价格。

9.3.2　圆通速递

圆通速递有限公司在全国建立了 8 个管理区、7000 多个派送网点，拥有 12 万余名员工，服务范围覆盖国内 1600 余个城市，通达包括中国港、澳、台地区在内的全球 200 余个国家和地区，航空运输通达城市达 70 余个，业务范围遍及全国 31 个省(自治区、直辖市)的所有市县乡(镇)，营业网点超过 4.5 万个。圆通速递公司 Logo 如图 9-6 所示。

图 9-6

圆通公司致力于开拓与发展国际和国内的快递、物流市场，服务涵盖报关、报检、海运、空运进出口货物的运输服务，中转、国际国内的多式联运，分拨、仓储及特种运输等一系列的专业物流服务，并可以量身定制、策划物流方案。

　　圆通的服务宗旨以"超越自我，创民族品牌"为目标；以"诚信服务，开拓创新"为经营理念。圆通公司于 2005 年 10 月通过 ISO 9001：2000 质量管理体系认证，并成为 2005年度"中国行业十大影响力品牌"之一。

　　随着圆通业务的不断扩展，圆通现已成长为一家集快递、电子商务、印务、仓储、物流等全面服务于一体，综合实力位居国内快递物流企业前三甲的大型集团公司，并形成了集团化、网络化、规模化、品牌化经营的新格局。

9.3.3　中通快递

微课堂
00 分 19 秒

　　中通快递股份有限公司创建于 2002 年 5 月 8 日，是一家集快递、物流、电商、印务于一体的国内物流快递企业。中通快递公司 Logo 如图 9-7 所示。

图 9-7

　　中通快递股份有限公司已拥有员工 10 万余人，服务网点 5000 余个，分拨中心 59 个，运输、派送车辆 18000 多辆。公司的服务项目有国内快递、国际快递、物流配送与仓储等，提供"门到门"服务和限时(当天件、次晨达、次日达等)服务。

　　2013 年 12 月，中通快递收购了俄速通 20%的股权，开始涉足中俄跨境物流。2015 年3 月 1 日，由中通快递控股投资的"中通国际"正式上线，专门从事国际物流、国际包裹业务、跨境电商出口或进口业务。

9.3.4　顺丰速运

微课堂
00 分 13 秒

　　顺丰速运(集团)有限公司作为一家主要经营国际、国内快递业务的港资快递企业，为广大客户提供快速、准确、安全、经济、优质的专业快递服务。顺丰速运公司 Logo 如图 9-8 所示。

图 9-8

　　顺丰以"成就客户，推动经济，发展民族速递业"为使命，积极探索客户需求，不断推出新的服务项目，采用自建、自营的方式建立自己的速运网络，为客户的产品提供快速、安全的流通渠道。

9.3.5　韵达快递

微课堂
00分18秒

韵达快递品牌创立于 1999 年 8 月，总部位于中国上海，现已成为集快递、物流、电子商务配送和仓储服务为一体的全国网络型品牌快递企业，服务范围覆盖国内 31 个省(区、市)及中国港、澳、台地区。韵达快递公司 Logo 如图 9-9 所示。

图 9-9

9.3.6　天天快递

微课堂
00分15秒

天天快递创建于 1994 年，为国内第一个获得"中国驰名商标"称号的快递企业，总部设在杭州，现有员工 30000 多人，主要经营国内快递、国际快递及相关业务。天天快递 Logo 如图 9-10 所示。

图 9-10

自成立以来，天天快递始终专注于服务质量的提升，秉承"快速物流、安全抵达、品质服务、追求满意"的经营理念，不断满足市场的需求，建立了庞大的市场采集、市场开发、物流配送、快件收派等业务机构，建立了服务于广大客户的全国性网络，客户群体遍及电子商务、纺织服装、医药化工、高科技 IT 产业、进出口贸易、制造业等多个领域。

☢ 知识拓展：百世快递

百世快递原名百世汇通，是一家在国内率先运用信息化手段探索快递行业转型升级之路的大型民营快递公司，对快递的派送流程实行条码扫描和运单核对的方式，为用户提供精准的速递服务。

Section

9.4

专题课堂——计算运费

导读
　　卖家在发货前要填写运费价格，以便合理地控制自己的运营成本和折扣价格。计算运费的方法包括计算快递价格和计算邮局平邮价格两种。本节将详细介绍计算运费方面的知识。

9.4.1　计算快递价格

00 分 22 秒

　　快递公司都是按首重和续重计算的，首重是 1 公斤，以公斤为计算资费单位，即每件包裹重量尾数不满 1 公斤的，应进整按 1 公斤计算资费。根据邮寄地区的远近不同，首重和续重的价钱也是不一样的，不同的快递公司价格也不相同。例如，首重 10 元，续重 8 元，寄 3 公斤东西的价格就需要 10+8+8=26 元。

　　以下是常见的快递公司运费收取标准。

➤ 圆通快递：(内地)首重 9 元(1 公斤内)，续重每公斤 5 元；新疆、西藏、内蒙古、海南每公斤 12 元。

➤ 申通快递：(内地)首重 9 元(1 公斤内)，续重每公斤 6 元；新疆、西藏、内蒙古、海南每公斤 12 元。

➤ EMS(e 邮包)：(内地)首重 10 元(1 公斤内)，续重每公斤 6 元；周日不发；新疆、西藏、内蒙古、海南每公斤 12 元。

➤ 韵达快递：(内地)首重 9 元(1 公斤内)，续重每公斤 5 元；新疆、西藏、内蒙古、海南每公斤 12 元。

➤ 中通快递：(内地)首重 10 元(1 公斤内)，续重每公斤 5 元；新疆、西藏、内蒙古、海南每公斤 12 元。

➤ 汇通快递：(内地)首重 10 元(1 公斤内)，续重每公斤 6 元；新疆、西藏、内蒙古、海南每公斤 12 元。

➤ 顺丰快递：(内地)首重 23 元(1 公斤内)，续重每公斤 10 元；(中国港澳台)首重 35 元(1 公斤内)，续重每公斤 13 元；(同城)首重 12 元(1 公斤内)，续重每公斤 1 元；(省内)首重 14 元(1 公斤内)，续重每公斤 2 元。

➤ 国内邮政特快专递邮件资费，如图 9-11 所示。

国内邮政特快专递邮件资费表

收寄地	寄达地 起重500克及以内	一区（4元）	注：国内邮政特快专递邮件是以500克（1斤）为单位计算 二区（6元）	三区（9元）	四区（10）	五区（17）
四川	22元	四川、重庆	河北、山西、安徽、江西、 山东、河南、湖北、湖南、 广东、广西、贵州、云南、 西藏、陕西、甘肃、青海、 宁夏	北京、天津、上海、 江苏、浙江、福建、 海南、内蒙古	辽宁、新疆 吉林、黑龙江	

图 9-11

专家解读：**快递体积重量**

当需寄递物品的实际重量小而体积较大时，运费须按材积标准收取。体积重量是运输行业内一项统一的收费规定，其计算是利用折算公式来获得货物重量。体积重量的计算公式为长×宽×高/6000，其中长、宽、高的单位都是厘米。

9.4.2　计算邮局平邮价格

微课堂
00分25秒

平邮是邮政中一项寄送信与包裹业务的总称，包括普通的寄信(也就是平信)和普通的包裹，寄送时间都比较慢。平邮是所有邮政递送业务中速度最慢的业务。

以包裹为例，平邮的资费计算方式为实际费用=包裹资费+3元挂号费+0.5元单据费+保价费(其中保价费是自愿的)。订购时系统显示费用为实际费用，包裹首重500克为一个计算单位，续重以每500克为计算单位，不足500克的按500克计算。

Section 9.5　实践经验与技巧

 在本节的学习过程中，将着重介绍和讲解与本章知识点有关的实践经验及技巧，主要内容包括产品发出买家没收到货物怎么办、发货时丢件了该如何处理、当客户收到破损件时如何处理等方面的知识。

9.5.1　商品发出买家没收到货物怎么办

微课堂
精品阅读
READ TIME

产品在发货后，买家就可以等待收货了。如果在发货时间内买家还没有收到货物，也不要惊慌担忧，可以从以下几方面入手，查找原因。

1　查看发货是否正常 ⟩⟩⟩

登录淘宝网【卖家中心】，进入【已卖出的宝贝】页面，查看需要发货的商品，确认页面是否正常显示【卖家已发货】字样，如图9-12所示。

图9-12

2　查看物流信息是否有记录

在【卖家中心】页面，单击【物流工具】链接，然后选择【物流跟踪信息】选项卡，输入订单编号，查看物流信息是否有记录，如图9-13所示。

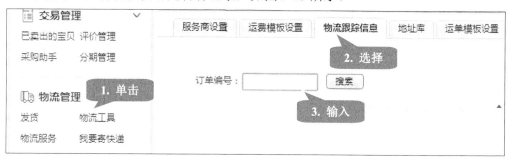

图 9-13

3　查询商品的运单号码

进入订单查询页面后，复制运单号码，在快递对应的查询网站上，查询快递记录是否存在。

4　查询是否存在恶意欺骗

现在新手卖家也是一些恶意欺诈行为的首选对象，比如在没收到或者收到了说损坏情况下，要求退货的，当卖家收到退货后，却发现已经不是原装商品的诈骗行为，作为新手卖家一定要提高警惕。

9.5.2　发货时丢件了该如何处理

微课堂
00分14秒

快递问题是每个淘宝店主都会遇到的问题，而丢件则是这些问题中比较棘手的。下面介绍发货时丢件了该如何处理方面的知识。

1　第一时间与客户解释沟通

遇到这种情况，首先应该做的是打电话给客户，向客户解释，说明会给他一个满意的答复。对他造成的不便，请他见谅，话中尽可能让客户知道其实你比他更烦，你会得到什么损失。这样做，解决好后，最起码能让客户给你一个好评，就算给你个中评，你再打个电话解释一下，那就很容易解决了。

2　找快递公司解决问题

发货时丢件了，要第一时间联系快递公司协商解决。卖家一定要妥善保管快递单，以便有据可查。还有一个需要注意的事项就是时效性，尽可能早地发现问题。如果卖家是快

递公司的大客户，一般都会签署一份合作协议，里边会有涉及丢件的问题。

而快递公司为了留住卖家，丢了件会比卖家更着急去查原因，查询未果以后会赔偿损失。而如果只是小客户，一般快递公司默认赔付快递费的两三倍。所以如果卖家寄的是贵重物品，请一定记得保价。保价后的丢件就会照价赔偿。

9.5.3　当客户收到破损件时如何处理

在网上购物时，由于运输等原因，买家客户会经常收到破损的货物，这时卖家要做如下几件事。

> 联系买家提供实物照片确认商品情况，然后让客户检查东西是否完好无破损，东西是不是齐全。如果物品完整并且没丢失东西，那么可以告诉买家进行签收；如果有货物破损问题发生，卖家请告知买家拒签，然后卖家要尽快与快递公司协商如何解决问题。

> 向物流公司核实签收情况。记住要核实是谁签收的，是不是本人签收的。

> 如果不是买家本人签收，且没有买家的授权，建议直接操作退款并联系物流公司协商索赔，避免与买家之间的误会。

9.5.4　快递省钱的技巧

00分21秒

在淘宝网中，如何省邮费，一直是众多卖家关心的问题，因为节约下来的是成本，省出来的就是利润。下面介绍快递省钱的技巧。

> 一定要和快递业务员好好地砍价，争取把快递价格压到最低，而且不能只是看价钱，还要找个比较有信用的快递公司，否则，因为快递公司的信用不好从而影响到自己的信用，就得不偿失了。

> 选择公司的时候，要看这个公司的网点多不多，有的公司虽然很便宜，但是规模很小，一些小的城市根本到不了，这样会影响买家选择；而且快递公司的规模够大，那么就很值得卖家和买家信赖了。

> 要货比三家，多找几家快递公司，因为不同的快递公司收费也不一样，可以让各个快速公司报一份价，仔细比对。

> 直接找业务员商议价格，而不是通过快递公司的客服人员。

> 在快递公司的网站上下订单可以降低快递费用。

> 与业务员砍价时，不要一砍到底，要说一个比较低的价格，这样业务员在抬价时就不会抬得那么高。

→ 一点即通：平邮省钱技巧

在邮局寄包裹时，其中挂号费是必收的，无法节省。保价费视情况而定，如果不是特别贵重的物品不建议使用。其次是包裹，邮局的包裹比较贵，卖家可以自己准备，纸箱和箱内的填充物最好都是自备，这样能省下不少费用。

9.5.5　如何避免发生物流纠纷

在开店过程中，因为物流延误、丢件和买家等待时间过长等原因，很容易造成客户满意度下降，导致买家纷纷退款或直接给差评。如何避免发生物流纠纷？卖家应该注意以下几条建议。

➢ 首先当卖家卖出去商品后，就一定要开始对这件商品进行认真、仔细地检查，然后开始进行包装，给客户送的赠品也要一块放进去，千万不要忘记了，这点很重要，因为当客户收到货后那一刻的心情是很高兴的。

➢ 在包装时，一定不要不舍得用包装盒或者怕麻烦，避重就轻，能用多个包装盒尽可能去用，这样会让商品更保险。当包装盒内部都处理好之后，就开始封胶带，这时也是要注意的，一定要封得漂亮整齐些，不要乱缠胶带，让人感觉很不专业，这样会大大降低印象分。如果卖家更细心的话，可以自己设计一个防盗封箱专用的封条粘在包装箱上，以防止调包或者掉件。

➢ 包装包好后，在填写发货单时，千万不能粗心大意，一定要把收件人详细地址、电话、收件人姓名等填好，有时也会有个别客户要求到货时间，那么一定也要在上面注明，以及商品编号、物流过程中需要注意的方面也要写明，同时也可以在备注栏里写上一些提醒的话语，这些都完成后就可以打电话叫快递员上门取件了。

➢ 每卖出去一件商品都要与快递公司合作才能送达客户手中，那么我们就要学会和快递员沟通。首先自己要了解清楚快递费的行情，当出货量大的时候就要求给出最优惠的价格，可以选择月结，或者联合附近的淘宝商家共同委托一家快递公司，取得较低的价格。

➢ 在分批发货时，关注物流的收纳和运送能力，及时调整选择最佳的物流公司避免快递爆仓。多备选几家物流，避免单一物流出现爆仓，导致所有的货物都在途中延误。

➢ 关注每个订单的物流情况，针对未及时送达及路上延误的快件，能够有针对地发安抚短信通知到买家，让买家能够安心等待。不要以为延误是正常现象，就忽视了消费者的心理变化。

➢ 关注每个订单的到件情况，在快件到达买家当地、要安排派送物品时，用温馨的短信向买家因延误的问题而致歉，并提醒签收注意事项，努力提升客户满意度。

➢ 可针对有延误收货的订单做电话问询，给买家一种关心的感觉。

➢ 如有必要，可针对以上订单的买家赠送优惠券、包邮卡等作为补偿，而且赠送这些优惠券、包邮卡，实际受益的是卖家。

Section 9.6 有问必答

1. 液体类商品如何选择合适的包装方式?

液体类商品大部分是霜状、乳状、水质,且多为玻璃瓶包装。因此,包装这类商品时,要先找一些棉花把瓶口处包裹严实,并用胶带扎紧,然后用泡膜将瓶子的全身包裹起来防止洒漏,最后再包一层塑料袋,这样即使漏出来也会被棉花吸收,更不会污染到其他包裹。

2. 如何能快速计算出快递价格?

可以在快递公司的官方网站上,输入货物的重量、邮寄地址等信息,来查询邮寄到某一地方的快递运费。

3. 如何用包装赢得买家好感?

从陈列环境着手,在包装的色彩、图案、款式等方面突出品牌的视觉冲击力,以区别于同类产品。从品牌定位、品牌个性化方面来看,要明确针对的人群,选择合适的渠道,从而决定包装的设计风格,以突出品牌及利益点等消费者关注的重要信息。

根据渠道和价格差异,设计有附加值、品质感以及美感的包装,卖家也可以在包装盒外面写上温馨提示,如"请立即严查是否有破损"等信息。

4. 快递员不让"先验货再签收"怎么办?

一般情况下,快速公司规定,快递物品必须先验货再签收,如果快递员不让先验货,那么卖家可以提醒买家先佯装要签字,签好了以后签收单不还给快递员。每一个快递的签收单在客户签好以后都是要存档的,如果快递员拿不到签收单,就无法存档,也就无法完成收货的最后流程,这样快递员就只能让买家开包验货。若没发现问题,买家就可以将签收单给对方;若发现有问题,请在上面注明拒收原因,然后让快递员将拒收货物退回卖家。

5. 如何跟踪 EMS 运输进度?

可以拨打全国统一客户服务电话 11183 查询邮件进度;也可以在营业部窗口查询,将运单号码告诉营业人员即可;或者最为方便的方式就是登录到 EMS 官方网站,输入快递单号即可。

第10章

完善客服提升网店品质

本章要点

❖ 客服必备的知识和能力

❖ 网店客服沟通技巧

❖ 坦然面对顾客投诉

❖ 专题课堂——用千牛谈生意

本章主要内容

　　本章主要介绍客服必备的知识和能力方面的内容，同时讲解网店客服沟通技巧和坦然面对顾客投诉方面的内容。在本章的专题课堂环节，则介绍用千牛谈生意方面的知识。通过本章的学习，读者可以掌握完善客服提升网店品质方面的知识，为深入学习淘宝开店·装修·管理与推广知识奠定基础。

淘宝开店·装修·管理与推广

Section 10.1　客服必备的知识和能力

导读　在经营网店的过程中，由于网店的规模各不相同，客服的服务能力也不相同，在正常运营网店的同时，教会客服必备的知识和能力也是非常重要的。本节将介绍客服必备的知识和能力方面的知识。

10.1.1　商品专业知识

要成为淘宝网店的一名客服，应对网店内的商品具有一定的专业知识的了解，以便在买家咨询时可以快速解答。商品专业知识可包括商品本身的专业知识和商品周边的知识两种。

1　商品本身的专业知识　》》》

客服应当对商品的种类、材质、尺寸、用途、注意事项等做到了如指掌，这样才能及时流利地解答客户提出的各种关于商品的问题。

2　商品周边的知识　》》》

不同的商品可能会适合不同的人群，客服要对商品使用过程中，可能会出现的问题或反映进行讲解，避免买家买回去误操作或操作不当，引发买卖纠纷。

10.1.2　网店交易规则

00分23秒

客服应该了解网店的交易规则，来更好地把握自己的交易尺度。客服要根据网店的交易规则，在细节上一点点地指导顾客如何操作。此外，客服还要学会查看交易详情，了解如何付款、修改价格、关闭交易、申请退款等。

同时，客服要了解支付宝有关交易的原则和时间规则，可以指导客户通过支付宝完成交易，查看交易的状况，更改现在的交易状况等。

最后，客服要了解不同物流的运作方式、了解不同物流方式的价格、了解不同物流方式的速度和了解不同物流方式的包裹撤回、地址更改、状态查询、保价、问题件退回、代收货款、索赔的处理等问题，以便可以快速解决买家所遇到的问题。

10.1.3　付款知识

00分21秒

目前在网店上购物一般都是通过支付宝和网上银行进行付款，客服应建议买家尽量通过支付宝进行交易，如若买家拒绝使用支付宝交易，则需要判断买家是否有其他顾虑，也要注意是否是网上诈骗分子。如果买家确实不方便使用支付宝，应了解买家所熟悉的银行，然后提供相应的银行账户给买家，还要提醒买家付完款后及时通知卖家。

10.1.4　物流知识

在网购过程中，物流是很重要的一个环节，客服应了解不同物流公司的发货价格、发货时间、保价、索赔处理等信息，并且要有不同物流公司的联系方式，以便及时回复买家提出的物流问题。

客服要根据买家所在的城市，告知买家发货所用的快递公司。发货时间可以根据库存确定，客服要注意的是尽量不要承诺了发货时间却没有在承诺时间内发货，并且告诉买家咨询发货后正常情况下 3～5 天可以到货，根据地区不同和物流快慢而异。

10.1.5　谦和的服务态度

网上店铺的客服一定要有谦和的服务态度，因为对一个网店来说，客服的态度可能会直接影响到店铺的成交率。下面介绍客服对客户应保持什么样的服务态度。

1　售前、售中客服

售前和售中客服应熟悉天猫规则，了解一般违规、严重违规和天猫高压线。要准确简洁、高效友好地回复顾客购买时提出的各种问题，熟悉掌握商品信息，了解客户需求，正确解释并生动描述相关产品的特征和优点，做好相应备忘录并及时跟进(发票信息、赠品信息、选择快递公司、到货时间、补开发票信息等)，负责客户资料的整理与分类，以便下次接待、客户信息保密，不得外泄。

2　售后客服

售后客服主要分析处理客户投诉、退换货要求、零配件供应要求等，提出处理方案，组织协调处理方案的实施。所有退款中、售后中、投诉中、咨询中的问题，每 24 小时处理跟进一次，循环跟进，以最快的速度解决问题。对售后系统里遗留的售后问题进行跟踪，负责进行有效的客户管理和沟通，跟进买家的真实评价。对于客户集中反馈的一些问题要有针对性地跟进，然后反馈至售前甚至是产品源头，比如服饰尺寸偏大或偏小问题。多位顾客反映同样的问题一定要引起重视，最好定期或不定期进行客户回访，以检查客户关系维护的情况。

10.1.6　良好的沟通能力

作为一名网店客服，除了谦和的服务态度外，还要有良好的沟通能力。下面介绍客服

应该具备哪些良好的沟通能力方面的知识。

> 沟通热情礼貌：客服在与客户交流时要尽量避免生硬的语气，如 "哦、嗯、啊"等单字，客服可以将 "哦"变成一个笑脸的表情，可以将 "嗯"变成 "好滴"两个字，语气助词 "啊"变成 "哈"也会让交流更加和气，平时的 "呵呵"换成 "哈哈"，会让顾客感到这家店铺的客服很容易沟通。

> 积极推荐产品，做客户的小蛔虫：有的客户在咨询之后自己拿不定主意，需要客服通过分析客户的问题反馈出来的买家心理，去推荐合适的产品。

知识拓展：客服应具备的基本素质

在日常的网店运营工作中，客服一般应具备以下几点基本素质：对于工作要有责任心；对于买家，客服需要有足够的耐心应对，要非常细心地对待不同的客户与店铺中的商品，要有好的自制能力，控制好情绪。

Section 10.2 网店客服沟通技巧

 网店客服每天都会与各种各样的买家打交道，可以说，学会如何跟不同的买家沟通，是客服必须掌握的一项技能。本节将详细介绍客服沟通技巧方面的知识。

10.2.1 建立买家的信任感

微课堂
00分19秒

在销售自己的商品的过程中，建立买家的信任感是非常重要的。在建立信任感的过程中，客服应注意以下几个原则。

1　保持对买家的好奇心　　　　　>>>

买家总是被那些他们真正感兴趣的商品吸引。对买家的好奇心是建立信任感的关键因素。保持这种好奇心会帮助卖家学习到新东西，同时能使卖家和买家建立新的关系。

2　保持行为一致　　　　　>>>

买家对卖家的信任取决于卖家在客户面前的表现，卖家销售行为的一致性会让买家更愿意信任卖家。

3　保持开放的心　　　　　>>>

如果卖家非常确定客户需要卖家的产品，客户会感受到卖家亲近的意向，他们也会同样回应你。当然，也要对客户可以在别处获得更好的服务保持开放的心态。这样，买家会感受到卖家真心希望他们获得最佳利益的诚意。

4　真正有用的对话　»»»

客服在与每个买家交谈的过程中，至少要花上一半的时间倾听。确保谈话是有实质性内容的，也是真正关于业务问题的，千万不要陷入长时间的闲扯。

10.2.2　如何了解顾客的购物心理

微课堂
00 分 19 秒

在经营淘宝店铺的过程中，卖家会遇到各种各样的顾客，将这些顾客分类，可以揣摩出这些顾客的心理，从而激起顾客的购买欲望。下面介绍顾客购物心理类型方面的知识。

1　求利心理　»»»

有求利心理的客户在选购商品时，往往要对同类商品之间的价格差异进行比较，还喜欢选购打折或处理商品。具有这种购买心理的客户以经济收入较低者为多，当然，也有经济收入较高而勤俭节约的客户，喜欢精打细算，尽量少花钱。

2　求实心理　»»»

求实心理是客户普遍存在的购买心理，他们购买商品时，首先要求商品必须具备实际的使用价值，讲究实用。具有这种购买心理的客户在选购商品时，特别重视商品的质量效用，追求朴实大方、经久耐用的产品。

3　求名心理　»»»

这种类型的顾客多选购名牌，以此来炫耀自己。具有这种购买心理的客户，普遍存在于社会的各阶层，尤其是在现代社会中，由于名牌效应的影响，衣食住行选用名牌，不仅提高了生活质量，更是一个人社会地位的体现。

4　求美心理　»»»

有求美心理的客户喜欢追求商品的艺术价值与欣赏价值，以中青年妇女和文艺界人士为主，在经济发达国家的客户中也较为普遍。他们在挑选商品时，特别注重商品本身的造型美、色彩美，注重商品对人体的美化作用，对环境的装饰作用，以便达到艺术欣赏和精神享受的目的。

5　面子心理　»»»

有些客户好面子，有时购买商品不从实际需要出发，而是更多考虑买了东西之后，在亲友面前比较有面子。在这种购买心理的驱动下，客户的消费会超过或远远超过自己的购买能力。在交流过程中，销售人员应多赞美客户的眼光独到、产品如何与客户相配等，让客户感到有脸面，充分满足这类客户的面子心理，从而达到销售的目的。

6　心理价位 >>>

客户对所购买的商品都有一个"心理价位"，如果高于"心理价位"的话，客户就会感到贵而不能承受，所以销售人员有时需要了解目标客户的消费水平及心理价位，这将有助于卖家制定合适的产品价格，加快商品的销售。

7　安全心理 >>>

有这种购买心理的客户对将要购买的商品，要求必须能确保安全。尤其像食品、药品、洗涤用品、卫生用品、电器用品和交通工具等，不能出任何问题。因此，卖家在解说、保证后，这种客户才能放心地购买商品。

8　疑虑心理 >>>

这种客户在购买商品时，对商品的质量、性能、功效持怀疑态度，怕不好使用，怕上当受骗，因此，反复向销售人员询问，仔细地检查商品，并非常关心售后服务工作，直到心中的疑虑消除后，才肯掏钱购买。

10.2.3　理性地对待买家的砍价

在经营网店的过程中，卖家经常会遇到砍价的买家，这时卖家要以理性的观点对待前来咨询的买家，不要态度生硬地回复买家。下面介绍如何理性地对待买家的砍价。

> 不要因为买家的砍价而恼火，如果商品有利润空间，适当接受买家的砍价，可以取得买家的喜爱和好评。
> 服务好一点，热情的服务让买家更舒心，不买也可以交个朋友，多个朋友多条路，也许买家会带来更多的客流量，对自己的生意会有帮助。
> 回应买家的信息要迅速，同时对于买家提出的问题尽量回答得详细，越详细越具体越好，使买家一目了然。
> 面对买家的砍价，卖家可以送买家一些小礼物作为补偿。

10.2.4　商品价值的塑造

一个商品只有具有价值，才能吸引大量的客户去购买，所以卖家适当地对产品进行价值塑造是非常有必要的。

价值是促使人们下决定购买的根源。价值可分两种，一种是实际价值，一种是心理价值。所以，卖家要量化商品的价值，让客户直接感觉到实实在在的商品价值，使客户对卖家认可。下面介绍商品价值的塑造方面的知识。

1 实际价值

实际价值可以从两个方面来说，一方面是帮助客户购买商品后，客户所获得的利润；另一方面是帮助客户减少购买成本。做到这两点，会给客户一个具有可衡量的标杆。

2 心理价值

心理价值则是卖家要满足客户的欲望、实现客户的梦想，只要把客户的这种欲望激发出来，传递给客户可见的价值，客户就会掏钱购买卖家的商品。

10.2.5 促成交易的技巧

很多时候，卖家和买家的交易就差一步即可达成，却由于卖家和买家之间的沟通问题，无法促成最终的交易。下面介绍促成交易的技巧方面的知识。

1 利用买家"怕买不到"的心理

人们常有对越得不到的东西，就越想得到它的心理。卖家可以利用买家的这种心理，来促成订单。当对方已经有比较明显的购买意向，但还在最后犹豫的时候，可以用适当的方式告知买家，如不及时购买，该商品就不再销售或促销，刺激买家及时购买。

2 利用顾客希望快点拿到商品的心理

大多数顾客在付款后希望卖家越快寄出商品越好。所以在顾客已有购买意向，但还在最后犹豫的时候，卖家可以承诺买家会及时发货，吸引顾客购买。

3 帮助准顾客挑选，促成交易

许多潜在的买家即使有意购买，也不喜欢迅速签下订单，总要对比多种产品的颜色、规格、式样等，这时候卖家要改变策略，暂时不谈订单的问题，转而热情地帮对方挑选颜色、规格、式样等，一旦上述问题解决，卖家的交易也就落实了。

4 积极地推荐，促成交易

当顾客拿不定主意需要卖家推荐的时候，卖家可以尽可能多地推荐符合买家要求的款式，在每个链接后附上推荐的理由，最终促使买家选择其中的产品，达成交易。

5 巧妙反问，促成订单

当顾客问到某种产品，不巧正好没有时，就得运用反问来促成订单。举例来说，顾客

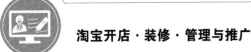

问："这款有金色的吗?"这时，你不可回答没有，而应该反问道："不好意思我们没有进货，不过我们有黑色、紫色、蓝色的，在这几种颜色里，您比较喜欢哪一种呢?"

🔘 知识拓展：网店客服要规范语言

客服在面对客户询问时，要合理地使用语言，好的语言能够让客户听起来非常舒服，产生意想不到的效果。在沟通时，尽量使用"您""您好""请""请稍等"等礼貌用语，避免使用"我不能""我不会"等负面语言。

Section 10.3 坦然面对顾客投诉

 在运营网店的过程中，接到客户的投诉在所难免。在接到客户投诉的时候，网店客服如何应对，是能否取得客户谅解的关键因素。本节将详细介绍如何坦然面对顾客投诉方面的知识。

10.3.1 应对顾客投诉的原则和方法

微课堂 00分19秒

在面对顾客投诉时，卖家客服应积极应对，但也要注意原则和方法。下面介绍应对顾客投诉的原则和方法的相关内容。

- ➤ 认真倾听，向客户表现出负责任的态度。
- ➤ 保持冷静自信，要记录客户投诉信息。
- ➤ 不要打断客户，让他发泄愤怒或不满的情绪。
- ➤ 卖家要对买家的建议表示认同和歉意。
- ➤ 收集事实和调查准确数据以便确认真正的问题所在。
- ➤ 记录客户提供相关投诉信息并复述每一条数据。
- ➤ 强调共同利益并且负责任地承诺一定会帮助客户解决问题。
- ➤ 激励客户参与商量解决方案。
- ➤ 确认解决方案和兑现承诺。
- ➤ 信息及时传递反馈。

10.3.2 对待买家的中差评

微课堂 00分20秒

在经营网店的过程中，卖家经常要面对来自买家的中差评，而中差评对网店的经营和信誉非常有影响，严重的情况甚至会导致网店直接倒闭。所以在面对买家中差评的时候，卖家应正确对待这些评价，找出问题所在，将影响降到最低。下面介绍如何处理买家的中差评方面的知识。

> ➢ 查明原因：发生中差评后，卖家一定要先查清楚是什么原因导致的，绝对不能贸然打扰买家，弄清问题后再与买家联系。
> ➢ 联系工具：联系买家首选电话，联系客户的时候，切忌频繁拨打电话，让客户厌烦。
> ➢ 沟通态度：电话沟通的时候态度语气一定要好，以真诚感动买家，每天持之以恒，除非职业差评师故意捣乱，一般这招很管用。
> ➢ 沟通技巧：买家是否愿意修改评价，很大程度上取决于卖家的沟通技巧。所以最好事先周密组织自己的思路和表达内容，沟通过程中的随机应变也很重要。
> ➢ 沟通诚意：沟通时切忌卖家为自己找理由、找借口，这样给买家的印象是责任在买家，让买家不愿意再沟通。
> ➢ 沟通内容：主要是表达卖家的歉意，卖家可以以再次购物的优惠条件、适当补偿等作为买家撤销中差评的条件，可根据实际情况应变和调整，一定要表现出卖家的大方。

10.3.3　避免买家的中差评

虽然卖家无法对买家的评价进行预估，但是通过卖家真诚的服务，可以有效避免中差评情况的发生。下面介绍避免买家中差评方面的技巧。

1 运营团队尤其是管理团队的危机意识要加强

做好日常导致中差评原因的统计分析工作，将类似商品质量、态度、图片色差等重要因素列为优先解决事项。

如商品质量、图片色差无法解决的因素，有必要在商品详情页加以重点说明解释，尽量减少不必要的误解，避免买家产生过高的心理期望值。

2 第一时间发现中差评

通过淘宝的自动评价状态，在交易成功的订单中，卖家可以在第一时间得到中差评的通知。

3 高效处理中差评内容

首先，建立日常评价巡查监控制度，包括中差评监控、主推商品评价监控和最新评价监控等，可通过评价内容关键词轻松实现监控。

其次，对此类中差评售后处理任务进行分组、分级并跟踪处理结果，这样做的目的是让售后客服的工作有优先级、有重点地优先处理。

再次，叮嘱售后客服和客户沟通的结果是让客户修改、删除差评内容，或者让客户追加评论。

最后，如果与客户沟通协商无果，应启动中差评处理应急预案，通过系统的优惠措施

淘宝开店·装修·管理与推广

和方法，尽快释放剩余评价，将优质评价顶上去，把负面评价压下去。

10.3.4　引导买家修改中评和差评

00分15秒

在经营网店的过程中，都会收到来自买家的中评和差评，这时就需要用真诚的态度和完善的售后，引导买家说明情况，找出不满意的地方，让买家主动将中评和差评修改为好评。一般由于物流或送货人员态度不好引起的中评和差评，是可以引导买家修改评价的；如果是恶意差评，要及时找淘宝说明情况，淘宝网官方会在确认属于恶意评价后，给予删除恶意评价处理。

知识拓展：如何删除卖家给买家的评价

在卖家对买家做出评价后的 30 天内，可以进入淘宝的【卖家中心】页面，在【交易管理】区域单击【评价管理】链接，进入到评价管理页面，选择【给他人的评价】选项卡，然后选择要删除的评价，单击【删除评价】按钮 即可。

Section 10.4　专题课堂——用千牛谈生意

千牛是由阿里巴巴集团官方出品，淘宝卖家、天猫商家均可使用，包含卖家工作台、消息中心、阿里旺旺、量子恒道、订单管理、商品管理等主要功能。本节将介绍用千牛谈生意方面的知识。

10.4.1　查找并添加好友

精品阅读
READ TIME

在千牛工作台中，查找并添加买家好友，需要切换至旺旺模式。登录到千牛工作台后，单击【接待中心】按钮 ，即可切换至旺旺模式中进行查找与添加好友的操作，如图 10-1所示。查找并添加好友的具体操作步骤在第 5 章已介绍过，本节不再赘述。

图 10-1

10.4.2　建立自己的买家群

在千牛工作台中，卖家可以创建属于自己的买家群，以便更好地服务于自己的客户。下面介绍建立自己的买家群的操作方法。

 专家解读：如何设置群头像

建立买家群后，可以设置该群的头像，在群管理对话框中，单击【群标志设置】按钮 群标志设置 ，弹出【设置群标志】对话框，可以在【推荐群标志】区域，选择系统中的头像，也可以使用本地上传，头像设置完成后单击【确定】按钮 确定 即可。

操作步骤 >> **Step by Step**

第1步 登录千牛并切换到旺旺模式，在旺旺左侧的导航栏中，单击【群】图标，如图 10-2 所示。

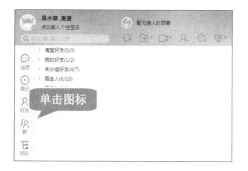

图 10-2

第2步 进入【我的群】界面，双击【我拥有的群】下面的【立即双击启用群】图标，如图 10-3 所示。

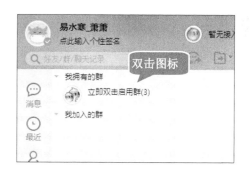

图 10-3

第3步 弹出【启用群】对话框，**1.** 在【群名称】文本框中，输入群名称，**2.** 在【群分类】下拉列表框中，选择群的分类，**3.** 在【群介绍】文本框中，输入群信息，**4.** 单击【提交】按钮 提 交 ，如图 10-4 所示。

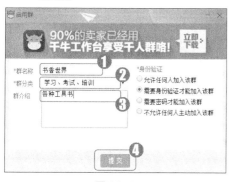

图 10-4

第4步 弹出成功创建界面，提示"成功啦！立即开始享受您的群主特权！"信息，单击【完成】按钮 完成 ，如图 10-5 所示。

图 10-5

淘宝开店·装修·管理与推广

第5步 返回【我的群】界面，**1.** 鼠标右击新建的群名称，**2.** 在弹出的快捷菜单中，选择【邀请朋友加入群】菜单项，如图 10-6 所示。

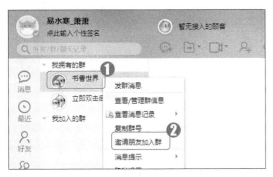

图 10-6

第6步 弹出群管理对话框，单击【邀请成员】按钮 邀请成员，如图 10-7 所示。

图 10-7

第7步 弹出群管理-邀请加入群对话框，**1.** 选择要添加的好友，**2.** 单击【添加】按钮 添加>>，**3.** 单击【确定】按钮 确定，如图 10-8 所示。

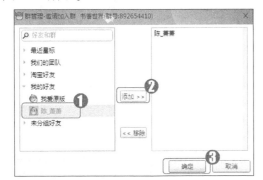

图 10-8

第8步 弹出【群管理-邀请加入群】对话框，提示请求已成功发出，单击【确定】按钮 确定，如图 10-9 所示。这样即可完成建立自己的买家群操作。

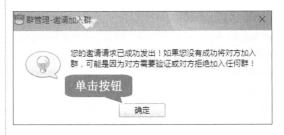

图 10-9

10.4.3　设置自动回复

微课堂 00分41秒

经营网店时，在面对众多买家的购买咨询时，如果没有使用自动回复功能，再多的客服也忙不过来。下面来介绍设置自动回复的操作方法。

操作步骤 >> Step by Step

第1步 启动千牛软件并登录，**1.** 在软件界面的右上角，单击【设置】按钮 ☰，**2.** 在弹出的快捷菜单中，选择【系统设置】菜单项，如图 10-10 所示。

第2步 弹出系统设置对话框，**1.** 选择【客服设置】选项，**2.** 选择【自动回复设置】选项，如图 10-11 所示。

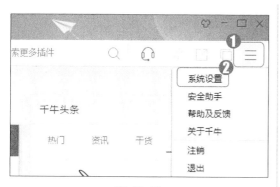

图 10-10

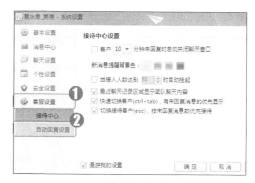

图 10-11

第3步 进入【自动回复设置】界面，**1.** 选择【设置自动回复】选项卡，**2.** 在【可勾选并设置个人自动回复】区域，选中【当我的状态为"离开"时自动回复】复选框，如图 10-12 所示。

第4步 设置回复短语，**1.** 在对应的复选框下方的下拉列表框中，选择要使用的短语，**2.** 单击【确定】按钮 确定 ，如图 10-13 所示。这样即可完成设置自动回复的操作。

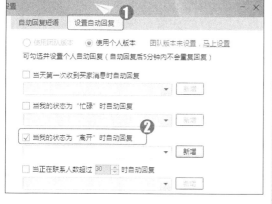

图 10-12

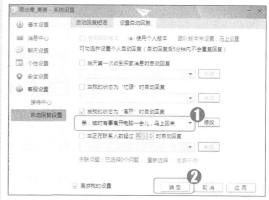

图 10-13

10.4.4　修改交易价格

00分22秒

在千牛工作台中，卖家也可以对交易中的宝贝修改交易价格。下面将介绍使用千牛工作台修改交易价格的操作方法。

操作步骤 >> **Step by Step**

第1步 启动千牛软件并登录，**1.** 在左侧导航栏中，选择【常用网址】选项，**2.** 在展开的界面中，单击【交易管理】链接，如图 10-14 所示。

第2步 打开【普云交易】页面，**1.** 选择【交易管理】选项卡，**2.** 选择【待付款】子选项卡，然后选择要修改的宝贝修改价格，这样即可完成修改交易价格的操作，如图 10-15 所示。

淘宝开店·装修·管理与推广

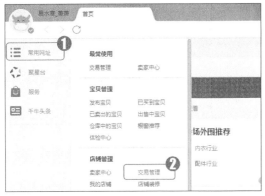

图 10-14

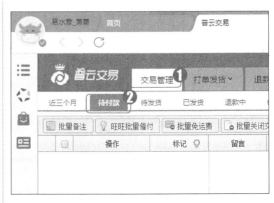

图 10-15

10.4.5　根据订单发货

微课堂　00分15秒

买家为宝贝付完款后，千牛工作台会弹出信息框提醒卖家，卖家可以选择【交易管理】选项卡，再选择【待发货】子选项卡，然后找到要发货的订单进行发货操作，如图 10-16 所示。

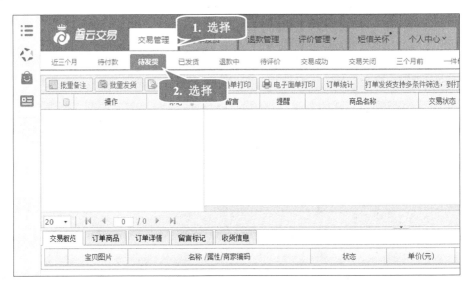

图 10-16

10.4.6　给买家评价

微课堂　00分38秒

一般情况下，在买家收到宝贝后会对卖家进行评价，而卖家也要对买家进行评价。通常如果交易顺利，都是给予买家好评的评价。由于买家太多，卖家不一定有时间一一回复，此时可以设置自动评价。下面介绍设置自动给买家评价的操作方法。

操作步骤 >> Step by Step

第1步　启动千牛软件并登录，**1.** 在左侧导航栏中，选择【常用网址】选项，**2.** 在展开的界面中，单击【交易管理】链接，如图 10-17 所示。

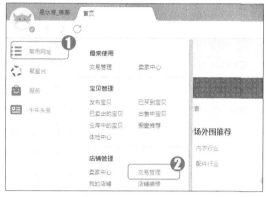

图 10-17

第2步　打开【普云交易】页面，**1.** 单击【评价管理】下拉按钮 评价管理 ，**2.** 在弹出的下拉菜单中，选择【自动评价】菜单项，如图 10-18 所示。

图 10-18

第3步　进入【自动评价】界面，**1.** 单击【开关状态】滑块，**2.** 选中【买家收货以后立即评价】单选按钮，如图 10-19 所示。

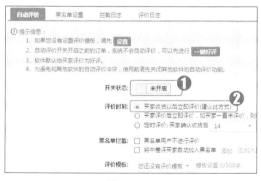

图 10-19

第4步　继续设置其他选项，**1.** 在【评价模板】下拉列表框中，选择模板，**2.** 在【评价内容】区域，输入评价内容，**3.** 单击【保存】按钮 保存 ，如图 10-20 所示。这样即可完成设置自动给买家评价的操作。

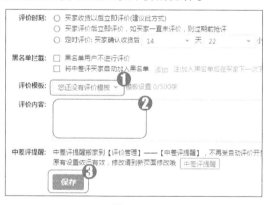

图 10-20

10.4.7　系统自动回款

微课堂
00分14秒

在淘宝交易完成买家确认收货后，支付宝把交易款项打给卖家，交易状态则变更为"交易成功"。系统自动回款分为虚拟商品回款和实物商品回款。下面分别介绍这两种方式。

虚拟商品回款包括：如果卖的是自动充值商品，完成支付宝付款后，系统会马上自动确认收货；自动发货的商品，自"卖家已发货"状态起的 24 小时后，系统会自动确认收货；如果卖的是虚拟物品，部分类目的虚拟物品自"卖家已发货"状态起的 3 天后，系统会自动确认收货。

实物商品回款包括：如果购买时选择的物流方式为快递、EMS，自"卖家已发货"状态起的 10 天后，系统会自动确认收货；如果购买时选择的物流方式为平邮，自"卖家已发货"状态起的 30 天后，系统会自动确认收货。

Section 10.5 实践经验与技巧

在本节的学习过程中，将着重介绍和讲解与本章知识点有关的实践经验及技巧，主要内容包括不同类型的客户沟通方式、让千牛自动拦截骚扰信息和让客户收货后及时确认等方面的知识。

10.5.1 不同类型的客户沟通方式

微课堂
00 分 16 秒

网店客服在销售或做售后服务时，会遇到不同类型的客户，这时客服应采用不同的沟通方式与客户进行沟通。下面介绍不同类型的客户沟通方式方面的知识。

1 顾虑型 >>>

这类顾客通常具有明确的意向，但对网上购物存在一定的顾虑。顾客的顾虑通常包括两种，一是产品获取是否安全，二是如何避免交易的不安全。应对这类买家时，如果对自己的商品有信心，客服要给予买家良好的售后保证。

2 纠缠型 >>>

这类买家比较关注商品细节，通常从咨询的开始便一直反复询问各种问题。有些买家即使购买商品后，也会提出许多疑问。卖家客服在面对这类买家时，如果买家尚未下单，为了做成生意，那么就有必要认真对买家的所有问题进行说明；如果已经下单，要态度诚恳地解答必要的问题，忽略纠缠性的问题。

3 砍价型 >>>

卖家客服在应对这类买家时，可以根据实际情况决定是否给予一定折扣。卖家在灵活判断的同时，需要结合商品本身的利润来选择。有时买家的讲价幅度非常大，对于这类买家，应尽量给予合理的解释，也可以适当给予一定的降价空间。但如果买家坚持不合理地讲价，那么只有放弃这个买家了。

4　虚张声势型

>>>

这类买家通常不会直接讲价，而是委婉地向卖家透露自己以后可能会多次或批量购买的意向，让卖家觉得抓住了一个较大的买家，从而主动降价以给予较大的优惠。卖家需要对这类顾客进行分析，再决定是否给这类买家更大的折扣。

5　观望型

>>>

这类买家在卖家店铺中选中某件商品后，通常会就商品问题咨询卖家的客服，但又不会产生明确的购买意向。通常来说，这类买家本身就犹豫是否需要购买该商品，卖家客服此时可以对买家透露商品所剩不多或者优惠活动将要结束等信息，刺激买家把握最后的购买机会，从而下定决心购买该产品。

6　稳重型

>>>

这类买家比较精明，非常注重细节，且思考缜密、个性沉稳。对于这种类型的顾客，一定要想办法让他们自己说服自己，因为他们有自己的想法，而卖家一定要仔细回答他们的问题，一旦赢得信任，这类顾客就会非常坦诚。

10.5.2　让千牛自动拦截骚扰信息

微课堂　00分32秒

为了防止各种淘宝广告和垃圾信息，可以使用千牛工作台中的防骚扰功能来拦截。下面介绍让千牛自动拦截骚扰信息的操作方法。

操作步骤 >> Step by Step

第 1 步　启动千牛软件并登录，**1.** 在软件界面的右上角，单击【设置】按钮 ，**2.** 在弹出的快捷菜单中，选择【系统设置】菜单项，如图 10-21 所示。

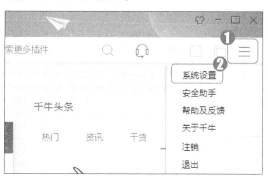

图 10-21

第 2 步　弹出系统设置对话框，**1.** 选择【安全设置】选项，**2.** 选择【防骚扰】选项，如图 10-22 所示。

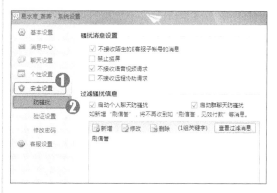

图 10-22

 在【过滤骚扰信息】区域，**1.** 选中【启动个人聊天防骚扰】复选框，**2.** 选中【启动群聊天防骚扰】复选框，**3.** 单击【确定】按钮 <u>确定</u>，如图 10-23 所示。这样即可完成让千牛自动拦截骚扰信息的操作。

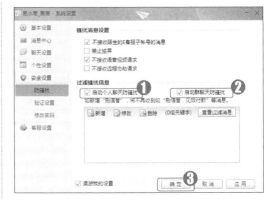

图 10-23

■ 指点迷津

在【骚扰消息设置】区域中，选中【禁止振屏】复选框，可以防止其他旺旺使用抖动屏幕功能。

➡️ **一点即通：修改千牛登录密码**

在系统设置对话框中，选择【安全设置】区域中的【修改密码】选项，在【修改密码】区域，单击【修改我的登录密码】按钮 <u>修改我的登录密码</u>，进入【修改密码】界面，重新设置密码即可。要注意的是千牛登录密码修改后，淘宝登录密码也会随之修改。

10.5.3 让客户收货后及时确认

有些买家在收到宝贝后，由于忘记了或根本不去确认收货，还有些新手买家根本就不知道收货后还需要确认等原因，导致货款不能及时回收，影响店铺信誉度的上升。下面介绍让客户收货后及时确认方面的知识。

1 留下有效的联系买家的方法 >>>

一般在买家拍下物品后，卖家应及时把支付宝上留的收款信息和买家确认，地址对不对、电话号码对不对等。这样做的目的，一方面可以确保送货地址有效，另一方面也是在确认买家的手机号码是否有效。

2 发货后，立刻通知买家 >>>

在快递来取件后，卖家最好立刻发短信给买家，告诉买家东西寄出来了，宝贝发的什么物流公司，大概什么时候能送到，收到后通知我一下等。这样做的目的，一方面买家会放心，觉得卖家很负责；另一方面也提醒买家就快到货了，留意待在收货地址及时取件，防止快递投递无人接收。同时，也提醒买家货物就要到了，别忘了确认收货并付款。

10.5.4 让顾客充当你的推销员

生意的好坏，主要取决于新顾客的消费和老顾客的重复消费。一个成功的淘宝网店卖家，不仅要自己将商品推销出去，还需要让顾客成为你忠实的推销员，帮助推销产品。下面介绍如何让顾客充当你的推销员。

➢ 顾客忠诚度是最有力的竞争武器，是保持增长和盈利的第一要务。网店只有在商品的质量上下功夫，保证商品的耐用性、可靠性和精确性等价值属性，才能取得优势，才能为商品的销售以及品牌的推广创造一个良好的运作基础，也才能真正吸引顾客、留住回头客。

➢ 卖家必须搞好同顾客的关系，最重要的是为顾客搞好服务，包括送货上门、产品安装和使用咨询等，还可以让顾客参加网店的一些活动，给顾客寄一些新产品资料，可以在特定的日子给顾客送上纪念品等，让顾客产生信任感，营造好的消费潜力点，这样可以使每位顾客会在不经意间向周围的消费者推销他所用的产品。

➢ 卖家在让顾客成为推销员的同时，还可以给顾客一定比例的报酬，这样顾客就会更加卖力地为卖家推销产品。这是一种很大的力量，对于网店销售指标的提升一定会发挥重要的作用。

10.5.5　激发买家害怕买不到的心理

00 分 20 秒

人们对越是得不到、买不到的东西，就越想得到它、买到它，这是人性的弱点。一旦买家意识到购买这种产品是很难得的良机，那么，他们会立即采取行动。而卖家可以利用这种害怕买不到的心理，来敦促买家及时做出购买决定，一般可以从以下几个方面着手。

➢ 限数量，主要是类似于"购买数量有限，欲购从速"。

➢ 限时间，主要是在指定时间内享受优惠。

➢ 限服务，主要是在指定的数量内会享受更好的服务。

➢ 限价格，主要是针对要涨价的商品。

激将法是利用买家的好胜心、自尊心而敦促他们购买产品。销售员在激将买家时，要显得平静、自然，以免买家看出你在"激"他。

10.5.6　售后回访，提升销售额

精品阅读
READ TIME

商品售出后，客服需要对售后的产品进行售后回访，并跟踪和服务。下面介绍通过售后回访来提升销售额方面的知识。

➢ 好评要认真回复：如果收到买家的好评，要及时谢谢买家的评价，给买家荣誉感和信任感。

➢ 要学会对顾客适时关怀：把买过商品的顾客加为阿里旺旺好友，在适当的时候发信息问候一下，有最新的促销活动也适时宣传一下，让顾客感受到来自客服的关怀。

➢ 售后及时联络买家：在买家收到商品后要及时联络买家，问询产品的概况，让买家感到店家售后服务的热忱与真诚。

➢ 买家资料整理：客服整理出买家的联络方式、货品发出时间和到货时间、买家的性格特点和购买喜好，以便下次更好地交流。

Section 10.6 有问必答

1. 客服如何解决发货问题?

在顾客付款后要清楚地告诉顾客我们的物流发货具体时间,顾客来查物流的时候,先确定顾客订单的物流情况。如果已经发货,直接帮顾客查询具体的物流信息;如果没发货,就要找出具体原因,正面回答顾客。

2. 退换货时运费是卖家负担还是买家负担?

如果是由于商品质量问题、运输磨损等引起的退换货由卖家承担运费;由于买家的原因,如更换产品或使用不当造成产品损坏引起的退换货,运费由买家承担。

3. 客服如何处理顾客退货?

客服必须依据店铺有关退货或换货的标准来进行操作。如果客服依据店铺的标准不能很痛快地接受顾客的退货,这时候不妨建议顾客更换其他商品。如果确实不能接受顾客退货,应该从开始就清楚地说明理由,声明在先,但必须注意措词、态度等,绝对不可以破坏对方的心情。

4. 差评是怎么产生的?

一般有以下几种情况:心急的买家抱怨物流速度慢,对客服人员的态度不满意,买家对产品的性能和质量不满意等。

5. 在千牛中如何将好友移至黑名单?

对于发送垃圾广告的旺旺好友,可以使用鼠标右击好友头像,在弹出的快捷菜单中,选择【移至黑名单】菜单项,这样就不会再接收该好友发送的信息了。

第11章

淘宝店促销与推广

❖ 参加淘宝官方活动

❖ 淘宝店内活动

❖ 淘宝店的推广

❖ 专题课堂——网店推广三大法宝

本章主
要内容

本章主要介绍参加淘宝官方活动方面的知识，同时讲解淘宝店内活动和淘宝店推广方面的内容。在本章的专题课堂环节，则介绍网店推广三大法宝方面的知识。通过本章的学习，读者可以掌握淘宝店促销与推广方面的知识，为深入学习淘宝开店•装修•管理与推广知识奠定基础。

导读 　　为了使网店迅速成长起来，卖家应该积极参加一些促销活动，如淘宝官方推出的淘金币营销、天天特价、试用中心和聚划算等。本节将详细介绍参加淘宝官方活动方面的知识。

11.1.1 淘金币营销

微课堂
00分20秒

　　淘金币是淘宝网的虚拟积分。在淘金币平台上，买家能够兑换、竞拍到全网品牌折扣商品；也可以兑换、抽奖得到免费的商品或者现金红包，并可以进行线上线下商家的积分兑换。

　　现在的顾客都知道淘金币可以用来当钱抵扣，而卖家们设置了淘金币的宝贝会获得更多的成交量。根据买家们爱便宜图实惠的心理，卖家们就设置了很多活动，淘金币就是其中的一种。在【卖家中心】页面，单击【营销中心】区域中的【淘金币营销】链接，可以进入开通淘金币营销页面，如图11-1所示。

图 11-1

11.1.2 天天特价

微课堂
00分15秒

　　天天特价是以扶持中小卖家为宗旨的官方平台，扶持对象为淘宝网集市店铺(即只招商集市商家)。天天特价频道目前有类目活动、10 元包邮、主题活动三大块招商，其中类目活动、10 元包邮为日常招商，主题活动为不定期开设的特色性活动，规则区别于常规活动。天天特价活动时间如下。

➢ 类目活动和 10 元包邮栏目活动为固定活动，展示 1 天，活动时间为当天 0 点～24 点。

➢ 主题活动属于非固定活动，没有预告，活动时间要根据主题性质不同、展示时间不同来开展，具体要求见活动报名入口。

⊕ **知识拓展：天天特价报名要素**

如果店铺要参加天天特价，需要具备以下几个要素：店铺动态评分要是红的，退款率必须低于平均值，还有款式、价格、评价、售后、上架时长、主营占比等，不能有退款纠纷，退款指标一定要低于同行才可以。

11.1.3　试用中心

微课堂
00分20秒

淘宝试用中心是全国最大的免费试用中心，最专业的试客分享平台。试用中心聚集了上百万份试用机会，以及亿万消费者对各类商品最全面真实客观的试用体验报告，为消费者提供购买决策。试用中心作为集用户营销、活动营销、口碑营销、商品营销为一体的营销导购平台，为数百万商家提升了品牌价值与影响力。下面介绍加入试用中心的操作方法。

操作步骤　>>　Step by Step

第1步 登录淘宝【卖家中心】页面，单击【营销中心】区域下方的【我要推广】链接，如图 11-2 所示。

图 11-2

第2步 页面跳转至【我要推广】页面，在【常用入口】区域，单击【试用中心】链接，如图 11-3 所示。

图 11-3

第3步 进入【商家报名】页面，单击【报名免费试用】按钮 ，即可报名参加试用中心，如图 11-4 所示。

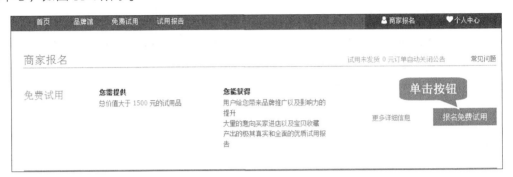

图 11-4

11.1.4 聚划算

对于淘宝卖家来说，淘宝聚划算可以帮助卖家清库存、累积销量和评论、增加流量、提高搜索排名和提高转化率等，并且可以积累用户，增加团队包括老板的信心，同时可以发现产品、客户和物流等环节的短板并加以改善。

店铺如果要参加聚划算，需要符合以下条件。

➤ 折扣：5 折以下，最好是在 3～4 折，从以往的最低售价上折算，不是按吊牌价格折算的。

➤ 信誉：信誉要 3 钻以上，并且要好评率 98%以上。

➤ 售出记录：商品的累积售出不能少于 15 件，有正面的评价。

➤ 数量：单价百元以下的商品，最低库存要在 2000 件以上；百元以上的商品，最低库存要在 1000 件以上。

Section 11.2 淘宝店内活动

 淘宝店铺中有很多促销工具，为了提高商品的成交量，很多店铺都会推出各种各样的推广服务，包括赠品促销、限时打折、宝贝搭配套餐、优惠券等。本节将介绍淘宝店内活动方面的知识。

11.2.1 赠品促销

在促销活动中，赠品只是一个辅助手段，却可以达到意想不到的效果。赠品促销基础知识包括赠品促销的优点、赠品促销的设计规则等。下面介绍巧用赠品促销方面的知识。

1　赠品促销的优点　>>>

竞争激烈的市场环境下，同类商品同质化比较严重，卖家在进行商品促销的过程中，好的赠品可以使商品的附加值增加。下面介绍一些赠品促销的优点。

- ➤ 赠品促销可以吸引消费者的注意力，增加顾客的好感，刺激顾客产生购买的欲望。
- ➤ 赠品促销可以刺激顾客转移消费品牌。
- ➤ 赠品促销可以刺激顾客转移消费档次，购买高档、昂贵的商品。
- ➤ 赠品促销可以刺激顾客购买新品。
- ➤ 赠品促销可以保持顾客购买的忠诚度，鼓励顾客重复消费或增加消费额。
- ➤ 赠品促销可以增加服务项目的附加价值，能与竞争对手形成差异化。
- ➤ 赠品促销可以对抗、抵御其他品牌的促销手段。
- ➤ 赠品促销可以增强促销力度。
- ➤ 赠品促销可以宣传品牌知名度。
- ➤ 赠品促销可以突出活动主题。

2　赠品促销的设计规则　>>>

促销商品之前，赠品促销也要进行总体的设计和规划，不可盲目选择赠品，导致促销活动不理想，甚至是赔钱损信誉。下面介绍赠品促销设计的一些规则。

- ➤ 容易获得才能激发广大买家参与，最好让参与的每一个人都可以获得赠品，这样促销的优势才能体现出来。
- ➤ 选择的赠品和产品有关联，这样很容易给消费者带来对产品最直接的价值感。如果赠品与产品相互依存和配合得当，其效果最佳。
- ➤ 赠品体现商家诚信的宗旨，赠品质量也是影响到卖家店铺发展的重要因素之一。因为赠品不仅代表了卖家自身的信誉，而且是商品企业信誉、质量的代表。赠品与促销主商品存在着一损俱损的关系。
- ➤ 卖家明确地告诉消费者赠品的价格，即使是便宜的赠品，也有非常好的效果。因为消费者是来购买产品的，赠品是卖家给消费者的一个购买诱因。好的赠品可以增加消费者的认同感，刺激买家消费。
- ➤ 给赠品起个好名字，买家可以更容易记住卖家的品牌。一个好的赠品名字，会激发消费者购买主产品的欲望，还可以加快推动店内其他商品的流通，同时，也增加了卖家产品品牌的附加价值。

11.2.2　限时打折

微课堂
00 分 36 秒

淘宝网限时打折是指淘宝商家在特定的时间内提供优惠商品销售的措施，以达到吸引顾客的目的。进行淘宝限时打折时，将折扣商品以活动优惠等形式告知顾客。下面介绍使

淘宝开店·装修·管理与推广

用淘宝限时打折工具的操作方法。

操作步骤 >> **Step by Step**

第1步 登录淘宝【卖家中心】页面，单击【营销中心】区域下方的【促销管理】链接，如图 11-5 所示。

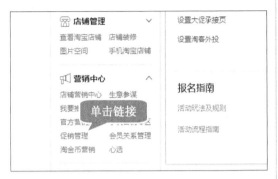

图 11-5

第2步 页面跳转至【商家营销中心】页面，在页面的右上方，单击【优惠活动】链接，如图 11-6 所示。

图 11-6

第3步 页面跳转至【工具列表】页面，单击【限时打折】链接，如图 11-7 所示。

图 11-7

第4步 页面跳转至【限时打折】页面，然后单击【马上订购】按钮，如图 11-8 所示。

图 11-8

第5步 页面跳转至订购页面，**1.** 选择订购周期，**2.** 单击【立即订购】按钮，如图 11-9 所示。

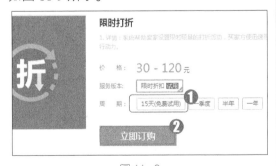

图 11-9

第6步 进入确认信息页面，然后单击【同意协议并付款】按钮，如图 11-10 所示。

图 11-10

第7步 进入订购成功页面，单击【限时打折】图标，如图 11-11 所示。

第8步 进入限时打折创建页面，单击【创建活动】按钮 创建活动 ，然后设置活动信息，选择活动商品，如图 11-12 所示。这样即可完成使用淘宝限时打折工具的操作。

图 11-11

图 11-12

11.2.3　宝贝搭配套餐

微课堂　00分41秒

宝贝搭配套餐是将几种商品组合在一起设置成套餐来销售，通过促销套餐可以让买家一次性购买更多的商品，这样做不仅可以提升店铺销售业绩、提高店铺购买转化率和销售数量，还能增加商品曝光力度，同时达到节约人力成本的目的。下面介绍宝贝搭配套餐设置的操作方法。

操作步骤 >> Step by Step

第1步 登录淘宝【卖家中心】页面，单击【营销中心】区域下方的【促销管理】链接，如图 11-13 所示。

第2步 页面跳转至【商家营销中心】页面，在页面的右上方，单击【优惠活动】链接，如图 11-14 所示。

图 11-13

图 11-14

第3步 页面跳转至【工具列表】页面，单击【搭配套餐】链接，如图 11-15 所示。

第4步 页面跳转至【限时打折】页面，然后单击【马上订购】按钮 马上订购 ，如图 11-16 所示。

淘宝开店·装修·管理与推广

图 11-15

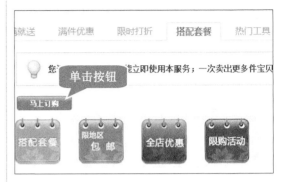

图 11-16

第 5 步 页面跳转至搭配套餐的订购页面，*1.* 选择订购周期，*2.* 单击【立即订购】按钮 立即订购 ，如图 11-17 所示。

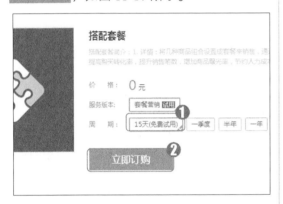

图 11-17

第 6 步 进入确认信息页面，单击【同意协议并付款】按钮 同意协议并付款 ，如图 11-18 所示。

图 11-18

第 7 步 进入订购成功页面，单击【搭配套餐】图标，如图 11-19 所示。

图 11-19

第 8 步 进入搭配套餐创建页面，单击【创建搭配套餐】按钮 创建搭配套餐 ，如图 11-20 所示。

图 11-20

⊛ **知识拓展：搭配宝贝套餐限制**

在淘宝店铺的搭配宝贝套餐活动中，目前最多可以设置 50 个搭配促销套餐，当设置完 50 个限额后，如果要设置新的套餐活动，需要删除其中一个，才能再设置一个。虽然套餐数量有限制，但搭配套餐的时间是没有限制的。

第9步　进入创建搭配套餐页面，在【设置基本信息】区域，*1.* 在【套餐标题】文本框中，输入套餐标题，*2.* 在【搭配宝贝】区域，单击【添加搭配宝贝】按钮 ，选择搭配套餐的宝贝，*3.* 在【套餐商品价格】文本框中，设置套餐价格，如图 11-21 所示。

第10步　下拉页面，*1.* 在【套餐描述】文本框中，输入宝贝套餐的描述，*2.* 在【设置物流信息】区域，设置运费，*3.* 单击【发布】按钮 ，如图 11-22 所示。这样即可完成宝贝搭配套餐设置的操作。

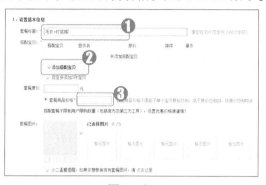

图 11-21

图 11-22

11.2.4　优惠券

微课堂 精品阅读 READ TIME

　　现在很多卖家都热衷于参加那些淘宝官方举行的活动，却忽略了自己店铺内也可以发起营销活动，如店铺优惠券之类的营销活动。下面介绍店铺优惠券方面的知识。

1　优惠券使用规则

　　店铺优惠券是一种虚拟的电子券，卖家可以在不用充值现金的前提下针对新客户或者不同等级的会员发放不同面额的店铺优惠券。淘宝店铺优惠券有以下使用规则。

➢　店铺优惠券仅限于在当前发放的卖家店铺中购物使用。

➢　一笔订单仅限于使用一张店铺优惠券，如果买家产生多笔订单，且均符合使用要求时，则可以分别使用。

➢　如果优惠券有使用条件，必须在订单金额(不包括邮费)满足时才能使用。

➢　一张店铺优惠券仅限于单笔订单消费抵用，不可拆分，过期即作废。

➢　店铺优惠券支持购物车，一个订单有多个商品时，其中一个商品的优惠方式选择了店铺优惠券以后，其他商品也同时选中店铺优惠券。

➢　店铺优惠券部分金额不参与佣金计算。

2　订购优惠券

　　淘宝店铺优惠券与限时打折、宝贝搭配套餐一样需要付费订购使用，在【商家营销中心】页面，单击【淘宝卡券】链接，然后单击【马上订购】按钮 马上订购 ，再选择优惠券

淘宝开店·装修·管理与推广

有效期，完成付款即可使用，如图 11-23 所示。

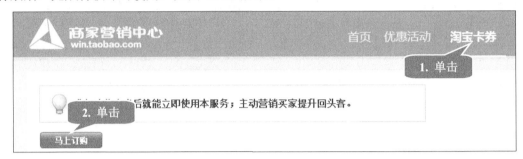

图 11-23

3 创建优惠券

淘宝卡券有三种优惠券可以设置，分别是店铺优惠券、商品优惠券和包邮券，每种类型的卡券都可以单独创建 50 个优惠券，在对应的优惠券下方单击【立即创建】按钮 立即创建 ，然后进行信息设置即可，如图 11-24 所示。

图 11-24

11.2.5 店铺红包

微课堂
00 分 42 秒

为了吸引顾客来增加自己网店的销量，做付费活动需要一笔不小的资金，此时店家可以使用一种免费的促销活动，就是建立店铺红包。店铺红包有如下好处。

➢ 通过设置淘宝店铺红包，可以提高店铺的转化率和成交率，发行店铺红包的卖家总体成交转化率会是平时的三倍。并且在设置红包后能够增加买家的购物意愿，让一些在考虑到底要不要下单的买家下决心购买。

➢ 设置店铺红包还会达到回馈老客户的作用，因为店铺红包会对加购物车、收藏夹的用户及已买过店中宝贝的客户做精准推送。

下面介绍设置店铺红包的操作方法。

操作步骤 >> Step by Step

第1步 登录淘宝【卖家中心】页面，单击【营销中心】区域下方的【店铺营销中心】链接，如图 11-25 所示。

图 11-25

第2步 页面跳转至【商家营销中心】入口页面，在【热门营销工具】区域，单击【店铺红包】图标，如图 11-26 所示。

图 11-26

第3步 进入【通用红包】界面，**1.** 在【活动名称】文本框中，输入活动名称，**2.** 设置活动时间，**3.** 在【红包金额】下拉列表框中，选择红包金额，如图 11-27 所示。

图 11-27

第4步 继续设置红包选项，**1.** 在【发放数量】文本框中，设置红包数量，**2.** 设置买家领取条件，**3.** 选中【我同意《店铺红包规则》】复选框，**4.** 单击【确定并保存】按钮 ，这样即可完成设置红包的操作，如图 11-28 所示。

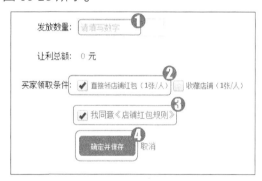

图 11-28

11.2.6 设置 VIP 会员卡

微课堂
00分17秒

　　淘宝 VIP 是针对全网的淘宝用户设立的。淘宝根据用户的消费能力分成三个档次，不同档次可以享受不同的折扣，但前提是必须设置了淘宝 VIP 的宝贝，设置淘宝 VIP 的条件是店铺必须参加消费者保障计划。

　　对于淘宝卖家来说，设置淘宝 VIP 宝贝是针对不同的淘宝会员等级来设置的，所以它是一种非常有效的促销手段，它可以鼓励更多感兴趣的淘宝会员买家去消费。

　　一般 VIP 会员卡的宝贝每次可以设置五个，选中宝贝后就可以设置不同级别的 VIP 折扣。

淘宝开店·装修·管理与推广

登录淘宝并进入【卖家中心】页面，在【宝贝管理】区域中，单击【出售中的宝贝】链接，选择出售中的宝贝，单击【设置淘宝 VIP】按钮 ，如图 11-29 所示。这样即可将宝贝设置为 VIP 会员宝贝。

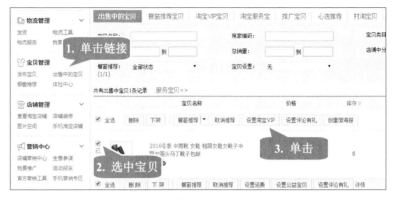

图 11-29

知识拓展：设置 VIP 卡的意义

自从淘宝推出淘宝 VIP 卡之后，已经有越来越多的买家拥有淘宝 VIP 卡，而这些买家在选购物品的时候，已经习惯性地搜索设置了 VIP 卡优惠的产品，因此卖家可以通过设置 VIP 卡来提升网店的交易量。

11.2.7 开通满就送

微课堂
00 分 34 秒

"满就送"是淘宝店卖家最常用的营销方法之一，以增加顾客黏性、提高销量等为主。满就送分为"满送积分""满送礼品""满包邮"等。下面介绍开通满就送的操作方法。

操作步骤 >> Step by Step

第1步 登录淘宝【卖家中心】页面，单击【营销中心】区域下方的【促销管理】链接，如图 11-30 所示。

图 11-30

第2步 页面跳转至【商家营销中心】页面，在页面的右上方，单击【优惠活动】链接，如图 11-31 所示。

图 11-31

第3步 跳转至【工具列表】界面，单击【满就送】链接，如图 11-32 所示。

图 11-32

第5步 页面跳转至订购页面，**1.** 选择订购周期，**2.** 单击【立即订购】按钮 立即订购 ，如图 11-34 所示。

图 11-34

第7步 进入订购成功页面，单击【满就送】图标，如图 11-36 所示。

图 11-36

第4步 跳转至【满就送】界面，单击【马上订购】按钮 马上订购 ，如图 11-33 所示。

图 11-33

第6步 进入确认信息页面，单击【同意协议并付款】按钮 同意协议并付款 ，如图 11-35 所示。

图 11-35

第8步 进入满就送创建页面，**1.** 设置活动的信息内容，**2.** 单击【保存】按钮 保存 ，如图 11-37 所示。这样即可完成使用淘宝满就送工具的操作。

图 11-37

Section 11.3 淘宝店的推广

 在淘宝网中，店主还可以借助淘宝平台的方式宣传与推广网店，包括加入淘宝商盟、通过论坛推广、使用 QQ 和微信推广等。本节将详细介绍淘宝店的推广方面的知识。

11.3.1 加入淘宝商盟

微课堂
00分24秒

淘宝商盟是具有营业执照的不同等级或同等级的淘宝商家之间，就某一领域进行的商业联盟。通过让上下游商家结成同盟伙伴，共同面对市场风云，可以根据行业、地区、合作类型三种主要方式进行结盟。淘宝商盟需要每月付一定的费用给淘宝进行广告拓展等活动。

淘宝商盟有统一的标志、统一的促销活动，涉及的范围很广，有些商盟还定做了统一的包裹箱，加入商盟可以多参与网上网下活动交流，这样商品能够在商盟的活动中，不时有曝光的机会，而且在交流中还能学到不少交易经验，能交到不少朋友。但要注意的是，一个卖家最多只允许同时加入两个淘宝商盟。

在加入淘宝商盟之前，要根据此商盟统一的要求进行准备，各地区的商盟有不同的限制，视严格与不严格而定。

➢ 需要通过淘宝实名认证，要求卖家好评 3 心以上(包括 3 心)。

➢ 店铺好评率在 97%以上，1 颗钻石及以下信用无差评和警告(1 个以上差评内容的具体看监督部的调查情况)。

➢ 要在淘宝论坛发帖 50 篇，包括主题帖和回帖，并且不允许同一时间在论坛内一连串地灌水(回复帖)。

➢ 上架货物 30 件且没有重复铺货，但不能包括闲置商品。

➢ 有固定的 QQ 号，店主和店铺资料齐全。

➢ 店铺的友情链接中必须添加 5 位该地域商盟会员的店铺链接，如果链接都已经满了不能再加，站长会调查，若情况属实就不需要再添加了。

➢ 申请入盟的朋友不可另行加入其他地域的商盟，但允许加入其他行业的商盟。

11.3.2 通过论坛推广

微课堂
精品阅读
READ TIME

淘宝店铺的推广不能放过任何机会，尤其是流量巨大的一些论坛，可以在各大论坛大量发帖和回帖，以便为店铺带来流量，这样才能为自己的店铺做推广。

在论坛推广店铺时可以使用一些技巧，包括发广告帖、利用头像和签名、发有质量的帖子、适当回帖等。下面详细介绍具体的内容。

1　发广告帖的技巧

发表帖子时不要一开始就发广告，这样的帖子很容易被当作广告帖删除，这时可以利用长帖短发的方式，在后面的跟帖里发广告，一般不会被删除。

在一个帖子刚刚发表时，版主一般要进行检查，如果此时有广告内容，一般会被删除。但经过一段时间后再对原帖进行修改，重新将广告内容加上通过检查即可。当然，帖子要与主题相关才好，并且在论坛里要有链接功能。

2　充分利用头像和签名

可以充分使用论坛头像和签名进行推广，头像可以专门设计一个，宣传自己的品牌，签名可以加入自己店铺的介绍和链接。

3　发质量高的帖子

使用论坛推广时，不要在乎发帖的数量有多少，发的地方有多少，重要的是帖子的质量。发帖子的关键是为了让更多的人看，借此宣传自己的店铺，追求的是流量。所以发高质量的帖子，会获得较好的效果。另外，如果帖子质量好，还有可能被别人转载，扩大宣传。

4　要适当地回帖

如果要在回帖中发广告，一定要争取在前 5 位回帖，这样被浏览的概率要高一些，这时可以搜寻那些刚刚发表的帖子来回复。

5　要适当顶帖

在论坛中，有时候为了帖子的氛围和人气，可以适当地找个托，帮你顶一下。当然你也可以自己注册几个账号。顶贴不要只发不错、很好等类似的内容，要结合上面人的回帖内容，接着上面的回帖内容说。另外，顶贴的时间频率一定要根据该版区的刷新频率来，而且不要发了主题内容，马上换马甲回复，这样很容易看出来是自己在顶。

6　管理帖子

在哪个论坛发过帖，帖子的宣传效果如何，还需要统计和管理。一种方法是用电脑软件或纸笔进行记录，这种方法适用于发帖初期；另外一种方法是借助于专用网站统计软件，这些软件一般有"来路统计"功能，可以查看在哪个论坛发过帖子及帖子所带来的流量。

11.3.3　使用 QQ 和微信推广

微课堂
00 分 14 秒

在推广自己网店的过程中，还可以使用 QQ 和微信来进行推广。下面介绍使用 QQ 和

淘宝开店·装修·管理与推广

微信推广网店方面的知识。

1　使用 QQ 推广　>>>

　　QQ 推广包括 QQ 空间推广和 QQ 签名。下面介绍这两种推广方式方面的内容。

　　QQ 空间是腾讯公司开发出来的一个空间,自问世以来受到大众的喜爱,QQ 空间的受众广泛,很多腾讯用户都会天天上 QQ 空间看别人的日志、心情、相册之类的东西。所以卖家可以考虑利用 QQ 空间来推广自己的网站。使用 QQ 空间推广要做好以下几方面的内容。

> 　要做好主页。主页是用户进入后首先看到的,精美的页面会吸引更多用户前来观看。但是在做主页时,要注意以下三点:不要太过绚丽,不要过多使用闪图,以及主页排版要整洁,因为整洁干净的主页比较受用户青睐。

> 　要撰写日志。很多空间用户都喜欢到处去看别人的日志,所以卖家要注意日志的撰写方式。首先,标题要选择吸引顾客的标题。其次,内容与标题要一致,只有这样才会吸引更多用户浏览,并且转载推广。最后要留下版权,对于空间而言,许多人都会下意识地直接转载,不会去掉版权信息,这就是利用 QQ 空间推广的好处。

> 　利用 QQ 空间相册。一般 QQ 空间相册访问量是相当高的,所以卖家可以在相册里放入一些自己网店商品的图片,需要注意的是,图片要精美而真实,同时相册里面的相片要打上水印。如果卖家要推广网店,那么照片上的水印要清晰而美观,这样的推广效果是很好的。

　　QQ 个性签名最多填写 50 个字,卖家如何利用有限的字数空间,对推广网店起着至关重要的作用。卖家就要用有限的、精彩的、有吸引力的文字来吸引潜在客户去看。所以,编辑文案是至关重要的,好的文案会吸引更多的人驻足查看,如图 11-38 所示。

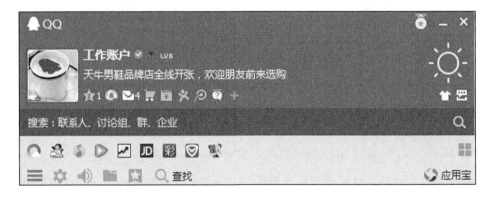

图 11-38

2　微信推广　>>>

　　微信推广可以在朋友圈推广,也可以建立微信公众号进行推广。下面介绍具体的内容。可以将产品分享到自己的朋友圈,一天不要分享太多,三次即可,要在不同的时间段进行分享，如早中晚，具体时间根据个人微信好友的具体情况来操作。这样让微信好友看到新产品信息的机会增大，同时让好友好奇并关注这条信息，直到他打开这条信息，当他打开时就增加了阅读数量，就有机会二次分享和传播。

还可以建立微信公众号进行产品推广。使用微信公众号推广要注意以下事项。

➤ 首先要开一个公众号，建议是订阅号。

➤ 不要上来就发广告，否则公众号的粉丝数会一直保持 100 以下或零。

➤ 尽量使用自己的朋友圈进行转发。可以策划一些活动，如转发就送××，关注送××等。

➤ 微信的粉丝可以按照地区分类，这样发布的信息可以有地域性地推广。

➤ 不要不舍得花钱。在微信朋友圈发布"关注和转发"就送试用装或者小包装物品，没有太大成本，等于花钱买粉丝，还是比较合算的。

➤ 要收集用户资料。推广活动不能乱策划，一定要注重用户资料的手机号，如关注微信公众号后回复"自己的姓名和手机号码"才能获得赠品。

11.3.4　利用百度推广

百度是全球最大的中文搜索引擎、最大的中文网站，如果卖家的淘宝店铺能在百度搜索到，将大大增加店铺的销量。下面介绍利用百度推广方面的知识。

1　使用百度空间

百度空间相当于卖家的博客，可以发一些商品的介绍，或者行业新闻之类的，要根据自己店里所销售的商品发一些相关的内容。在发布的时候，标题多写几个关键字，记得在每篇文章结尾处加上自己店铺的链接，这样当别人搜索的时候，很轻易就可以看到发布的文章，在看文章的同时又看到了店铺，看到店铺的同时又能看到介绍的商品。

2　百度知道

卖家可以在百度知道上回答别人的问题，但要回答与自己店铺产品相关的问题，比如你是卖电脑的，就找电脑行业的回答，卖服装的就找服装行业的回答，其他行业也是如此。在回答问题的时候，下面有一个参考资料的位置，这个位置是卖家需要注意的，每次回答问题的时候，都可以把自己店铺的链接写到这个地方，记得要认真回答，如果你的问题被采纳为最佳答案的话，浏览量会成倍地增长，能够给自己的店铺多几次露脸的机会。

11.3.5　在淘宝论坛中宣传与推广店铺

淘宝论坛以舒适、简约、关注细节为核心理念，坚持为会员提供电商资讯与走精品路线，为你呈上发现美与感动的电商生活哲学。淘宝论坛关注热爱生活之青年人的内心世界，期待与广大会员一起发现符合自己想象的互联网。

淘宝开店·装修·管理与推广

在这里，广大会员可以找到自己要阐述观点的地方，可以发发心情、写写日志，留住生活的点点滴滴。同时，社区会员发帖、回复，得到的积分可以换取免费礼品，劳有所获。会员还可以进行淘宝店铺介绍、淘宝店铺推广和淘宝店铺服务等操作，提高自己店铺的流量和销售成绩。

淘宝论坛，是最具人气的淘宝店铺推广社区论坛，以淘宝网为依托，为卖家提供论坛资讯信息，力求给客户一个简洁舒适的快速阅读门户页面，如图 11-39 所示。

图 11-39

知识拓展：如何在论坛发表帖子

登录到淘宝论坛网站 https://index.bbs.taobao.com/home.html，选择要发表帖子的板块类型，然后单击【发帖】链接，在弹出的对话框中，在【标题】文本框中输入帖子的标题，在【详情描述】文本框中输入帖子的内容，单击【发表】按钮即可。

Section 11.4 专题课堂——网店推广三大法宝

导读　随着淘宝网的快速发展，通过竞价排序的推广方式也越来越适合网店的推广，如淘宝直通车、淘宝客和钻石展位。本节将详细介绍网店推广三大法宝方面的知识。

11.4.1 淘宝直通车

微课堂
00分14秒

淘宝直通车是由阿里巴巴集团下的雅虎中国和淘宝网进行资源整合，推出的一种全新的搜索竞价模式，是淘宝网店店主经常使用的一种推广自身店铺的方式。下面将详细介绍在淘宝直通车推广方面的知识。

淘宝直通车概述

直通车是为淘宝卖家量身定制的一款功能，是一款按点击付费的效果营销工具，实现宝贝的精准推广。淘宝直通车推广，在给宝贝带来曝光量的同时，精准的搜索匹配也给宝贝带来了精准的潜在买家。

使用淘宝直通车推广，一次点击，让买家进入卖家的店铺，产生一次甚至多次的店铺内跳转流量，这种以点带面的关联效应可以降低整体推广的成本和提高整店的关联营销效果。同时，淘宝直通车还给用户提供了淘宝首页热卖单品活动、各个频道的热卖单品活动，以及不定期的淘宝各类资源整合的直通车用户专享活动。

2 直通车广告展位

直通车展位是在淘宝网上出现在搜索宝贝结果页面的右侧(12 个单品广告位，3 个页面推广广告位)和宝贝结果页的最下端(5 个广告位)。搜索页面可一页一页往后翻，展示位依次类推，如图 11-40 所示。

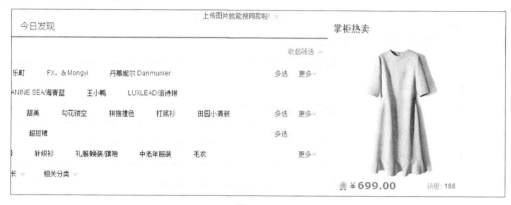

图 11-40

3 直通车推广方式

在淘宝网中，直通车推广方式包括宝贝推广、店铺推广、明星店铺推广和活动推广等。下面介绍直通车推广方式方面的知识。

> 宝贝推广：宝贝推广是最基础的直通车推广方式，以关键词为基础，推广宝贝，运用最广泛。宝贝推广最多可设置 200 个关键词。

> 店铺推广：推广店铺首页、系列、专题页等方式，也是以关键词为基础，最多可添加 1000 个关键词。

> 明星店铺推广：明星店铺是以品牌展示为主，一般是品牌旗舰店可以开通，不能自主添加关键词，不能自主出价。明星店铺推广产出投入比高，因为搜索品牌产品的顾客，都是对品牌有一定认知的。

> 活动推广：活动推广，一般是以热卖单品的形式，是直通车推广中点击单价最低的，一般只要几角钱而已。

11.4.2 淘宝客

淘宝客推广是非常实惠的推广方法，只有当卖家的产品卖出后才会支付佣金给淘宝客，而佣金的比例是由你自行决定的，利润高就适当增加比例，反之就减少。下面将详细介绍淘宝客方面的知识。

1 什么是淘宝客

淘宝客推广是一种按成交计费的推广模式，淘宝客只要从淘宝客推广专区获取商品代码，任何买家(包括您自己)经过您的推广(链接、个人网站、博客或者社区发的帖子)进入淘宝卖家店铺完成购买之后，就可得到由卖家支付的佣金。

简单来说，淘宝客就是指帮助卖家推广商品并获取佣金的人，这个购买必须是有效购物，即确认收货。在淘宝客中，有淘宝联盟、卖家、淘客以及买家四个角色，他们每个都是不可缺失的一环。

2 淘宝客的优点

淘宝客推广是很多淘宝卖家比较中意的一种网店推广方式，因为其省时省力省钱。下面介绍淘宝客有哪些优点。

➢ 淘宝客的力量：其实很多网店的成交量都来自于淘宝客，在淘宝联盟中，也可以看到很多知名品牌商招淘宝客的帖子。可见，淘宝客的力量是许多淘宝卖家认可的。

➢ 淘宝客推广：只要开通淘宝客，卖家的淘宝客流量就一直存在，而且如果卖家的生意越来越好，愿意为你推广的淘宝客也就越来越多，那么推广的效果也就越来越好。

➢ 只有成交了才付费：淘宝客付费方式和直通车不同，就算利润都分给淘宝客，但是只要不亏本，基本上每单都能赚，而且提高了销量，也提高了商品的人气，与直通车运作方式相比，费用也相对较低。

3 淘宝客的组成模式

在淘宝客中，有淘宝联盟、卖家、淘客以及买家四个角色，这些角色组合在一起形成了现在的淘宝客组成模式。下面将详细介绍淘宝客组成模式方面的知识。

➢ 淘宝联盟：是一个推广平台，帮助卖家推广产品，帮助淘宝客赚取利润，在每笔推广的交易中抽取相应的服务费用。

➢ 卖家：是佣金的支出者，他们提供自己需要推广的商品到淘宝联盟，并设置每卖出一件产品愿意支付的佣金。

➢ 淘宝客：是佣金的赚取者，他们在淘宝联盟中找到卖家发布的产品，并且推广出去，当有买家通过自己的推广链接成交后，就能赚到卖家所提供的佣金。

> 买家：就是单纯的购买者，网购的购物人群。

专家解读：如何设置淘宝客

登录到淘宝并进入【卖家中心】页面，然后单击【营销中心】区域中的【我要推广】链接，进入推广页面，单击【淘宝客】链接，进入淘宝客管理后台，在这里可以创建淘宝客推广计划。

11.4.3　钻石展位

微课堂

00 分 16 秒

钻石展位是淘宝网图片类广告位竞价投放平台，是为淘宝卖家提供的一种营销工具。钻石展位依靠图片创意吸引买家点击，获取巨大流量。钻石展位是按照流量竞价售卖的广告位。下面介绍钻石展位方面的知识。

1　钻石展位的显示位置

钻石展位展示商品的顺序主要与两个因素有关：展位的剩余流量值以及商家出价的高低情况。通常钻石展位会在这几个位置出现，即淘宝首页焦点、一屏右侧横幅 banner、淘宝底部通栏中的小图、淘宝垂直频道和收藏夹底部的小图和通栏等，如图 11-41 所示。

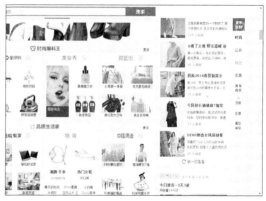

图 11-41

2　钻石展位合适的定向

使用钻石展位的过程中，卖家需要对自己的钻石展位进行合适的定向规划。下面介绍钻石展位定向方面的知识。

> 群体定向：群体定向的优点是可一次锁定较为广泛的人群。当店铺品牌需要提升知名度、大批量引入新客户时，适合使用群体定向。
> 兴趣点定向：兴趣点定向的优点是可以一次定向较精准的目标人群，定向直达细分类目。当店铺需要推广单品、关联性单品，或者举行单品相关活动时，非常适合使用兴趣点定向。兴趣点定向较群体定向精准，但流量也较群体定向少，适合

淘宝开店·装修·管理与推广

平时促销、店内活动等。

➢ 访客定向：访客定向的优点是可以一次定向较精准的目标人群，维护店铺的老客户并同时挖掘竞争对手的客户和潜在客户。访客定向非常适合日常推广和持续积累客户使用。访客定向是精准度最高的一种定向，其原则是，守住自己的客户，再去抢对手家的客户。

Section 11.5 实践经验与技巧

在本节的学习过程中，将侧重介绍和讲解与本章知识点有关的实践经验及技巧，主要内容包括包邮促销的技巧、卖家使用淘宝客的技巧及适合做淘宝直通车推广的产品和店铺等方面的知识。

11.5.1 包邮促销的技巧

包邮促销是很多卖家在店铺运营时都用过的营销方式，包邮其实是卖家和买家玩的一种心理战，只有巧用包邮方式，才能让订单销量跟着起来。下面介绍包邮促销方面的技巧。

1 包邮的底线要求 》》》

要想能在包邮活动里赢得利润，卖家首先应当清楚自己能承受的邮费成本是多少，而且卖家在包邮活动前必须预估出一个对买家的吸引力和利润最大化的平衡点。

在制定包邮策略前，卖家可以先行一个月采集未包邮时的数据，比如转化率、客单价、人均购买件数、整体成交金额等，以此作为参考并评估活动效果。一般情况下，可以在平均客单价的基础上提升 20%～30%作为包邮的标准依据。

2 满 N 元包邮 》》》

满 N 元包邮是为了提升网店的客单价而产生的，因此从经营角度来看，开展满 N 元包邮需要店内的各种价格数据。满 N 元包邮的最大优势在于能使店铺低购买力人群提高客单价，因此满 N 元包邮应当尽量避开一般意义下的单品包邮。

卖家要根据商品爆款设置合理额度。因为产品包邮是一项促销活动，所以满 N 元包邮的额度应当比店内主推的套装价格要低。因为主推套装如果与包邮额度处于同一水平线，那么套装对买家的吸引力就会下降，活动就失去了意义。

3 创意组合冲击销量 》》》

卖家在包邮时，必须要搞清楚到底哪些商品最可能成为客户的主要购买商品，围绕商品再进行组合包邮。要想让买家多买，宝贝间当然要关联性比较高，产品依然是核心。搭配销售的非主推商品应当以便宜且高利润为特点。这样的组合，可以吸引到更多的购买人数，而搭配商品则消化掉部分邮费，让邮费问题不再难以解决。这样的方法比较适合高邮费的商品。

而且如果店铺商品的单价很低，这样的包邮组合可以适当提高订单的利润率，让包邮条件不再高，适用更多卖家使用包邮促销的方式。

11.5.2 卖家使用淘宝客的技巧

00 分 12 秒

卖家在与淘宝客合作的过程中，如何和淘宝客合作是有操作技巧的。下面介绍卖家使用淘宝客技巧方面的知识。

1 调整佣金比例

提高淘宝客的佣金比例，这对淘宝客来说是非常有吸引力的。

2 挑选优秀的商品

挑选优秀的商品，绝对是有效推广的有力保证之一。只有在众多商品中脱颖而出，首先吸引淘宝客的目光，才能带来好销量。淘宝客推广绝对不应该成为卖家滞销品的仓库，只有诱人的销售记录，有说服力的商品，才能带给淘宝客和买家信心。

3 设置优秀的标题

突出卖家希望传达给买家的商品价值点，比如卖家的某样商品正在搞促销，或者有赠品，最好能在商品的标题和详细描述里面明确体现出来，这样能快速吸引淘宝客的目光。

11.5.3 适合做淘宝直通车推广的产品和店铺

00 分 23 秒

淘宝直通车是一个不容错过的重要宣传工具，但不是所有的淘宝产品和店铺都适合做淘宝直通车推广。下面介绍适合做淘宝直通车推广的产品和店铺方面的知识。

1 信用度在一钻以上，好评率高于97%的卖家

很多新手卖家，可能想通过做直通车快速提升信用，其实这样并不合算。原因很简单，前期投入很大，换回的信用度却很低，所以信用度在1钻以下，好评率低于97%的卖家不建议做淘宝直通车推广。

2 有累计售出记录再做直通车的店铺

有些卖家的商品累计售出记录为0，这时如果做直通车推广的话效果会很受影响。客

户都有从众心里，谁都不愿意第一个购买不知道品质的产品，即使卖家的产品是最新上市的，最好能先提升销售成绩，有很好的销售记录在网店页面中，客户购买卖家的宝贝也就会很放心。

3　有特色的商品　>>>

所谓个性化产品，是指有独特功能或特点的大众化消费品。有些卖家推荐的产品，虽然质量好、价格低，但毫无特色，自然得不到买家的光顾。即使有销量，相比于直通车的费用，也很难实现盈利。

4　独家经营的产品　>>>

由于网络上经营的成本比较低，如果能够取得某种商品在网上的品牌经营权，再以低于传统市场的价格出售商品，辅以相应的直通车关键词，一定可以取得不错的成绩。

11.5.4　钻石展位投放流程的注意事项

钻石展位有了良好的素材，在投放方法上如果不得当，会造成流量成本过高，或者达不到理想的效果。根据不同的投放需求，应该有不同的投放计划。下面介绍钻石展位投放流程的注意事项方面的知识。

> 卖家要根据自己的流量需求设定出价价格，避免浪费。
> 所选取位置的平均价格，这个可以向淘宝客服要数据，但出价应确保自己能获取流量。
> 人群定位，应根据自己的需求，如果预算少，应当尽量精准维度；如果卖家有足够多的资金，应当放宽维度的限制，以确保足够的流量。
> 店铺溢价，就是当这些店铺的顾客浏览到你竞价的钻展位置时，优先获得展示。
> 根据所选位置的时间函数图，设定自己展示的时间段，以确保点击率。
> 要学会最后一刻出价，因为出价情况会不断变化和调整，所以要确保自己以最低的价格获得最高次数的展示。

一点即通：钻石展位制作技巧

在钻石展位展示的宣传产品在制作时要使用一些技巧，包括钻石展位的主题要突出，要主打品牌定位或促销信息，字体和颜色不能超过三种，信息表达明确，文字创意与图片相结合，同时创意主色不要超过三种，排版布局要适当留白。

11.5.5　利用百度贴吧推广网店

百度贴吧，是百度旗下独立品牌，全球最大的中文社区。贴吧创建的目的是结合搜索引擎建立一个在线的交流平台，让那些对同一个话题感兴趣的人们聚集在一起，方便地展

开交流和互相帮助。贴吧是一种基于关键词的主题交流社区，它与搜索紧密结合，准确把握用户需求，为兴趣而生。

利用百度贴吧推广自己的网店，卖家应注意以下几点。

- ➢ 贴吧选择是关键。百度贴吧是百度自己的产品，而且被寄予的权重相对较高，所以在选择百度贴吧时要注意宣传方式，如果过于直接宣传，很可能被封帖。
- ➢ 帖子标题要想好。发布帖子时，帖子的标题很重要，标题不但要新颖、吸引人，而且一定要带自己网站的关键词，同时也要注意帖子标题的长度。
- ➢ 帖子内容要相关。百度的每个贴吧都是有管理员的。在发帖子的时候一定要发和自己的标题相关的内容，而且帖子内容也同样符合优化的原理，只要在内容里面合理布置关键词，是可以很好地推广自己的网店的。
- ➢ 帖子数量要把握。通过这几年的推广经验发现，运用百度贴吧做推广发帖时，每天帖子数量的限制不是确定的。
- ➢ 贴吧顶帖不宜频繁。在百度贴吧上发布的帖子，每天都要去顶一次，不过不要太频繁。

11.5.6　钻石展位竞价技巧

淘宝钻石展位以浏览量计费，出价是很讲究技巧的，若出价高则肯定会上推广，但却不是最划算的，要找到一个最划算的价格，首先要明白出价购买的是千次展现量。下面将详细揭秘钻石展位竞价技巧方面的知识。

1　竞价时一定要冷静

建议在开始竞价前先研究自己选中的广告位特征，以及最近的出价数据，看准了计算好后再出手，切忌不顾一切地去抢广告位，有时候因为一时冲动竞价，结果却抢到了不合适自己的商品展位。

2　科学出价

合适的出价，才可以在相同的预算下获得更多的流量和更高的点击量。要选择流量较大的时间段，如 19:00～21:00，在这个时间段投放广告会取得很好的优先权。

3　快速竞价

每天在 15:00 之前的几分钟是竞价最激烈也是最实惠的，很多卖家往往在前几秒出价或加价，所以创建了投放计划后，可以利用创建快速竞价迅速抢位。

4　什么时间最好

时间的选择也很重要，在非高峰的时间段和你竞争的人少，价格也相对低一些。当然，这个时间你最好在线，如果客户来了没人接待，那么就可能丧失卖出商品的机会。在购物高峰期流量相当大，那些排在前面的预算可能很快就用完了，然后就轮到后面那些出价比较低的卖家展示了。

Section 11.6　有问必答

1. 使用直通车推广时出价有什么技巧？

可以删除过去 30 天展现量大于 100，但点击量为 0 的关键词，根据转化数据，找到成交 TOP50 的关键词，提高关键词出价，然后根据转化数据，将关键词的花费由高到低排序，降低转化低于 2% 的关键词出价。

2. 淘宝客推广类型有哪些？

一种是拥有独立平台的专业淘宝客，精通网站技术，搭建专业的平台，如淘宝客返利网站、独立博客、商品导购平台等，通过用户分享来吸引客户，赚取一定的佣金。另一种是自由淘宝客，没有固定的推广方式，不管技术还是实力都不是很雄厚，主要通过论坛、博客、SNS 平台，或者微博、邮件、QQ 群等作为推广方式，很适合大众新手。

3. 报名聚划算对宝贝有什么要求？

报名聚划算的宝贝必须保证为全新商品，不能是二手闲置、清仓货或其他淘宝违规商品；如果是非品牌旗舰店的，须出示授权书。报名宝贝所属类目是店铺总交易额占比 30% 以上的主营类目，原则上最近一个月内真实销售记录须在 10 个及以上。宝贝一个月内成交记录中不得含有低于商品报名时原价的销售记录。若商品前期有折扣活动，上线原价须占销售记录里的 60% 以上。

4. 钻石展位的推广形式有哪些？

一是单品推广，适合热卖单品，想要打造爆款，通过一个爆款单品带动整个店铺的销量的卖家；长期引流，并不断提高单品页面转化率的卖家。二是活动店铺推广，适合有一定活动运营能力的成熟店铺，以及需要短时间内大量引流的店铺。三是品牌推广，适合于明确品牌定位和品牌个性的卖家。

5. 淘宝直通车与淘宝客之间有什么区别？

淘宝直通车是卖家加入直通车平台后，买家主动搜索时，在最优位置展示你的商品，买家点击才付费，可以自由控制花销、合理掌控成本。而淘宝客是卖家加入淘宝客平台后，买家被动接受推荐的宝贝，但能激发买家潜在的购物需求；宝贝免费被推荐，交易成功后才支付自己设定的佣金；被推荐的店铺所有的商品，都列入佣金支付范畴。

第**12**章

手机淘宝店

本章
要点

❖ 手机端淘宝店概述

❖ 装修手机端淘宝店

❖ 手机端的运营推广

❖ 专题课堂——无线端淘宝工具

本章主
要内容

　　本章主要介绍手机端淘宝店概述和装修手机端淘宝店方面的知识，同时讲解手机端的运营推广方面的内容。在本章的专题课堂环节，则介绍无线端淘宝工具方面的知识。通过本章的学习，读者可以掌握手机淘宝店方面的知识，为深入学习淘宝开店·装修·管理与推广知识奠定基础。

手机淘宝是一款由淘宝网官方出品的手机应用软件，集天猫、聚划算和淘宝商城为一体，具有搜索比价、订单查询、购买、收藏、管理和导航等功能。本节将介绍手机端淘宝店方面的知识。

12.1.1 了解手机端淘宝店

微课堂 00分12秒

随着智能手机的普及，越来越多的人习惯用手机购物，而随着手机淘宝用户的增多，手机端淘宝店铺的流量和成交量也在逐步上升，如图 12-1 所示。

图 12-1

12.1.2 手机端淘宝店的特点

微课堂 精品阅读 READ TIME

手机端淘宝店已经越来越受卖家的喜爱，其有以下优点。

➤ 手机端淘宝店的可视范围小，商品比较集中，更加能提高产品的销量。

➤ 对于买家来说，手机端淘宝店不分时段和场合都可以访问，有些 90 后买家有半夜逛淘宝的习惯，所以作为卖家不能放过任何提高销量的机会。

➤ 买家在手机端购物时，不会问东问西，甚至还向卖家讨要赠品或折扣、砍价等情况，在不需要任何咨询的情况下，可以马上下单付款。

➤ 手机端淘宝店由于展示位较少，流量集中，所以排名更容易靠前，同样点击率也会增多。

➤ 由于手机端与 PC 端淘宝店的关键词在设置上是不同的，所以手机端的关键词能获得好的排名。

 知识拓展：使用手机淘宝遇到问题如何解决

在使用手机淘宝时如果遇到问题，可以使用【我的小蜜】功能来解决日常淘宝中所遇到的问题。进入【我的小蜜】界面以后，就可以看到小蜜能够帮助解决的各种问题，包括售后、退款、支付宝等问题。

Section 12.2 装修手机端淘宝店

 在手机端淘宝店中，店铺装修是非常重要的一个环节。相比 PC 端淘宝店，手机端淘宝店的装修操作起来更加简单。本节将介绍装修手机端淘宝店方面的知识。

12.2.1 设置手机店铺店招

微课堂 00 分 52 秒

淘宝店招对店铺来说是标志性的门牌，从一个店铺的店招可以很容易看清该店铺的整体风格和宝贝定位，因此设置好店招对于店铺的宣传起很大作用。下面介绍设置手机店铺店招的操作方法。

操作步骤 >> Step by Step

第1步 登录淘宝并进入【卖家中心】页面，在【店铺管理】区域单击【手机淘宝店铺】链接，如图 12-2 所示。

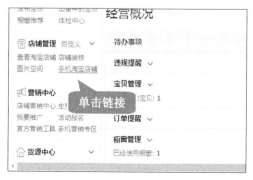

图 12-2

第2步 页面跳转至【手机淘宝店铺】页面，在页面的右上方，单击【立即装修】按钮 ，如图 12-3 所示。

图 12-3

淘宝开店·装修·管理与推广

第 3 步 页面跳转至【无线运营中心】页面，单击【店铺首页】按钮🏠，如图 12-4 所示。

图 12-4

第 5 步 进入【店铺头模块】的编辑页面，将鼠标指针移至店招位置，单击出现的【重新上传】链接，如图 12-6 所示。

图 12-6

第 7 步 进入【裁剪图片】页面，**1.** 裁剪图片，**2.** 单击【上传】按钮 ✔上传，如图 12-8 所示。

图 12-8

第 4 步 打开【手机淘宝店铺首页】页面，单击【手机淘宝店铺首页】页面中的店招位置，如图 12-5 所示。

图 12-5

第 6 步 弹出【图片小工具】对话框，选择要作为店招的图片，如图 12-7 所示。

图 12-7

第 8 步 返回【店铺头模块】页面，单击【确定】按钮 确定，如图 12-9 所示。这样即可完成设置手机店铺店招的操作。

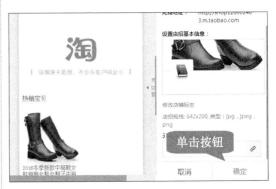

图 12-9

知识拓展：**手机店铺的店招尺寸**

　　手机店铺的店标设置与 PC 端店铺的设置方法一样。一般手机店铺的店招要经常进行更换，这样可以使店铺更有吸引力。但要注意的是，PC 端的店招图片尺寸为 950 像素 × 150 像素，而手机端的店招图片尺寸为 642 像素 × 200 像素。

12.2.2　手机宝贝模块展示与设置

微课堂
01分13秒

　　在手机店铺装修中，设置完店招与店标后，就需要进行宝贝模块的装修了。下面介绍手机宝贝模块展示与设置方面的知识。

1　宝贝类模块的设置

　　宝贝类模块装修展示的是宝贝在手机店铺首页的效果，展示方式包括智能单列宝贝、智能双列宝贝、宝贝排行榜和猜你喜欢搭配套餐模块。下面介绍设置宝贝类模块的操作方法。

操作步骤　>>　**Step by Step**

第1步　进入【无线运营中心-无线装修】页面，*1.* 在左侧导航栏中，选择【宝贝类】选项，*2.* 选择要使用的宝贝模块，将其拖曳至手机装修板块中，如【宝贝排行榜】，如图 12-10 所示。

第2步　释放鼠标，在页面右侧的【宝贝排行榜】模块区域，*1.* 设置类目、关键字、过滤价格等信息，*2.* 单击【确定】按钮 确定 ，如图 12-11 所示。这样即可完成设置宝贝类模块的操作。

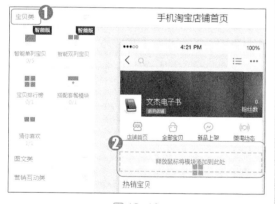
图 12-10

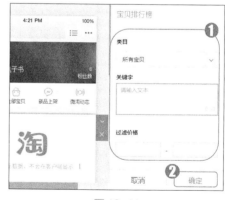
图 12-11

2　图文类模块的设置

　　图文类模块包括切图模块、视频模块、标签图、标题模块、文本模块、单列图片模块、双列图片模块和多图模块等，店主需要使用哪种模块，将模块拖曳至手机装修板块中进行设置即可。下面以标题模块为例，介绍设置图文类模块的操作方法。

淘宝开店·装修·管理与推广

操作步骤 >> Step by Step

第1步 进入【无线运营中心-无线装修】页面，**1.** 在左侧导航栏中，选择【图文类】选项，**2.** 选择【标题模块】并将其拖曳到手机装修板块中，如图 12-12 所示。

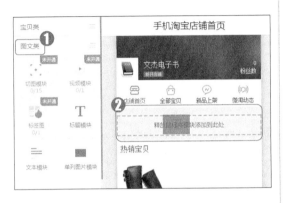

图 12-12

第2步 释放鼠标，在页面右侧的【标题模块】区域，**1.** 在【文本】文本框中，输入标题名称，**2.** 单击【确定】按钮 确定 ，如图 12-13 所示。这样即可完成设置图文类模块的操作。

图 12-13

3 营销互动类模块的设置

营销互动类模块包括倒计时模块、优惠券模块、店铺红包、电话模块、活动组件、专享活动和活动中心模块等。下面以电话模块为例，介绍设置营销互动类模块的操作方法。

操作步骤 >> Step by Step

第1步 进入【无线运营中心-无线装修】页面，**1.** 在左侧导航栏中，选择【营销互动类】选项，**2.** 选择【电话模块】并将其拖曳到手机装修板块中，如图 12-14 所示。

图 12-14

第2步 释放鼠标，在页面右侧的【电话模块】区域，**1.** 在【电话号码】文本框中，输入手机号码，**2.** 单击【确定】按钮 确定 ，如图 12-15 所示。这样即可完成设置营销互动类模块的操作。

图 12-15

12.2.3　手机宝贝详情页发布

在手机淘宝店铺发布宝贝详情页，可以获得淘宝赋予的三个扶持：一是流量倾斜，二是搜索加权，三是可以获得活动优先展示的权限。下面介绍手机宝贝详情页发布的操作方法。

操作步骤 >> Step by Step

第1步 登录淘宝并进入【卖家中心】页面，在【宝贝管理】区域，单击【出售中的宝贝】链接，如图 12-16 所示。

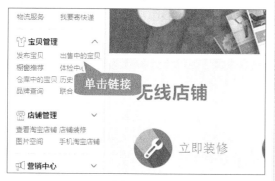

图 12-16

第2步 在需要发布手机详情页的宝贝的右侧，单击【编辑宝贝】链接，如图 12-17 所示。

图 12-17

第3步 下拉滚动条至页面下方，在【手机端描述】区域，**1.** 单击【导入电脑端描述】按钮，**2.** 在弹出的消息框中，单击【确认生成】按钮，如图 12-18 所示。

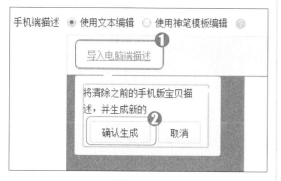

图 12-18

第4步 此时可以看到导入的详情页面，单击【发布】按钮，如图 12-19 所示。这样即可完成手机宝贝详情页发布的操作。

图 12-19

🔘 **知识拓展：发布手机详情页注意事项**

在手机宝贝详情页中，可以添加音频、图片、纯文字等内容。发布的单张图片要小于1.5MB，宽度要在 620～960 像素之间，高度要小于 960 像素，并且一个详情页只可以发布一个音频文件，大小要小于或等于 200KB。

淘宝开店 · 装修 · 管理与推广

Section 12.3 手机端的运营推广

现在淘宝的发展趋势越来越倾向无线端，那么做好手机端淘宝店的运营是非常重要的。本节将详细介绍手机端的运营推广方面的知识。

12.3.1 码上淘

微课堂
00 分 42 秒

码上淘是阿里巴巴基于手机淘宝扫码场景下各种丰富多彩的官方运营的码(二维码、条形码)业务。下面介绍码上淘推广手机店铺的操作方法。

操作步骤 >> Step by Step

第 1 步 登录淘宝并进入【卖家中心】页面，在【店铺管理】区域，单击【手机淘宝店铺】链接，如图 12-20 所示。

图 12-20

第 2 步 进入【手机淘宝店铺】页面，在【码上淘】区域，单击【进入后台】按钮，如图 12-21 所示。

图 12-21

第 3 步 进入【欢迎使用码上淘！】页面，在页面的右侧，单击【进入码上淘】按钮，如图 12-22 所示。

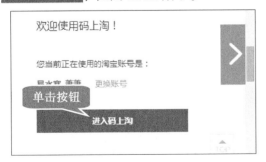

图 12-22

第 4 步 进入【淘宝码上购】页面，在左侧导航栏中，单击【通过宝贝创建】链接，如图 12-23 所示。

图 12-23

第5步　进入【确定扫码内容】页面，**1.** 选择宝贝，**2.** 单击【下一步】按钮 下一步，如图 12-24 所示。

第6步　进入【关联推广渠道】页面，**1.** 选择渠道标签，**2.** 单击【下一步】按钮 下一步，如图 12-25 所示。这样即可完成使用码上淘推广手机店铺的操作。

图 12-24

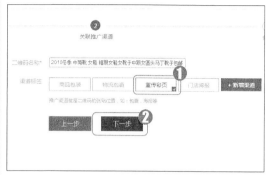

图 12-25

知识拓展：码上淘的主要功能

码上淘，即"一切从码开始"，就是说可以通过对商品上条码的解读，搜索该商品在主要电子商务网站上的售价，来为消费者提供价格参考信息，并且可以通过扫二维码浏览资讯，下载手机软件、电子书、主题、铃声、游戏等。

12.3.2　微淘

微课堂

00分46秒

微淘是手机淘宝变形的重要产品之一，微淘的核心是回归以用户为中心的淘宝，而不是小二推荐、流量分配，每一个用户都有自己关注的账号、感兴趣的领域。

微淘的定位是基于移动消费领域的入口，在消费者生活细分领域，为其提供方便、快捷、省钱的手机购物服务，然后通过订阅的方式，获取信息和服务，并且运营者、粉丝之间能够围绕账号产生互动。下面介绍微淘方面的操作方法。

1　微淘的好处

首先，微淘在很大程度上拉近了买家与卖家的距离，由于手机的可移动性，大家可以随时进行交流和沟通，买家可以随时关注自己喜欢的宝贝，这样在买家和卖家之间就形成了一个圈子，而不用守在电脑前了。比如，一个卖手机的淘宝店铺，只需要在微淘上发布自己的促销信息，那么用户在搜索其需要的手机型号时，就会直接搜索出来多家提供这种型号手机的卖家，然后买者可以根据自己的喜好选择，非常方便。

其次，微淘解决了卖家一直纠结的无限流量的入口问题。在微淘没有出现的时候，流量的入口一直都是模糊不清的，阿里巴巴因为考虑到该问题才发布微淘。

最后，微淘使淘宝的卖家在制作网页内容时的成本大大降低了，而且提高了效率。手机的微淘有一个主要的特点就是页面内容的简化，只留下关键的买家需要的东西。这样既方便广大买家的浏览，又可以提高速度和效率，非常实用。

2　使用微淘发布信息　>>>

对于淘宝卖家而言，借力于微淘营销，通过微淘后台发布各类新产品信息，可以让店主的粉丝及时知道店铺动态，进行客户关系管理，精准互动，提高客户黏性，进行品牌传递，直至达到成交。下面介绍使用微淘发布信息的操作方法。

操作步骤　>>　Step by Step

第1步　登录淘宝并进入【卖家中心】页面，在【店铺管理】区域，单击【手机淘宝店铺】链接，如图 12-26 所示。

图 12-26

第2步　进入【手机淘宝店铺】页面，在【无线店铺】区域，单击【发微淘】按钮，如图 12-27 所示。

图 12-27

第3步　进入【无线运营中心】页面，在【发微淘】区域，*1.* 选择【发广播】选项卡，*2.* 选择【图文广播】子选项卡，如图 12-28 所示。

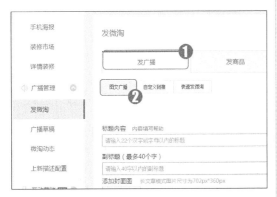

图 12-28

第4步　展开【图文广播】界面，*1.* 在【标题内容】区域，设置标题内容，*2.* 在【添加封面图】区域，上传图片，如图 12-29 所示。

图 12-29

第5步　下拉滚动条至页面底部，*1.* 上传宝贝或图片，*2.* 在【添加活动】区域添加活动，*3.* 单击【发送】按钮，如图 12-30 所示。

第6步　发送微淘信息成功，可以使用手机淘宝查看发布的广播信息，如图 12-31 所示。通过以上步骤即可完成使用微淘发布信息的操作。

图 12-30

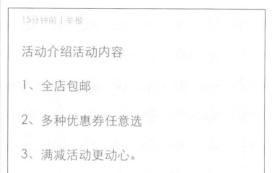

图 12-31

12.3.3　无线直通车

微课堂
00 分 17 秒

无线直通车是 2013 年 9 月底上线的无线推广产品，推广方式包含站内和站外。下面介绍无线直通车方面的知识。

1　设置无线直通车的标题和图片　>>>

无线直通车的标题和图片在设置时要有一定的技巧。下面介绍设置无线直通车的标题和图片方面的知识。

➢ 无线标题：无线标题要突出宝贝的主要卖点，抓准产品核心关键词用于填写标题，在手机端搜索时，可以看到列表有很多产品标题都是非常短的，这些标题都是系统根据关键词的历史反馈，比如点击率、转化率、收藏加购等综合指标对比生成的，所以意味着这些标题中的关键词都是当前类目表现非常优质的。如果这些标题里有与你的宝贝相关的词组，这时候可以用于标题优化，也可以放在直通车计划中投放，但切记一定要跟自己的宝贝相关性好。

➢ 无线图片：无线端对于图片的要求更高，影响也会更大，买家是否点击宝贝很大程度上取决于图片能否引起买家兴趣。由于手机屏幕大小的限制，所以图片一定要清晰，产品占满图片，要观察对比的是前后自然搜索排名列表产品主图，做出差异化，突出自身产品的优势。一张好图成功地吸引买家，店铺的点击率会迅速飙升。

2　开好无线直通车的几大要点　>>>

在使用无线直通车时，要使用一些策略，下面介绍开好无线直通车的几大要点。

➢ 产品价格适中。因为上网环境限制、网络限制，无线端的时间是比较零碎、规律的，现在主要是以 20 多岁的年轻人为主，普遍消费能力偏弱，以客单价比较低的宝贝为主。

淘宝开店·装修·管理与推广

> 与 PC 端区分。手机端的店铺装修、详情页等与 PC 端都是不一样的，毕竟两者屏幕大小都不一样；另外，由于搜索习惯等的不同，无线引流、关键词、出价等也与 PC 端完全不同，需要有针对性地优化。

> 选好工具。工欲善其事，必先利其器。无线端要装修、要选折扣等，因此要选择适合自己的无线工具提高工作效率。

Section
12.4 专题课堂——无线端淘宝工具

 随着网络的飞速发展，网店的实用工具不仅适用于电脑，在手机端淘宝店中，卖家也可以使用无线端淘宝工具进行收货、发货、转账等操作。本节将详细介绍无线端淘宝工具方面的知识。

12.4.1 手机支付宝

00 分 18 秒

支付宝手机客户端是支付宝官方推出的一款集手机支付和生活应用为一体的手机软件，通过加密传输、手机认证等安全保障体系，可以随时随地使用淘宝交易付款、手机充值、转账、信用卡还款、水电煤气缴费等，如图 12-32 所示。

图 12-32

1 **手机支付宝的特点**

手机支付宝在支付、购物时会更加人性化，且安全性很高。下面介绍手机支付宝的特点。

➢ 移动快捷支付：加密传输、无密支付和无密开关、支付密码多重安全保障。

➢ 在淘宝信用卡商户购买商品，可以使用信用卡完成支付，安全、方便。

➢ 免输密码支付:按账户安全级别，提供 50～200 元无密支付限额。本功能是以安全为前提，为用户提供的便利操作，在账户管理中可方便地开通/关闭此功能。

2　手机支付宝转账

手机支付宝有三种转账方式，分别是转给我的朋友、转到支付宝账户和转到银行卡。卖家在进行商品销售时，可以使用转账功能管理交易的款项，如图 12-33 所示。

图 12-33

12.4.2　手机千牛

手机千牛使用起来也很方便，当卖家不方便使用电脑或担心订单不能及时处理时，可以使用手机千牛进行操作。下面介绍在手机千牛中添加管理工具的操作方法。

操作步骤　>>　**Step by Step**

第1步　登录手机千牛，在【工作台】区域单击【设置】图标，如图 12-34 所示。

图 12-34

第2步　进入【工具设置】界面，单击要添加工具右侧的【添加】按钮，如图 12-35所示。这样即可完成添加管理工具的操作。

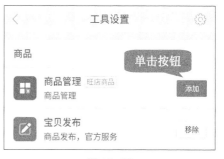

图 12-35

淘宝开店·装修·管理与推广

 专家解读：如何使用手机千牛

在手机千牛上第一次使用添加的工具时，需要进行授权设置才可使用。另外，在手机面板中的【消息】区域，点开可以与买家进行在线沟通，如果要进行手机店铺的推广，可以在【我的】区域，单击【营销中心】图标，在【营销中心】页面选择推广工具即可。

12.4.3　淘宝助理

微课堂　00分39秒

卖家在使用【淘宝助理】软件时，也可以直接对手机宝贝的详情页进行发布。下面介绍使用淘宝助理发布手机宝贝详情页的操作方法。

操作步骤　>>　Step by Step

第1步　登录【淘宝助理】软件，在【我的助理】页面，单击【出售中的宝贝】链接，如图12-36所示。

第2步　进入【宝贝管理】界面，**1.** 选择要发布手机宝贝详情页的宝贝，**2.** 选择【手机详情】选项卡，如图12-37所示。

图 12-36

图 12-37

第3步　在【手机详情】界面，**1.** 单击【导入】下拉按钮，**2.** 在弹出的下拉菜单中，选择【导入页面版详情】菜单项，如图12-38所示。

第4步　弹出【一键导入】对话框，提示【导入页面版详情操作会清空已有手机端宝贝描述，是否继续？】信息，单击【是】按钮，如图12-39所示。

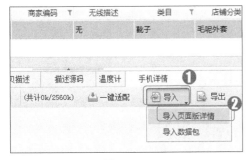

图 12-38

图 12-39

第 5 步 导入手机详情页后，**1.** 单击【验证】按钮 ，**2.** 单击【保存并上传】按钮 ，如图 12-40 所示。这样即可完成使用淘宝助理发布手机宝贝详情页的操作。

■ 指点迷津

在【手机详情】界面，还可以单击【添加音频】按钮，为要发布的宝贝详情页添加音乐。

图 12-40

Section 12.5　实践经验与技巧

导读　在本节的学习过程中，将着重介绍和讲解与本章知识点有关的实践经验及技巧，主要内容包括手机淘宝营销的推广方式、手机端修改交易价格等方面的知识。

12.5.1　手机淘宝营销的推广方式

微课堂
00分10秒

手机淘宝营销的推广方式有很多，目前比较有效的方式有无线直通车、钻展、SEO 和社交平台推广。下面介绍手机淘宝营销推广方面的知识。

1　无线直通车

无线直通车是在移动端通过直通车投放，给予宝贝在移动端更多展示机会的一种手机推广方式。关键词投放是吸引流量的来源入口。除此之外，直通车的定向推广也已经增加了手机端展位。在投放关键词的同时，开启单独定向推广投放手机端展位也是一个不错的尝试，而且手机端定向推广，相比 PC 端点击率会好很多，所以用比较低的价格也许能获取更多的流量。

2　钻展

钻展是淘宝图片类广告竞价投放平台，主要依靠图片的吸引而给用户带来巨大的流量，是一种付费的网店推广方式。钻石展位是淘宝方便卖家推广的一个平台，与直通车类似，都是方便卖家进行快速店铺推广，但是钻石展位的收费模式和直通车是不同的。钻石展位是通过千次展现次数来计费的，对于店铺的活动和主打产品的推广很有帮助，但不

淘宝开店·装修·管理与推广

适合长期推广。无线钻展大大加强了淘宝无线端的推广力度，也是淘宝手机店铺引流的好帮手。

3　SEO

使用 SEO 的方式做手机端淘宝推广也是非常有效的，把宝贝的标题设置好，如加入一些搜索热词，还有客户常用搜索的关键词组合等，然后再把手机宝贝的描述做好，打开宝贝描述的手机端，立即设置手机宝贝详情页，即可获得流量倾斜、搜索加权和优先展示的提示。淘金币、产品的折扣和手机淘宝的成交量，以及手机搜索进入店铺的成交率等都影响着权重。

4　社交平台推广

社交平台是类似于微博、微信这些聚集着巨大用户的平台，在这些平台上可以发布一些信息，想做这种推广的店主可以到网上找一个适合自己的社交平台来做推广。

12.5.2　手机端修改交易价格

卖家在手机端销售商品时，有时会遇到修改交易价格的情况。下面将介绍手机端修改交易价格的操作方法。

操作步骤　>>　Step by Step

第1步　登录手机淘宝，在【设置】界面，单击【我是商家】链接，如图 12-41 所示。

第2步　进入【我的店铺】界面，单击【订单管理】图标，如图 12-42 所示。

图 12-41

图 12-42

第 3 步 进入【订单管理】界面，选择【待付款】选项卡，如图 12-43 所示。

图 12-43

第 4 步 在要修改价格的宝贝下方，单击【修改价格】链接，如图 12-44 所示。

图 12-44

第 5 步 进入【修改价格】界面，**1.** 输入要减去的价格，**2.** 单击【确认修改】按钮 确认修改 ，如图 12-45 所示。

图 12-45

第 6 步 此时可以看到修改后的交易价格，如图 12-46 所示。通过以上步骤即可完成手机端修改交易价格的操作。

图 12-46

12.5.3 用好手机直通车推广

现如今电子商务已经从 PC 端开始到无线端的全方位布局，卖家们也更重视手机淘宝直通车的推广。下面将介绍用好手机直通车推广方面的知识。

1 合理出价

合理出价很重要，出价应该尽量在前三页。但是前面特别贵，流量又特别大，掌握不好的话，钱很容易打水漂。需要耐心地根据后台数据调整，而且一直要调整。对于产品非常有针对性的关键词，如果做的人不多的话，可以直接做到第一页。

2 合理利用类目出价

类目出价个人认为也是必要的，特点是点击花费相对较低，而点击量大，但是针对性相对要小，而且多数点击的都是新买家，效果相对要差点，怎么使用需要自己权衡。

3 合理安排不同时间段的出价

现在直通车功能越来越强劲，可以分时段出价，这可是省钱的好办法。不同的行业设置不同。

4 耐心跟踪，及时调整

这点要切记，每天都要看效果，可以结合一些数据统计工具进行分析，要是发现全是类目出价，就要小心了，最好是设置的关键词都有均衡的点击。相对便宜的关键词点击越多越好，当然少不了热门关键词了，一定要调整到平衡才对。

12.5.4 手机淘宝店铺首页如何装修

微课堂
00 分 18 秒

店铺首页是整个手机店铺的门面，因此在装修时要美观、有吸引力才行。下面介绍手机淘宝店首页装修方面的知识。

1 店招设置

店招主要的作用就是介绍店铺的名字和店铺的主营产品，让买家看到店招之后就知道店铺里主要是经营什么产品的，也确定了整个店铺的风格。店招图片尺寸是 640 像素×336 像素、大小在 100KB 以内。

2 双列图片

双列图片的作用非常大，也是店铺非常重要的一个传送门设置，它能够快速地让顾客找到他们想要的商品，所以这个模块最好是放上店铺热销的商品，以促进销量的提升。图片的尺寸为 296 像素×160 像素、大小在 100KB 以内。

3 焦点图模块

通过焦点图可以设置活动页面、分类页面，近期店铺的一个活动和主推宝贝都可以放到里面。图片尺寸是 608 像素×304 像素，大小在 100KB 以内，数量为 2 张。

4 左右图文

左右图文可以设置成单品的活动页面，也可以设置为店铺的优惠券，让用户第一时间看到店铺的一个活动展示。图片要求的尺寸是 608 像素×160 像素，大小在 100KB 以内。

5 辅助线和标题文本块

辅助线是用来区分宝贝分类的一些区域，以此增加用户体验。标题文本块可用店铺的热卖新品或特价促销广告语，是吸引买家的一个传送入口。

6 文本模块和宝贝模块

文本模块可以将店铺产品的一个风格定位，将产品的目标人群，以及产品主推的一些优势放到上面，让顾客产生购买的欲望。

宝贝模块可以把店铺的主推宝贝排版为自动推荐、手动推荐和自定义等。

12.5.5 微淘发布商品类内容的要求

在手机微淘发布商品类的内容时，不是所有的内容都可以发布的，下面是微淘发布商品类内容的要求。

> - 商品图片不包含文字、牛皮癣、价格，商品图片展示商品清晰美观的照片或概念图。同一微淘发布的内容应保持统一的商品及图片风格。
> - 微淘发布的封面图保证干净整洁、图片清晰，不包含文字、牛皮癣、价格等信息，突出商品元素。尺寸为 800 像素×800 像素。
> - 商品类内容以及标题，以突出特定类商品为主，或者以商品的亮点为主。
> - 除上新外，微淘发布详情里面不可堆砌商品，每一个宝贝需要对商品进行充分说明和介绍，以及使用场景。

→ 一点即通：微淘发布资讯类内容的要求

不含商品，文章内容在 500 字以上，一般 800～2000 字为佳，深度好文可更长，有丰富教学图，且教学图必须清晰美观，与文字内容相辅相成，文字及图片排版必须工整美观，行间距、字间距整齐统一，有分段，有逻辑，有层次。

Section 12.6 有问必答

1. 子账号如何登录手机淘宝？

目前手机淘宝客户端不支持子账号登录。

2. 优惠券是否可以在手机淘宝上订购？

目前优惠券仅支持在电脑端订购，不支持在手机淘宝上订购。

淘宝开店·装修·管理与推广

3. 手机淘宝如何删除商品?

手机淘宝商品在发布成功之后,可以在手机淘宝 APP 里,选择【我的淘宝】,在【我是卖家】页面的【宝贝管理】区域,选中要删除的宝贝,单击【删除】按钮,即可解决该问题。

4. 电脑上发布的商品可以在手机淘宝上修改吗?

目前在电脑上发布的商品,在手机淘宝上可以做简单的修改,包括可以修改商品的价格、库存等信息,但并不是所有的信息都可以修改。

5. 无线直通车优化有哪些技巧?

当关键词不错(质量分高于 7 分),但是展现量不够,不想删除的就加价;当关键词的展现量够,但是点击率不够,例如低于 0.5%,进行降价;当展现量、点击率都不错,但是转化能力差,例如低于 1%,进行降价处理;当 ROI 效果好,进行加价,反之进行降价处理。

6. 无线手机淘宝的发展现状和未来怎么样?

未来手机淘宝不一定等于购物,它还承载着生活消费入口的功能,并且提供与用户地理位置相关的服务。用户可以在手机淘宝里实现各种消费支付、优惠券获取和管理。基于用户的地理位置,未来手机淘宝上还将有"生活圈"概念的功能。

7. 手机淘宝端展示的商品主图是第六张主图吗?

目前无线端的搜索页和店铺页展示的是第六张主图,即长图,使用长图的商品数据效果更佳,后续长图也将会作为营销活动的基础门槛。

第**13**章

运营与管理网店

本章要点

❖ 管理网店的库存

❖ 管理网店的人员

❖ 专题课堂——网店运营

本章主要内容

　　本章主要介绍管理网店的库存和管理网店的人员方面的知识，同时在专题课堂环节，讲解网店运营方面的知识。通过本章的学习，读者可以掌握运营与管理网店方面的知识，为深入学习淘宝开店·装修·管理与推广知识奠定基础。

Section
13.1 管理网店的库存

导读 在经营网店的过程中，卖家最担心的就是货品积压问题，因此实时地对货物进行库存管理是非常有必要的，库存管理可以有效地对店内售卖的商品进行有针对性的有序管理。本节将详细介绍管理网店的库存方面的知识。

13.1.1 商品编码

微课堂
00分17秒

在淘宝网店经营的过程中，为了方便卖家管理、买卖商品，可以给商品设定商品编码，这样在买家拍下商品后，可以按照编码发货，避免发错商品。下面介绍商品编码方面的知识。

1 编码应易理解、易懂 >>>

商品编码应该控制在 10 个数字以内，这样方便卖家理解和记忆。同时，代码要避免出现数字"1"和小写字母"1"、数字"0"和字母"o"混淆在一起的情况，通常情况下，可以采取纯数字的方式。如果要加入字母，要避免出现字母和数字多次交叉的情况。

2 唯一性 >>>

唯一性是指商品项目要与其商品编码对应，一个商品项目只有一个编码，一个编码只指向一个商品项目。假如两个不同的商品项目共用一个代码，或者同一个商品项目有几个代码，就会发生识别混乱的情况。这样的商品编码就失去了指向性的作用，甚至起到了反作用。

3 含义明确 >>>

相对于数字本身及位置不表示任何信息的无含义编码，有含义编码更适合网店管理。有含义编码，即数字本身及位置能够表示商品信息代码。代码的含义是为了网店人员能够从代码中读懂商品的大致信息。而一个完整的商品代码应该包括以下几个项目，如供货商信息/产地、商品种类、规格、颜色、包装、上架时间、品质等级、状态等。同时，卖家可以按照自己的实际情况进行项目调整。

13.1.2 商品仓储管理

微课堂
00分17秒

商品仓储管理是经营网店时必不可少的一个环节，将种类繁多的商品进行统一管理，既方便查找发货，又可以实时清点数量。下面介绍商品仓储管理方面的知识。

1　商品入库管理

经营网店，想要让商品质量给买家留下好的印象，在做商品入库管理时，卖家要仔细检查入库的商品。下面介绍商品入库管理的注意事项。

➢　所有的货物入库前，须检验后才可入库。

➢　办理入库登记时，对照物品与类目、型号、尺寸、颜色等规格进行分类放置。

➢　仓库管理员对所有入库的物品要及时入账、登记。

2　商品发货管理

发货不及时、发错货等情况都会降低网店的信誉，因此卖家在做商品发货管理时，应注意如下事项。

➢　发货前，对当天所要发的快递单按款式、数量、颜色进行分类，并对所发的数量和款式进行登记。

➢　注意查看快递面单上所需的物品，确认后方可包装发货。

➢　打包发货时要仔细检查，留心每一个细节，检查无误后，才可发出。

➢　打包时应注意包裹内与面单上的所需物品是否齐全，包裹包扎是否严实，确认无误后才可发货。

➢　发货员在检查货物时，发现问题，应及时处理，不能修复的，及时上报，有问题的货物应分出来独立存放。

➢　快递公司领走包裹后，相关工作人员及时做出库登记。

3　商品储存管理

在对商品进行储存管理时，建议卖家要做到以下几点。

➢　按货物的款式、种类、型号、规格、有序地归类摆放。

➢　仓库货架物品摆放整齐，分类清楚。

➢　货架上要标明分区及编号，须标示醒目、便于盘存和提取。

➢　对次品统一放置，形成"实体库"，破损严重的记"坏件库"。

⊛ 知识拓展：商品仓储管理技巧

如果卖家经营的网店拥有线下仓库，那么在储存商品时要经常进行盘点。通过盘点，核对店铺订单与库存商品之间的关系，算出商品的库存数量及补货数量，将真实数据更新到网店中。

13.1.3　电商促销库存管理

参加促销的商品主要是出于清理库存、加快货物周转和资金流转的目的，在产品促销

时，库存管理也是很有讲究的。下面介绍电商促销库存管理方面的知识。

1　促销时库存的准备数量

一般情况下，促销活动主打的商品，在活动结束后，仍能保持很高的转化率，所以主打商品的数量应该多准备一些。

准备一些其他热销商品，这些商品需要和活动主打商品有关联，搭配套餐销售这些商品，建议准备比平时月销量多一倍的库存。

当然，按对活动销量的预期，整个备货周期当然是越长越好，因为时间越宽裕，解决促销活动出现的问题的余地也越大。

2　上架商品和仓库货物的管理

考虑到促销时，流量集中在入口商品等少数几个商品上，活动商品本身难以盈利，建议活动当日应该有意识地控制在架商品数量。这样可以将那些销量不好、库存不多的商品下架，其好处，一是可以降低仓库配货的难度，二是可以减少客户的选择难度。

13.1.4　如何做好库存管理

在经营网店的时候，卖家应对自己店铺的库存信息有所了解，这样可以及时了解已有库存、运送途中的补货、退换货等情况，方便网店的正常运营。下面介绍如何做好库存管理方面的操作知识。

1　紧盯库存巧管理

很多网店为了迎合中低端市场，开设了仓库。当举行大型促销活动时，海量交易会让库存变化更加剧烈。这种情况下，库存管理直接会影响到卖家的营销计划。所以要时刻检测库存情况，反馈出产品哪些类别还有存货、哪些产品需要进货。

2　销售跟着库存跑

完备的库存日报，需要更有效地截取仓库进出调度的数据。卖家需要专心品控仓库商品数的流动情况，以便制定出顾客咨询、催付、推销的策略，拣货时也能从容应对。

库存日报数据表格，要一目了然地反映出期间的销售情况、销量变化、退换货的原因和内部调拨等数据。如果数据出现落差，可结合产品类目来查看原因。

3　甩开压货风险

采购入库的各项数据都要列入表格，以便于了解供货商的生产能力、次品率的高低。在实际的采购过程中，应综合长期的销售数据得出店铺的库存数据范围，然后卖家根据这个库存数据的均值制订采购计划。

Section 13.2　管理网店的人员

导读　如果网店的经营已经具备一定的规模，人员的管理也就势在必行。网店人员管理得好，可以更好地提升网店的形象和品质。本节将介绍管理网店的人员方面的知识。

13.2.1　怎样找到合适的员工

在招聘网店员工的过程中，卖家面临的一个问题就是如何找到适合网店、能为网店发展带来动力的好员工。下面介绍一些找到合适的员工的操作技巧，供用户参考使用。

1　招聘前的准备工作　》》》

在招聘员工之前，一定要清楚该岗位员工所必备的条件，并对职位的描述清晰明确，同时应聘者的语言表达能力是基本要求。

2　现场招聘　》》》

现场招聘人员良好的仪表和着装姿态能反映一个网店集体的整体水平，现在很多招聘者在现场都表现得过于随意，职业化意识较差。比如，在招聘面试过程中使用不文明词语、玩手机等，在越来越多地要求应聘者素质的时候，招聘者自身却表现出与此极为不称的行为，对招聘质量造成了不好的影响。

13.2.2　计算员工工资

招聘员工后，卖家应根据自身的运营能力和员工的工作水平来制定员工的工资数额。在淘宝网中，常见的员工工资计算方法有两种，下面分别介绍这两种计算方法。

1　单纯的工资计算　》》》

这类工资结算方法，是按照双方事先约定好的工资基数来进行操作的，比如签订工作合同前，商定每月支付 1500 元作为工资发放给员工，那么员工不再得到其他报酬作为工资发放。

2　底薪+提成的方式计算　》》》

这类工资结算方法是按照双方事先约定好的工资基数和工作抽成基数来发放工资的。

淘宝开店·装修·管理与推广

这类方法的特点是，工资基数不高，但抽成基数较高，越有能力的员工其分得的抽成也越高，加上自己应得的工资基数，其实际工资收益很丰厚。

13.2.3 缓解客服压力

微课堂
00分18秒

淘宝客服每天都要和各种各样的买家打交道，加上由于高强度的工作量，客服很容易产生疲劳和压力，因此店主应适当缓解客服的压力。下面介绍缓解客服压力方面的知识。

1 创建良好的工作环境 >>>

在服务区域摆放一些绿色植物，良好的通风、充足的光线、适宜的湿度和室内温度，舒适的座椅，宽敞的休息室、会议室，及时地维修或置换有故障的办公设备，如耳麦、电脑、键盘、鼠标等。

2 明晰的工作职责 >>>

通过工作分析，制定明晰的工作说明书，确定员工的工作职责和权利，避免由于职责不清引发组织内的冲突。

3 制定相应的策略缓解压力 >>>

完善的绩效管理制度、工作流程并及时给员工相应的培训、指导和反馈；通过培训提高全体员工对压力管理的认识，使其掌握一定的压力管理技巧；同时，企业还应当为员工提供适当的运动设施，定期体检，从长远出发提高员工的整体健康水平。

4 提升客服人员的技能 >>>

通过针对性的培训，可以帮助和提升服务人员对工作的认知程度，并能掌握必要的工作技巧和技能等。

5 为客服人员提供职业生涯规划 >>>

通过职业生涯规划，帮助员工客观地认识自己，抛弃期望值太高的目标，使员工站在最合适的定位上，处于一个最佳的平衡状态，既不会因为定位过高而面临过度压力，也不会因为定位过低而面临匮乏压力。

6 团队及文化建设 >>>

通过团队及文化建设，不仅能够有效地提高员工的凝聚力，而且可以创造出一种轻松、上进的工作氛围，使员工在努力实现自我目标的同时，有力地促进组织目标的实现，网店企业可以经常举办聚餐、运动会等活动，释放员工的压力。

7　顺畅的信息传递渠道

管理者通过加强与客服人员的沟通，及时了解客服人员的心声，如定期与员工之间进行沟通或设立意见箱等。

13.2.4　采取措施挽留优秀员工

优秀的员工，有时对网店造成的影响是巨大的，当优秀的员工毅然离去时，管理者有责任和义务采取积极的措施把这些员工挽留下来。那么，管理者在面对优秀员工流失时，该如何挽留他们呢？

1　时刻关注员工动态

对一个网店而言，最可怕的不是员工的流失，而是优秀员工投奔到竞争对手的阵营里去。要想有效地防止这种情况的发生，就要及时地了解员工的思想动态。

一旦发现员工并不忠诚，管理者就应该一方面帮助他转变思想、解决问题，另一方面加强有关防范工作。

2　及时做出反应

当优秀员工的辞职报告呈上来后，管理者应尽快在最短的时间内做出回应，任何迟疑、怠慢都有可能让其理解为冷漠、轻视，使他们更坚定离职的决心。

3　要面对面地沟通

与辞职员工最好是面对面地交流。通过面谈，察言观色，尽可能地了解员工离职的真正原因，或许还有一些挽回的余地。

在与员工面对面沟通时，管理者要旁敲侧击地了解员工离职的真相，这样就能让员工说出离去的理由，根据员工的离职原因再找对策。

4　帮助员工解决问题

帮助员工解决问题并不仅仅指帮助员工解决经济、生活等问题，还包括帮助员工解决心理问题，这样说不定可以挽留住员工。

13.2.5　打造优秀的网络销售团队

00分17秒

任何一个企业都需要有一支富有激情和战斗力的销售团队，来完成公司下达的销售任务，而这个团队不是随网店的建立与生俱来的，是逐步打造而成的。下面介绍如何打造优秀的网络销售团队方面的知识。

1 确定销售团队的目的

每一个网店由于自己的经营范围、经营方式、经营品种的不同而对销售团队的要求各有不同。因此，在组建销售团队前，网店企业一定给其一个准确的定位和明确的目的。而召集销售人员时就要根据自己的需要确定用人标准。

2 给销售团队明确的工作目标

任何一个团队都需要有明确的目标，一项任务有一个目标，无论是长期的还是短期的，目标必须十分明确。明确了目标，团队工作就有了方向，这样团队工作就有了动力。

而这个工作目标的确定是根据企业需要、团队设立的目的而确定的，企业应将目标具体量化，方便销售团队完成。

3 制定适合的团队制度

制定适合的团队制度的作用有三点：一是规范团队成员的行为，保证每个成员都能按要求完成自己的工作职责；二是明确团队及每个人的职责，每位员工的职责都不同，明确在工作中每个人应该所做的工作内容及工作流程；三是平衡团队中成员间的利益关系及团队与公司的利益关系。只有平衡团队成员间的关系，成员配合才会更融洽、默契；而平衡团队与公司的利益关系，团队合作才会更积极、认真。

知识拓展：如何选择销售团队的带头人

作为团队的带头人，除具备销售人员的优秀技能和特质外，还要有组织协调能力、决断能力，以及很丰富的市场经验，在遇到选择和突发事件时能平衡利弊得失，及时做出正确决断，能够制定出最合理的销售政策。

Section 13.3 专题课堂——网店运营

在网店的运营过程中，卖家应掌握一些基本的运营知识，如金牌卖家店铺管理应具备的能力、网上开店常见骗术大全、金牌卖家揭秘交易中的技巧、找到网店生意冷清的原因、网店经营者必备的心态和打造网店品牌等知识。本节将详细介绍网店运营方面的知识。

13.3.1 金牌卖家店铺管理应具备的能力

微课堂 00分16秒

淘宝运用数据、通过给卖家打标的方式，对一段时间内成交好、服务好、口碑好的卖家进行激励，这些被激励的卖家被称为金牌卖家。淘宝金牌卖家是一种荣誉和认可，有助于买家降低购物决策成本，安心购物。而要成为金牌卖家，在店铺管理时应具备以下能力。

➢ 指导的能力：是指能扭转陈旧观念，并使其发挥最大的才能，从而使营业额得以提高。

➢ 教育的能力：能发现员工的不足，并帮助员工提高能力和素质。

➢ 数据计算能力：掌握、学会分析报表、数据，从而知道自己店面成绩的好坏。

➢ 目标达成能力：指为达成目标，而需要拥有的组织能力和凝聚力，以及掌控员工的能力。

➢ 良好的判断力：面对问题有正确的判断，并能迅速解决的能力。

➢ 专业知识的能力：对于所卖产品的了解和营业服务时所必备的知识和技能。

➢ 经营网店的能力：是指经营网店所必备的管理技能。

➢ 改善服务品质的能力：是指让卖家的服务更加合理化，让顾客有亲切感、方便感和信任感。

13.3.2 网上开店常见骗术大全

微课堂
00分12秒

在网购的过程中，不仅买家会遇到各种骗子，卖家也会遇到各种骗子骗财骗物。下面介绍一些网上开店常见的骗术，供各位卖家开店时参考。

1 拿货开溜

各位卖家在交易时，切不可着急出货。有的买家谎称自己不会使用支付宝，收到货后再用银行汇款，但往往只要货一发出，这位买家就"人间蒸发"。所以交易时，一定要使用支付宝支付，提升交易安全等级。

2 骗取半价

有的买家称信不过卖家，先付一半的货款，作为定金，货到后再付余款。卖家也不要相信对方，因为只要你的货发出，那一半的货款可能就收不回来了。

3 谎称付款

卖家切记在发货前要查看交易状态买家是否已付款。有些买家在旺旺上留言谎称已付款，有些粗心的卖家不看交易状态就轻易相信，从而造成损失。

4 真传假汇

有的买家把银行的汇款单传真过来，卖家要在查清汇款是否到账后再发货，因为有些传真来的汇款单是假的。

5 同城交易无记录

有的买家与卖家同城交易后，却申请支付宝退款，理由是"没有收到货"，卖家自然是无法提交发货凭证的，只好吃哑巴亏。还有买家联合快递来行骗，让快递到卖家处拿货，等卖家把东西一交，骗子立刻在支付宝申请退款，说没发货。

6　退货之后藏隐患　　　>>>

如果买家要求退货，一定要在收到货后再退款。如先退款，卖家的货就有可能丢失了。一定要严格按流程走，收到退货后再退款或换货，为了防止买家在货物上做手脚，一定要当着快递的面拆开，检查后再签字。

7　木马病毒搞破坏　　　>>>

如果有买家发来一个陌生网址问卖家是否售卖该产品或要求卖家在其网站上进行注册等，很可能卖家登录网址的那一刻就中了木马病毒，或是登录了钓鱼网站。如果卖家在一个假冒的网上银行页面上输入账号和密码，那就更危险了。所以，登录网站时，一定要警惕，并且数字证书、杀毒软件必须安装，一个也不能少。

8　破解密码占为己有　　　>>>

卖家一定要设置并管理好自己的密码、登录账号、支付工具账号、注册邮箱密码等。切不可图省事全用一个密码，让骗子有机可乘，当发现异常情况时要及时与客服联系。

9　假的支付截图骗取财物　　　>>>

此骗术是对方拍下卖家的商品后，马上发来一个"买家已付款等待卖家发货"的付款截图，然后不断地催促卖家发货，如果卖家单凭看到这个截图，没去管理中心或查看邮件通知中查看订单详情，就发货给买家，那么很有可能就上当了。所以无论对方如何催促，一定要在自己的管理中心或查看邮件通知中查看到订单信息后才能发货。

作为卖家，也许未遇到上述情况，但依旧要时刻提高警惕，因为必要的积极防范不是坏事。

13.3.3　金牌卖家揭秘交易中的技巧

作为金牌卖家，在商品交易的过程中同样需要提高警惕。下面介绍交易中的技巧方面的知识。

- ➤ 在交易前，买卖双方务必签署正规的交易合同，交易时，使用支付宝等第三方支付工具，保证货款安全。
- ➤ 关于订金，订单总额较大的应提高订金比例，如至少预交总金额 30% 的订金。
- ➤ 线下交易，尽可能采用现款现货的方式，避免"赊销"货款。为防止银行支票和汇票的风险，务必款到才发货。
- ➤ 发货时，选择信誉度高的运货公司，并保存相关的交易证据。

应注意的是，在使用支付宝交易过程中，需要多关注订单的状态，不同的订单状态代表不同的意思，比如，订单如果显示"交易关闭"，说明买家并未付款，此时，如遇买家告知其已经付款，让卖家线下退款给他，卖家需要谨慎操作。

13.3.4　找到网店生意冷清的原因

微课堂
00 分 23 秒

很多开店新手都会面对生意冷清的局面，如果想要经营好自己的网店，卖家就需要总结自己网店经营惨淡的原因。下面介绍几种网店生意冷清的原因。

1　销售产品的需求度

网店销售的品种现在是五花八门、琳琅满目。卖家必须了解自己所选择的产品是否有关注度、其需求度高不高，较高当然成交概率就高。相对来说需求偏少的门类，虽也有做得好的，但毕竟相对热门产品来说，成交概率偏低，所以经营偏门的产品需要付出更大的耐性和毅力，需要有等待被发现、接受、积累的持久战心理准备。

2　商品价格是否合理

在网店经营的过程中，如果卖家的商品既热门又紧俏，而且还低利润，相信很快就会有大批的顾客前来抢购。相反，如果价格定得过高，高利润意味着吸引顾客的力度也大大降低，造成卖不出去的风险。所以卖家需要平衡货物库存和价格之间的关系。

3　检查商品的照片

商品的照片效果不好，会大大影响顾客判断和挑选的感受。因为网络销售第一感观就是图片，一张好的图片胜过卖家的文字宣传力度，如果卖家都不能被自己的图片吸引，那么以视觉为主的顾客就更吸引不到，这样就会影响店铺的浏览量，所以一定要将商品照片拍摄得既精美又真实。

4　销售的商品多样化

售卖商品时，可以多向顾客推荐商品，此举弥补了一些顾客一次完成多次购买需求的愿望，既节省时间，也节约费用，现在很多顾客都会搭配购买，在慢慢促进成交数量的同时，也会加快店铺信用的增长。

卖家如果能改善经营单一的局面，经营比重也不断地调整变化，相信卖家很快就能找到更适合自己的经营之道。

5　在线时间

足够的在线时间是网店成功经营的基本条件，虽然足够的在线时间并不能保证生意一定红火，但是足够的在线时间是保障不会错失生意的必要因素之一。所以卖家要合理安排自己的在线时间。

6　实用的宣传手法

通过友情链接、登录搜索引擎、论坛发帖顶帖、参加活动等手段，进行长期不懈的积累，才能起到宣传自己网店的作用。无须所有的方式面面俱到，找几个适合自己的宣传方式，这样宣传途径才会事半功倍。

7　经常关注同行或最新流行资讯

卖家要多从电视、杂志和老同行卖家那里了解最新的资讯信息，判断自己的商品是否会热销，只有掌握了顾客需求，才能掌握顾客的"购买欲望"，所以要用心去经营，才能得到更多顾客的需求。

8　评测自己的服务水平

现在很多卖家都更真诚、更细致地服务顾客；从服务中让顾客感受到卖家的性格、态度、品性和专业度。如何做到服务得恰如其分，卖家只有客观地寻找自身原因，理性地积极改善，才能让网店走得更顺更畅。

13.3.5　网店经营者必备的心态

微课堂
00分17秒

网店的经营是一个日积月累的漫长的过程，需要卖家一直保持着热情和激情，并不是一朝一夕就能够获取盈利的，所以网店的经营者需要时时刻刻保持良好的心态，以便更好地运营网店。

1　坚持不懈的心态

网上开店心态最重要，只有坚持，需要卖家做好服务方面和宣传方面的各种工作，即使一开始生意很冷清，也要有坚持不懈的精神，这样才能看到成功的那天。

2　不断学习的心态

卖家不仅仅要学习前辈们的经验，同时也要学习各方面的技能。比如可以去那些成功的店铺，看看自己可以借鉴哪些成功经验。

3　了解风险意识

再小的买卖也是有风险的。卖家需要用冷静的头脑去分析市场，做事有条理、有依据、有决断，未雨绸缪，就可以把风险控制在最小范围内。切忌畏缩不前，盲目冲动。网上开店创业最大的失败就是放弃，三分钟热度是对自己的不负责任，只有调好心态，不断地提高自己的从业技能，才不会在激烈的竞争中惨遭淘汰。

4　务实耐心的心态

做工作要实实在在，成功的人都是从每一件小事做起的，只有脚踏实地地把小事做好，才能为大事做准备。在网上开店，每天重复的事情很多，如店铺管理、推广宝贝，这需要卖家有足够的耐心去解释，否则就会失去很多顾客，没法做好生意。

5　推陈出新的心态

卖家要学会观察身边的市场，时刻保持自己的商品能推陈出新。不好的习惯和方法就要改正，自己要多创新。有了这种心态，自己才会不断地去改变，才不会落后于人。

6　把顾客当朋友的心态

卖家要把顾客当作自己的朋友去对待。只有真心对待每一个人，生意才能持久发展。如果总想着自己能占别人的便宜，那么店铺是无法发展下去的。

7　勇于承担责任的心态

如果销售给买家的货有了问题，卖家千万不要找借口推卸责任，要勇于把责任承担起来。有了这样的气魄，买家才会信任你，误会才会消除。有了相互之间的信任，生意自然红火起来。

13.3.6　打造网店品牌

建立良好的网店品牌形象，能让更多的买家记住店铺，可以培养很多店铺的忠实客户。下面介绍打造网店品牌需要做到哪些方面。

首先，卖家要积极塑造店铺形象，给买家一个良好的第一印象，并达到吸引眼球的目的。现代社会越来越注重形象，因此一定要重视店铺的形象塑造，它是左右买家进入店铺消费的重要依据。塑造店铺好形象，卖家在开店初期就要有整体的定位和思路，在店铺装修的时候，从店标、签名档、店铺公告栏到模板、分类栏都要进行整体的定位和塑造，给买家一种这是一家专业、正规的网店的感觉。

其次，专业的店家形象塑造，优质的服务和良好的业务素质很重要。当买家用旺旺进行咨询，与商家进行沟通交流时，询问一系列相关的问题，这就要求卖家一定要耐心、热情地予以回答，不但要迅速地对买家的意图和需求做出判断，还应该对自己的商品及外延知识有全面了解，适时给买家以专业的建议。

要保持热情、友好、不卑不亢的态度。强行推销只能让买家反感。在买家咨询的时候，体现店铺的专业性，让买家对店铺有一个好的印象，塑造店铺专业的形象。

最后，卖家要通过试用营销树立店铺好口碑，塑造店铺好品牌的形象。而试用营销是指商家把商品免费发放给买家，让买家亲身体验店铺的服务及商品，用好的商品及服务来

淘宝开店·装修·管理与推广

赢得买家对店铺的认可，为店铺树立良好口碑。

而且在买家参与店铺试用活动中，会对店铺有一个深刻的印象，写试用报告时会记住店铺品牌，还帮助卖家把店铺好品牌分享到各大社区平台，让更多的买家认识到店铺品牌，帮忙塑造店铺好品牌形象。

 专家解读：金牌客服的打造

现如今，每个商家都在为打造一支优秀的淘宝金牌客服团队而努力，这就说明客服已经在网店销售中占据一个非常重要的地位，而金牌客服的打造要做到两点：一是了解顾客的需求，二是了解顾客的类型。

Section 13.4 实践经验与技巧

 在本节的学习过程中，将着重介绍和讲解与本章知识点有关的实践经验及技巧，主要内容包括如何做好老客户营销、网店的管理技巧、网店配送人员的应聘要求和如何提高网店的工作效率等方面的知识。

13.4.1 如何做好老客户营销

从运营的角度来讲，网店最终的目的就是把新顾客变成老顾客并长期维持下去，这样淘宝网店的经营才能长久发展。而要想做好老客户营销，卖家就需要做到如下几点。

➤ 成立客户维护团队，尤其是需要维修类的产品，在买家拿到产品时，致电给买家，询问是否顺利地收到宝贝，并询问是否有损坏或者有哪些方面不了解。

➤ 建立店铺老会员群还是很有必要的，不一定每天都要推销产品，但是基本维护是必需的，找合适的理由来说服大家加入店铺群。

➤ 做客户调查，了解客户，才能真正做好营销。调查表是个不错的选择，当然，这不是单纯的调查，是为第二次客户营销做准备的。假设要送赠品，其实最好是送店铺里的其他产品，目的不是为了盈利，而是为了让客户体会不一样的购物过程，当然，成本等要控制好。

➤ 类似清仓的一些产品，其实最好的方法就是回馈给老客户。一直在卖的产品，低折扣再清仓，很多时候是在伤老客户的心。

13.4.2 网店的管理技巧

00分20秒

网店与实体店一样，只要有货品存在就需要仓储管理，有资金出入就需要财务管理，有客户存在就需要客户管理。由于网店的特殊性，网店的管理比实体店更复杂，包括图片管理、发货管理等都是实体店不曾涉及的。下面将详细揭秘网店的管理技巧方面的知识。

1　合理安排时间　>>>

在淘宝网开店的掌柜们大都有时间不够用的感觉，一方面为了保持店面的新鲜感，必须进货、上货、拍照、处理图片，另一方面还得接受客户咨询、包装货品、发货等。因此卖家就必须对时间进行合理划分，按淘宝的时间规律以及事情的轻重缓急进行有序地安排，一周有一周的时间计划，每天有每天的时间安排，这样才能达到有条不紊、忙而不乱的效果。

2　用表格实现科学化管理　>>>

在经营网店时可以使用数据库管理店铺数据，也可以使用 Excel 或者 Word 表格来管理，具体操作有以下内容。

- ➢ 利用库存表格进销存管理，随时了解货物的进出情况。哪种货物销售得好、哪种货物销售得差，以及每种货物还有多少库存等，都能从这些表格里反映出来。
- ➢ 可以建立现金日记账，记录每天的现金收入与现金支出，随时掌握现金流量情况，计算现金周转率，据此指定销售策略，提高现金利用效率。
- ➢ 建立客户资料表格，尽可能详尽地记录每一个客户的资料，包括姓名、性别、地址、电话、年龄、生日、爱好等，以备所需。

3　客户关系管理　>>>

良好的客户关系是促进成交以及再次成交的有力武器，而经营好与客户的关系，可以提升客户忠诚度以及店铺美誉度。

- ➢ 诚信经营是良好客户关系建立并得以持续巩固的前提。诚信主要包括提供质量有保障的产品、重承诺、讲信用等。
- ➢ 销售前热情地接受咨询，售中仔细包装、快速发货，售后全程跟踪耐心指导。细心的人肯定看出来了，其实这就是服务的全过程，热情、耐心、细致的服务，是打造客户关系的必要条件。

4　熟练使用阿里旺旺　>>>

在淘宝上开店，卖家用得最多的就是阿里旺旺。阿里旺旺(卖家版)不仅可以带来沟通上的便利，还可以有效地利用阿里旺旺中的一些功能，达到事半功倍的效果。卖家熟练地使用阿里旺旺软件，可以让客户管理更加有序，宣传更加便捷。

有效地利用阿里旺旺分组，有针对性地进行信息发布，利用阿里旺旺分组把买家与卖家分开进行管理，咨询者与已购买者分开进行管理，咨询类别不同的买家分开进行管理。根据买家分类将买家关注的信息进行有针对性地传递，这样不仅不会让买家觉得反感，还会让他们感觉受到了重视。

通常只要分组得当，阿里旺旺群发信息给需要这部分信息的人，那么阿里旺旺就能成

淘宝开店·装修·管理与推广

为做好店铺宣传的一把利器，用好阿里旺旺群发，店铺宣传其实就这么简单。

13.4.3　网店配送人员的应聘要求

00分18秒

当网店的规模比较大时，就需要招聘一些人员来工作，但在招聘配送人员时，对应聘的人员有一定的要求，具体内容如下。

➢ 按照要求对货物进行包装，负责进货和发货等物流方面的事项，清点库存。
➢ 拥有较强的服务客户的意识及团队合作精神。
➢ 能吃苦、细心、能长期稳定地合作。
➢ 有网店打包工作经验的优先考虑。

对于已经招聘到的配送人员，其职责描述如下。

➢ 负责商品进库、出库及发货包装。
➢ 准确无误地核对面单与商品货号、数量等。
➢ 登记商品出库记录。
➢ 定期对库房进行盘点。

13.4.4　如何提高网店的工作效率

00分22秒

在网店经营走上正轨后，卖家每天的工作基本上都是固定的。下面将介绍如何提高网店的工作效率方面的知识。

➢ 卖家需要主动去寻找属于自己的目标客户，要针对客户的需要，给他们帮助和建议，抱着去帮助客户的心态进行主动服务式的销售，通过自身成功的经验分析客户的需要，才能更快、更好地进行销售。
➢ 在和买家接触的初期阶段，卖家要学会如何开场白，如何探寻客户需求，如何激发客户兴趣，这一切都为卖家成功销售打下了良好的基础。在交流过程中，每前进一步都依赖于在开始创造的气氛。对客户提出的建议、表现的工作态度都必须是我们精心策划的一部分，它包含着成功交易的所有因素。
➢ 卖家要学会理顺自己的工作状态，要让自己的思路条理清晰，这样在面对不同类型的顾客时，才能快速转换交流方式，更适应与不同卖家打交道。
➢ 卖家要不断地积累自己的意向客户，量变产生质变，这是要让卖家的时间更高效最直接、也是最有效的方法。
➢ 卖家要注意合理分配和计划自己的时间，什么时候开始工作、什么时候管理库存、什么时间发货、什么时间整理销售记录，都可以有效地提高网店的工作效率。

13.4.5　金冠店铺提高网店回头率的秘诀

精品阅读
READ TIME

金冠店铺是指完成了 50 万次以上的交易并获得 50 万个买家好评的店铺，这么多的买家好评，有相当一部分是回头客。如何提高金冠店铺的回头率，当然产品的质量最关键，其次就是客服的态度。

好的产品本身就会有好的口碑，当买家拿到货物后觉得买得有价值、好用，自然当其需要时就会想到再次购买。因此，把好产品质量关，做好售后服务工作是赢得买家回头率的首要工作。

13.4.6　网店美工的职责

很多网店都需要对页面进行装修和设计，所以网店美工的主要工作内容是 PS 合成图片、调色及抠图。招聘美工人员时，最好是有 1 年以上工作经验的员工，其职责如下。

➢ 负责网络店铺视觉规划、设计，以及产品描述工作。
➢ 负责网店产品模特后期图片的处理和排版。

网店美工应聘要求如下。

➢ 爱好视觉，对设计有天生的触觉，追求完美。
➢ 具有网页美工设计能力和平面设计能力。
➢ 熟悉淘宝货品上架、宝贝编辑等功能。
➢ 熟悉 Dreamweaver、Photoshop 等相关设计软件。
➢ 有良好的团队合作精神，有耐心，做事认真细心负责，诚实可靠，能承受一定的工作压力。
➢ 熟练编写 div/css 编码者优先录取。

13.4.7　网店客服人员的职责和薪水待遇

网店的客服人员是网店与买家之间联系的主要桥梁，直接关系着网店的销售业绩。下面将详细揭秘网店客服人员的职责和薪水待遇方面的知识。

1　网店客服人员的职责

网店客服主要负责和买家联系、建立客户档案并进行管理、收发邮件、到账查款、信用评价、给买家发送促销活动通知等烦琐的日常工作。

客服人员首先要做的就是熟悉产品，如果可以的话，尽量多教客服一些知识，当店主不在的时候，客服可以独当一面。

为了加强与买家间的良好关系，保证和拓宽客户群，客服人员最好花一些时间来研究买家的购物心理，分析他们对服务方面的需求。如果有空闲时间，还可以陪买家聊聊天，培养潜在的顾客，但一定要注意时间的把握，要在不耽误自己其他工作的前提下适当安排时间。

2　网店客服人员的薪水待遇

网店客服人员的工资一定要和销售量挂钩，一般按量提成，但还要给一些最低保障。

千万不能是固定工资，否则员工会没有积极性，而且很容易因为收入和工作强度不成比例而提出离职。客服人员的合理薪水包括底薪+提成+奖励-处罚。

底薪需要根据各地的消费水平来定，因为消费水平最能反映当地的经济发展情况，所以卖家在招聘客服前要仔细了解一下当地的经济情况，把当地常见的服务行业的工资标准都了解一下。

➜ 一点即通：网店财务人员的职责

网店财务人员的工作是每天记账管钱，银行查账可以交给客服来做。单是财务人员要每天复查，如果是已经注册的公司还要做必要的报表。另外，购买办公用品、交水电费都可以让财务去做。

Section 13.5 有问必答

1. 什么是皇冠店铺？

在淘宝网上，皇冠是淘宝网店信誉等级，卖家交易超过 10000 笔，被称为皇冠卖家。卖家的店铺被称为皇冠店铺。

2. 淘宝 C 店是什么意思？

淘宝 C 店是从 C2C(个人与个人之间的电子商务模式)的意义繁衍出来的，是个人店铺的意思，也被大众称为集市店铺。

3. 什么是淘宝旗舰店？

淘宝旗舰店是指商家以企业自有品牌(或者 TM)入驻淘宝商城，所开设的店铺被称为"某品牌旗舰店"，这种情况的商城店铺就是淘宝旗舰店。

4. 如何提高店铺的点击率？

把吸引顾客的元素提炼成图片和文案，通过客服聊天及顾客购物后的评语，做横向测试，选出点击率高的推广素材，在推广的过程中要观察不同计划的点击率，然后提高点击率较高的计划的出价和预算，同时降低点击率较低的计划的出价和预算，可以从整体上提高点击率。

5. 店铺如何应对同行的竞争？

卖家要提高自己店铺的利润率、点击率和转化率。提高利润率可以让店铺比同行多赚一点。提高点击率可以让店铺以更低的成本获得更多的访客。提高转化率可以让铺的访客更多地成为顾客。

第14章

网店的安全交易

本章要点

❖ 营造良好的购物环境

❖ 简单、实用的电脑安全防护

❖ 专题课堂——会员账号与交易安全

本章主要内容

　　本章主要介绍营造良好的购物环境和简单、实用的电脑安全防护方面的知识，同时在专题课堂环节，讲解会员账号与交易安全方面的知识。通过本章的学习，读者可以掌握网店的安全交易方面的知识，为深入学习淘宝开店·装修·管理与推广知识奠定基础。

淘宝开店·装修·管理与推广

Section 14.1 营造良好的购物环境

导读 　经过调查，有效运用视觉营销能够激发顾客的购买欲望，因此卖家可以为买家营造一个良好的购物环境，这样在买家进入网店后，就可以愉快并放心地选购商品。本节将详细介绍营造良好的购物环境方面的知识。

14.1.1 走出店铺装修误区

微课堂 00分19秒

许多网店在开店初期不知道该如何装修店铺及定位网店风格，有些店铺甚至在首页罗列出了一堆宝贝图片，唯恐买家进入店铺后看不到店铺的商品，这样就陷入了店铺装修的误区中。下面介绍一些走出店铺装修误区方面的知识。

➢ 店铺首页是宝贝详情页的流量入口，一定要注重首页的布局与配色模块的组合等因素，要吸引住买家并让他们对产品感兴趣，从而点击商品进入内页产生流量。

➢ 要突出重点，比如，热销宝贝、最新促销、限时折扣、新品上架等要简单、快速、精准地传达给访客卖家最想表达的信息。为买家节约时间，让他们能快速找到想找的宝贝，其实这就是在为卖家增加订单的机会。

➢ 简单、清新的装修风格，会让人产生舒服的感觉，也可以做到尽量让更少的人在短时间内关闭窗口。

➢ 在装修设置宝贝分类的时候，出发点其实是方便买家可以更好地搜索到卖家铺子里需要的商品。但是如果店里的宝贝分类太繁复、分类太多的话，会影响买家浏览卖家的店铺，因为这样无法做到让买家一目了然，自然就降低了卖家店铺的流量和商品的成交。

➢ 不要忽略了首页的搜索功能，如果卖家的店铺宝贝超过100个，请在首页店招的下部加入快捷搜索框。因为为访客节约时间，让他们能快速找到想找的宝贝，就是在为卖家增加订单的机会。

🔘 **知识拓展：店铺装修的五大误区**

在装修店铺时，首先店铺名称不要太简洁；其次在进行宝贝分类时，产品类目不要使用图片分类，为了提高买家对店铺内网页的浏览速度，不要使用背景音乐，多上传一些宝贝特写描述图，尽量不要过多地使用宝贝描述模板；最后就是要合理搭配店铺的色彩风格。

14.1.2 细节赢得好口碑

微课堂 00分23秒

网店除了需要有独特的货品吸引顾客的眼球外，还要在顾客群体中形成好的口碑，促使顾客数量不断增加。下面介绍哪些细节可以为卖家赢得好口碑方面的知识。

1 再次向买家确认收货地址和姓名

为了省去不必要的麻烦，网店店主在成交后都要向顾客询问，订单提交的地址和电话信息是否还有效，否则如果出现地址或电话号码不对而造成损失的情况，卖家也会承担一部分责任。

而站在为顾客带来贴心服务的立场上，卖家更是应该主动且有义务去提醒顾客再确认一下订单信息是否正确，这是对买卖双方都负责的行为，不单对客户有好处，对网店来说也是无形中赢得顾客好感的方法之一。

2 再次确认客户购买的宝贝信息

网店在交易时，一般都采用网上交易平台提供的聊天工具进行交谈，在交谈中，当买家付款后，就要在最后时间里再次完整地向顾客确认一次其购买的商品的信息，包括名称、款式、大小、颜色、数量等。

一方面这样可以留下交易的凭证，防止日后与买家产生纠纷；另一方面也能够再次提醒买家自己核对一下达成的交易信息。这样也能够给顾客以卖家很负责的感觉，进而使顾客对网店留下很好的印象。

3 注意买家地址是否能够正常投送货物

很多网店都会选择固定的物流公司投递货物，而这些物流公司投递货物的覆盖范围并不能囊括所有地区，因此，在为买家投递商品之前，一定要事先查询一下物流公司的各个站点和覆盖区域，防止因为自己的疏忽造成货物无法投递的情况出现，耽误了顾客收货的时间。

发货出错，会遭到顾客的投诉，无形之中增加了网店的运营成本。因此，注意买家地址是否能够正常投送货物，再根据地址选择最适合的物流途径是周到服务的最好体现。

4 提醒买家收货时应先检查再签收

按照《中国邮政法》规定，收件人签收后相应的责任就移交到收件人身上，快递人员走后再出现任何问题，按邮政法规的规定，物流公司有权利不负责任何投诉或者赔偿要求。因此，网店在售出商品的时候，一定要提醒买家收到货时先检查，确认没有问题后再签收，这能够让顾客感觉到网店卖家对他的关心。

5 不要在交易平台提供的聊天工具外进行交易

交易平台提供的交流工具是买卖双方发生纠纷时最好的证据，因此，新开网店一定要特别注意不要在交易平台提供的聊天工具外进行交易，否则很可能会产生经济纠纷并且没有安全保障。

导读　　在经营网店时，安装有效的杀毒软件，是防护密码丢失、保障交易安全的重要保障之一。本节将介绍简单、实用的电脑安全防护方面的操作知识。

14.2.1　什么是杀毒软件

微课堂
00分17秒

　　杀毒软件，也称反病毒软件或防毒软件，是用于消除电脑病毒、特洛伊木马和恶意软件等计算机威胁的一类软件，是一种可以对病毒、木马等一切已知的对计算机有危害的程序代码进行清除的程序工具。

　　杀毒软件通常集成监控识别、病毒扫描、清除和自动升级等功能，有的杀毒软件还带有数据恢复等功能，是计算机防御系统(包含杀毒软件、防火墙、特洛伊木马和其他恶意软件的查杀程序，入侵预防系统等)的重要组成部分。

　　国内著名的杀毒软件包括金山毒霸、腾讯电脑管家、金山卫士、360 安全卫士和 360 杀毒等，都是免费供用户选择和使用的，如图 14-1 所示。

| 金山毒霸 | 腾讯电脑管家 | 金山卫士 | 360安全卫士 | 360杀毒 |

图 14-1

🔘 **知识拓展：杀毒软件常识**

　　杀毒软件不可能查杀所有的病毒，即使是杀毒软件能查到的病毒，也不一定能完全杀掉。一台电脑每个操作系统下，不必同时安装两套或两套以上的杀毒软件，除非兼容性很好的软件版本。

14.2.2　安装 360 安全卫士

微课堂
00分25秒

　　360 安全卫士是一款由奇虎 360 公司推出的功能强、效果好、受用户欢迎的安全软件。360 安全卫士拥有查杀木马、清理插件、修复漏洞、电脑体检、电脑救援、保护隐私等多种功能，依靠抢先侦测和云端鉴别，可全面、智能地拦截各类木马，保护用户的账号、隐私等重要信息。下面介绍安装 360 安全卫士的操作方法。

操作步骤　>>　Step by Step

第 1 步　在 Windows 操作系统中，下载 360 安全卫士安装程序后，双击 360 安全卫士安装程序图标，如图 14-2 所示。

图 14-2

第 2 步　弹出 360 安全卫士安装界面，单击【立即安装】按钮 立即安装 ，如图 14-3 所示。

图 14-3

第 3 步　进入正在准备安装界面，如图 14-4 所示。

图 14-4

第 4 步　程序完成安装后，将弹出 360 安全卫士工作界面，如图 14-5 所示。这样即可完成安装 360 安全卫士的操作。

图 14-5

14.2.3　使用杀毒软件的禁忌

微课堂
00 分 17 秒

　　使用杀毒软件的过程中，为了更好地消除电脑病毒、木马和恶意软件等计算机威胁，用户应注意使用杀毒软件有哪些禁忌。

1　忌偷懒不升级

　　一旦有新的病毒发作，杀毒厂商会第一时间对病毒进行剖析，扩展自己的病毒库。所以杀毒软件中的病毒库是动态的，随时会添加新的病毒查杀程序，如果用户不及时升级，那就有可能会造成病毒的发作。

淘宝开店 · 装修 · 管理与推广

随着反病毒技术的不断提高，软件升级已经不再像以往那么烦琐了，很多杀毒软件只要在功能设置中把升级时间设置好，以后它就会自动下载升级程序，提升用户电脑的安全级别。

2　忌忽略对邮件的保护 　　>>>

邮件是用户生活和工作中必需的工具，对邮件实时良好的监控是防止病毒发作的重要方法之一。现在很多杀毒软件都可以对邮箱进行邮件监控代理、静态邮件扫描、邮件文件查杀等操作，成了一道针对邮件病毒的坚固防线。邮件监控代理程序，针对邮件中附件型、正文型、漏洞型三种类型的邮件病毒。静态邮件扫描可以对用户邮箱中的所有邮件进行扫描，并且能够直接清除其中的病毒，所以一旦出现上述情况，都可以通过静态邮件扫描来解决。邮件文件查杀可以针对邮件中携带的正文型和漏洞型的邮件病毒进行查杀，它能够分辨出邮件文件与普通文件的区别，能够将隐藏在邮件文件中的病毒代码找出来并清除。

3　忌轻信网络的安全性 　　>>>

网络不可能保证用户绝对安全，正确使用防火墙，可以加强网络的安全性。个人防火墙能有效地监控任何网络连接，并且通过过滤不安全的服务，极大地提高网络安全和减少主机被攻击的风险，使系统具有抵抗外来非法入侵的能力，保护数据的安全。

4　忌轻视数据备份 　　>>>

电脑硬盘上的程序和数据对于每一位使用者来说都十分重要，硬盘数据的丢失无疑会造成损失，尤其在病毒日益猖獗的今天，许多病毒都选择硬盘作为破坏目标，在发作时会顷刻间毁掉所有数据，这样硬盘的备份和恢复显得更为重要。

14.2.4　上网防病毒方法

微课堂　00 分 21 秒

在上网时，由于网络的不确定性，很多病毒或木马都植入在网页中，在浏览网页时，有可能会感染病毒。下面介绍与上网防病毒方法相关的内容。

1　选择包含实时扫描工具的杀毒软件 　　>>>

为了防止计算机遇上病毒或蠕虫，需要一个实时的自动扫描工具，以确保在进行日常工作时可以发现病毒和蠕虫的感染，防止其蔓延。实时扫描可能会对系统性能带来更大的压力，因此，经常会有关闭它的想法，但请一定要谨慎考虑。浏览网页和收发电子邮件的时候，不应该关闭反病毒软件的实时扫描来获得额外的性能提高。

2　定期对系统进行全面扫描 　　>>>

用户还应该经常对系统进行全面扫描，最好每天都进行扫描。因为实时扫描能够在病毒感染前进行检测，如果系统在连接时被感染的话，可以有效地予以保护，但也有可能出现病毒没有包含在反病毒软件的特征代码库里的情况。因此，全面扫描是非常有必要的。

3　不要同时使用多种杀毒软件

不要在同一时间使用多种杀毒软件，因为在连接网络时，这些软件的实时扫描工具会因为控制权造成冲突并导致系统性能下降，会将同一种病毒签名文件当作另一种实际病毒来进行处理，引起不必要的问题。因此，不建议同时使用多种杀毒软件。

14.2.5　设置开机密码

微课堂
00分42秒

为了防止不相关的人碰你的电脑，导致文件损坏、丢失等，可以为电脑设置开机密码。下面介绍设置开机密码的操作方法。

操作步骤　>>　Step by Step

第1步　在 Windows 系统桌面上，**1.** 单击左下角的【开始】按钮，**2.** 在弹出的快捷菜单中，选择【控制面板】菜单项，如图 14-6 所示。

图 14-6

第2步　打开【控制面板】窗口，**1.** 设置【查看方式】为【大图标】，**2.** 单击【用户帐户】链接，如图 14-7 所示。

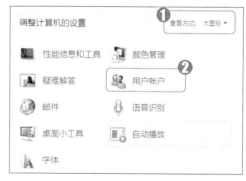

图 14-7

第3步　打开【用户帐户】窗口，在【更改用户帐户】区域中，单击【管理其他帐户】链接，如图 14-8 所示。

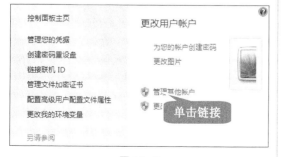

图 14-8

第4步　打开【管理帐户】窗口，单击准备进入的账户，如【Administrator 管理员】账户，如图 14-9 所示。

图 14-9

淘宝开店·装修·管理与推广

第5步 打开【更改帐户】窗口，单击【创建密码】链接，如图 14-10 所示。

第6步 打开【创建密码】窗口，**1.** 设置账户的密码，**2.** 单击【创建密码】按钮 ，如图 14-11 所示。这样即可完成设置开机密码的操作。

图 14-10

图 14-11

14.2.6 把 Guest 账号禁用

微课堂　00 分 16 秒

把 Guest 账号禁用，可以防止别人远程操控电脑，在一定程度上杜绝中病毒的可能，同时 Guest 账号禁用可以不让别人登录用户电脑。下面介绍把 Guest 账号禁用的方法。

操作步骤 >> **Step by Step**

第1步 在【管理帐户】窗口中，在【选择希望更改的帐户】区域中，选择【Guest 来宾帐户】选项，如图 14-12 所示。

第2步 进入更改来宾选项窗口，单击【关闭来宾帐户】链接，如图 14-13 所示。这样即可完成把 Guest 账户禁用的操作。

图 14-12

图 14-13

14.2.7 隐藏 IP 地址

微课堂　00 分 37 秒

隐藏自己的 IP 地址，可以有效地防止黑客根据用户的 IP 地址进行病毒植入或木马攻击。下面介绍隐藏 IP 地址的操作方法。

操作步骤　>>　Step by Step

第1步　在 Windows 系统桌面上，*1.* 单击左下角的【开始】按钮，*2.* 在搜索框中，输入命令 services.msc，然后按 Enter 键，如图 14-14 所示。

第2步　打开【服务】窗口，*1.* 在打开的服务列表中，使用鼠标右键单击 Network Connections 选项，*2.* 在弹出的快捷菜单中，选择【属性】菜单项，如图 14-15 所示。

图 14-14

图 14-15

第3步　弹出【Network Connections 的属性(本地计算机)】对话框，*1.* 选择【常规】选项卡，*2.* 在【启动类型】下拉列表框中，选择【禁用】选项，*3.* 单击【确定】按钮，如图 14-16 所示。这样即可完成隐藏 IP 地址的操作。

■ 指点迷津

如果要恢复电脑 IP 地址，可以在【启动类型】下拉列表框中，选择【启动】选项。

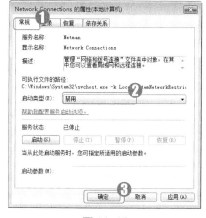

图 14-16

Section 14.3　专题课堂——会员账户与交易安全

导读　在经营网店的过程中，淘宝会员账户的安全至关重要，它将直接影响会员网店的经营、管理和交易。如果账户不安全，可能会造成卖家信誉损失和重大的经济损失。本节将详细介绍会员账号与交易安全方面知识。

14.3.1　　让支付宝账户更安全

支付宝账户事关用户账号的详细信息，包括用户的银行卡信息和资金流动情况，所以务必要妥善管理支付宝账户，做到安全交易。下面介绍让支付宝账户更安全的操作方法。

1　妥善保管好自己的账户和密码　>>>

不要在任何时候以任何方式向别人泄露自己的密码，支付宝绝对不会以任何名义、任何方式向用户索取密码；支付宝公司客服任何时候都不会使用手机联系用户。如果有人知道了用户的支付宝账户密码，请立即更改并联系支付宝客服；如果用户向别人透露银行密码，请及时到银行柜台办理修改密码手续。

2　创建一个安全密码　>>>

支付宝的登录密码和支付密码一定要分别设置，不能为了方便设置成同一个密码。密码最好是数字加上字母以及符号的组合，尽量避免选择用生日和昵称作为登录密码或支付密码。请不要使用与其他在线服务(比如易趣、MSN 或网上银行)一样的密码。在多个网站中使用一样的密码会增加其他人获取用户的密码并访问用户的账户的可能性。

3　认真核实支付宝的网址　>>>

每次登录尽量直接输入支付宝的正确网址，如 https://www.alipay.com，不要从来历不明的链接访问网站，更不要在来历不明的网站中，输入用户的支付宝用户名和密码。应注意的是，那些假冒网站会试图模仿支付宝的样式风格来获得用户的密码以及对您账户的访问权限，所以用户要格外用心甄别假网站，不要轻易上当。

4　开通专业版网银进行付款　>>>

用户如果经常进行网上消费，建议用户前往银行柜台办理网上银行专业版开通手续，在自己的上网终端上安装网上银行数字证书，确保银行账户安全。

14.3.2　　数字证书

数字证书是使用支付宝账户资金的身份凭证之一，用于加密用户的信息并确保账户资金安全。数字证书由权威公证的第三方机构 CA 中心签发。申请数字证书后，即使账号被盗，对方也动不了用户账户里的资金。中国内地个人用户申请证书后，当电脑系统重装或更换电脑操作，只需再安装一次证书即可，无须导入和备份数字证书。

安装数字证书的方法有三种：【通过手机短信】、【接收邮件并回答安全保护问题】、【提交客服申请单】。应注意的是，每个账户安装数字证书的方式都不一样，可以根据页面上提示的方法安装数字证书，建议优先使用【通过手机短信】安装的方式。

14.3.3 安全发货是关键

微课堂
00 分 18 秒

交易意向达成后，卖家需要快速发货，在发货的过程中，如何安全发货是交易安全完成的关键。下面介绍安全发货方面的知识。

1 防止快递公司损坏、调包物品 >>>

完整的封条必不可少。封条上一般写上"封口如有破损请勿签收"等字样，防止被人破坏封条，为了安全起见，在封条外面，可以再贴上一层透明胶纸，这样就不容易被有不良企图的人撕掉了。

2 在快递过程中，建议对贵重宝贝保价 >>>

保价，就是如果邮寄贵重的物品，用户可以申请保价，保价的价格是商品价值的百分之一，一般需要先付这个保价费用给快递公司，那么一旦货物遗失，快递公司将会全额赔付；如果用户没有保价，那快递的赔付就很难实现了。

保价后，遇到问题时，建议保存好相关的收货凭证或发货凭证，这样不仅可以通过淘宝客服寻求帮助，还可以去快递公司投诉。

14.3.4 钓鱼网站的防范

微课堂
精品阅读
READ TIME

网络钓鱼攻击行为是指网络不法分子通过钓鱼网站实施的一种网络欺诈行为。网络不法分子通常将自己的网站伪装成银行、电子商务及其他一些影响力较大的网站，并经过精心设计和编码，仿冒真实网站的 URL 地址和页面内容信息，或利用技术手段挖掘真实网站服务器程序上的漏洞，在网页中插入危险的 HTML 代码，以此来窃取用户提交的银行账号、网络游戏账号和密码等私密信息。这种伪装后的网站，即钓鱼网站。

网络钓鱼攻击主要是通过垃圾邮件、即时聊天工具、手机短信和网页发送虚假广告，意图引诱用户给出诸如用户名、口令、账号或信用卡状况等在内的敏感私密信息。最典型的网络钓鱼攻击方式，是将用户引诱到一个通过精心设计与目标组织网站非常相似的钓鱼网站上，并获取用户在此网站上输入的个人敏感信息。下面介绍一些防范钓鱼网站技巧方面的知识。

➤ 用户应该学会充分利用聊天软件的反钓鱼功能，一般来说骗子都是通过 QQ 或淘宝旺旺联系，而在这些聊天工具的窗口中就加入了反钓鱼网站的功能，它会在每个链接的前面显示一个信任图标，绿色打钩的图标才是受信任的，而有问号的图标大家最好不要打开。

➤ 网站自动记录功能也非常关键，很多人在淘宝上购买过东西之后淘宝网站就会自动记录用户的地址，方便下次使用；而假的淘宝网站就不会有记录，当用户进入

淘宝开店·装修·管理与推广

付款页面，里面的收货地址需要手动来填写的话，用户就要提高警惕了。

➢ 用户网上购物时，网站一般都有身份验证功能，而假的钓鱼网站就没有身份验证功能，用户登录网站时，可以依据这一特点辨别网站的真假。

➢ 用户平时最好养成良好的习惯，尽量不要在网上留下自己身份的任何资料，包括手机号码、身份证号、银行卡号码、电子商务网站账户等，这些资料都很可能被一些不法分子利用。

➢ 很多钓鱼网站喜欢利用中奖、促销等信息来诱惑用户，天下没有白吃的午餐，没有通过有效途径证实的信息都不要轻信。

专家解读：骗子盗用淘宝密码的方式

骗子先在卖家处购买商品，然后在淘宝登录页面输入卖家会员名，单击【找回密码】链接，淘宝会发送重设密码及包含验证码的短信，骗子会跟卖家说，用手机付款需要验证码，向卖家骗取重置淘宝密码的验证码，卖家一旦将验证码给骗子，账户就会被盗用。

Section 14.4 实践经验与技巧

在本节的学习过程中，将着重介绍和讲解与本章知识点有关的实践经验及技巧，主要内容包括输入密码的操作技巧、使用 360 安全卫士查杀木马、使用 360 电脑体检等方面的知识。

14.4.1 　输入密码的操作技巧

00 分 15 秒

在登录淘宝网时，为了帮助淘宝会员维护自己的账号安全，可以使用一些技巧来输入密码，下面介绍输入密码的操作技巧方面的知识。

➢ 在输入密码时建议使用"复制＋粘贴"的方式，可以防止记键木马程序的跟踪。

➢ 可以混乱输入密码，如先输入几种密码，然后将错误密码删除，这样做的话能有效防止中招。

➢ 通过软键盘输入密码。软键盘也叫虚拟键盘，用户在输入密码时，先打开软键盘，然后用鼠标选择相应的字母输入，这样就可以避免木马病毒记录。

14.4.2 　使用 360 安全卫士查杀木马

00 分 16 秒

使用 360 安全卫士查杀木马，可以用三种方式进行查杀，包括【快速扫描】、【全盘扫描】和【自定义扫描】。下面以【快速扫描】查杀为例，介绍查杀木马的操作方法。

操作步骤 >> **Step by Step**

第1步 启动并运行【360安全卫士】程序，**1.** 单击【木马查杀】按钮，**2.** 选择【快速扫描】选项，如图14-17所示。

第2步 扫描结束后，会显示扫描的具体结果，如图14-18所示。通过以上步骤即可完成使用360安全卫士查杀木马的操作。

图14-17

图14-18

一点即通：使用360杀毒查杀木马

若电脑中安装了360安全杀毒软件，可以在操作界面，选择【快速扫描】或【全盘扫描】选项，来查杀木马病毒。

14.4.3 使用360电脑体检

微课堂
00分17秒

使用360安全卫士进行电脑体检可以全面地查出电脑中的不安全和速度慢问题，并且能一键修复。下面具体介绍使用360安全卫士电脑体检的操作方法。

操作步骤 >> **Step by Step**

第1步 启动并运行【360安全卫士】程序，在程序主界面中，单击【立即体检】按钮，如图14-19所示。

第2步 体检结束后，显示电脑体检分数及状态，单击【一键修复】按钮，如图14-20所示。这样即可完成使用360电脑体检的操作。

图14-19

图14-20

14.4.4　警惕可疑交易

如果卖家的商品(包含但不仅限于低价包邮商品、货到付款、赠品)在短时间内被大量拍下，并且买家以此来要挟、敲诈等影响交易的非正常出价行为，这种情况可能会被视为可疑交易。下面介绍关于可疑交易方面的知识。

1　什么样的商品会造成可疑交易的产生　>>>

在淘宝网中，以下几类商品会造成可疑交易的产生。

➢ 赠品放置在常规商品类目下。
➢ 设置低价包邮但不支持单件商品发货。
➢ 其他仅吸引流量的低价促销商品。

2　卖家该如何避免可疑交易的产生　>>>

卖家在经营网店的过程中，可以使用以下方式来避免可疑交易的产生。

➢ 赠品作为促销(低价)商品，应该放置到商品发布类目"其他-赠品"类目下；邮费放置在"其他-邮费"类目下，避免产生不必要的纠纷。注：赠品及邮费类目下没有评价功能。
➢ 不能以单件商品的形式，去设置购买多件商品才可以享受的价格，同时请设置合理的邮费，避免产生纠纷。比如：商品单价设置为 0.1 元，但在描述中写明购满 30 件才享受这个价格，不足则须按原价(10 元)购买。

3　遇见可疑交易时，卖家能做什么　>>>

如果卖家已经产生可疑交易，卖家可以提供以下信息，联系淘宝官方在线客服进行咨询。需要提供的信息包括以下两方面。

➢ 一是对应订单编号及买家 ID。
➢ 二是如买家已存在敲诈、勒索行为，请提供有效凭证(如旺旺举证号或聊天记录截图等)。

14.4.5　需要警惕的网络陷阱

现在的骗子是越来越多，稍不留意就可能中了骗子的圈套，作为卖家更是骗子下手的对象。下面将详细介绍需要警惕的网络陷阱方面的知识。

➢ 凡是来购买的买家一定要看他的买家信用，如果是刚刚注册的和信用很低的账号，作为卖家千万要小心。
➢ 进店后就直接催促你速度，然后着重强调"速度，速度不然投诉你"的买家，作为卖家千万要小心。

> ➤ 拍下东西以后，还发个链接或者是已付款的字样。卖家千万不要善良得看都不看交易管理就直接发货，要进入【交易管理】区域，单击【已卖出的宝贝】链接查看对方是否真的已经付款。

> ➤ 其他的聊天工具不会受到淘宝的保护，因此在交易的时候一定要用旺旺聊天工具。

> ➤ 买家发布的一些中奖信息和非淘宝网的购物网站，一点进去就中招。

> ➤ 钓鱼信息，如："掌柜，这个货我怎么拍不到，麻烦处理一下"，然后给出一个网址，这时候一定要看看是不是淘宝的安全链接。

> ➤ 不通过支付宝打款，通过手机打款等其他的支付方法，骗子会骗取密码，进而盗取支付宝的钱。

14.4.6　应对诈骗的锦囊

00 分 22 秒

面对各种网络陷阱和诈骗方式，卖家需要时刻准备着应对各种骗子们。下面将详细介绍应对诈骗的锦囊方面的技巧。

> ➤ 坚持用旺旺聊天，可以截取聊天截图作为凭证。

> ➤ 坚持交易原则和正确的交易流程。

> ➤ 不轻信别人发的付款截图和汇款截图。一定要使用支付宝交易，支付宝是淘宝的财会，所有淘宝的交易金额都是通过支付宝周转。

> ➤ 顾客付款后，与其核对收货地址等详细信息。

14.4.7　重要技术防范诈骗

精品阅读
READ TIME

防骗是一种技能，卖家只有熟悉了交易规则，坚持交易原则，学会了防骗技巧，才不会让骗子有机可乘。下面将详细揭秘重要技术防范诈骗方面的知识。

> ➤ 及时升级浏览器和操作系统，及时下载安装相应的补丁程序。

> ➤ 安装正版杀毒软件和防火墙。

> ➤ 使用上网工具，如"淘宝工具条"等。

> ➤ 尽量不要在网吧登录账户。

> ➤ 账户和支付宝密码设置安全非常重要，而且登录密码和支付密码不能设置为同一个密码。

Section 14.5　有问必答

1. 安装了数字证书，为什么还提示没有安装？

有可能是浏览器有问题，建议打开浏览器清除 Internet 临时文件或删除 cookies 和历史文件。若用户是在本台电脑上安装的证书，建议用户重新从支付宝网站登录，来验证用户的数字证书。若操作仍不成功，烦请拨打支付宝 24 小时客服热线——95188 咨询。

2. 如何防止账户被盗?

首先,要在自己的电脑中安装杀毒软件和防火墙。其次务必确认用户所输入的淘宝及支付宝网址的正确性,避免有人利用假冒网站盗用用户的密码和个人信息。在设置密码时,一定不要使用过于简单的数字或字母,且对用户来说易记的密码,如果发现自己的支付宝或淘宝的账户出现问题时,要第一时间与客服联系。最后经常检测自己的电脑是否存在安全漏洞并修复。

3. 卖家的淘宝店铺可以注销或关闭吗?

出于交易及账号安全的考虑,淘宝网目前没有直接关闭店铺的功能。如果要注销或关闭店铺,可以将店铺里"出售中的宝贝"全部下架,当店铺在售宝贝数量连续6周为0件后,淘宝即会彻底释放卖家的店铺。

4. 什么是保证金计划?

保证金计划是首款针对保证金设计的保险服务产品,是专为淘宝卖家量身打造的。卖家只需缴纳极低的费用,即可获得消费者保障服务资格,并且无须再冻结保证金,同时可以享受由众安保险提供的先行垫付赔款的服务。

5. 什么是退货承诺服务?

退货承诺是交易约定服务中的一种类型,是指卖家承诺店铺内商品支持购买后退货的服务。卖家可针对不同商品设置不同的服务条件,如可设置店铺某一类商品的服务条件为买家在7天内拆封亦可退货,退货邮费由买家自理。

6. "7天无理由退换货"赔付申请的条件是什么?

买家提出赔付申请所指向的卖家已参加"消费者保障服务"并承诺提供"7天无理由退换货"服务(含淘宝商城的商户);买家在签收商品之日起7天内(以物流签收时间为准)已要求卖家提供"7天无理由退换货"服务而被卖家拒绝,或无法联系到该卖家,或卖家中断其经营或服务;买家的赔付申请在形式上符合相关法律法规的规定;赔付申请金额仅以买家实际支付的商品价款为限;买家提出"7天无理由退换货"赔付申请的商品须满足本规则规定的条件,详见《商品类目与退换货条件》;买家提出"7天无理由退换货"赔付申请应在选择以"7天无理由退换货"为退货原因的退款过程中或交易成功之日起14天内。